다문화 시대의 도전과 정치통합의 전략

이 저서는 필자가 2012년 교육부의 재원으로 한국연구재단의 지원을 받아 수행한 연구의 결과물입니다(과제번호 2012S1A5B 5A01025124).

다문화 시대의
도전과
정치통합의 전략

심승우 지음

이담
Books

▮ 책머리에

이 책은 필자가 연구재단의 학문후속세대지원 박사후 국내연수 사업에 선정된 연구계획('공화주의적 애국주의의 활성화 전략')을 수행하는 과정에서 이담북스의 '어울누리' 시리즈 출간 취지에 맞게 연구자의 박사논문(2011)을 수정, 보완, 재구성하여 출판한 책이다. 필자는 이번 출판을 통해서 다문화주의의 이상과 목표 등에 대해 정치·사회철학적 성격이 강했던 박사논문을 최대한 '부드럽게' 재구성하고 보완하려고 노력했다. 왜냐하면 한국학술정보의 어울누리(다문화 시리즈)의 이번 출판 취지는 대학이나 연구소 혹은 전문연구자들의 학문세계에서만 유통되는 담론 보다는 다문화 시대의 과제를 대중들이 함께 공유하고 공동체의 대응에 대한 관심과 문제의식을 확산시키자는 의도로 판단했기 때문이다. 그러므로 필자는 이번 출판의 존재이유에 최대한 충실하려 노력했으며 학문적으로 엄격하고 딱딱한 아카데미즘적 논의 보다는 저널리즘 성격을 강화하는 데 나름대로의 각별한 노력을 기울였다. 그러나 연구자의 이런 의도가 이 책에 성공적으로 반영되었는지 자신 있게 말하기는 힘들 것 같다. 일단 '원본'으로서 박사논문 자체가 끈질긴 원형 보존 능력을 가지고 있어 필자의 재구성 시도에 완강히 저항했기 때문이며 그런 저항을 탁월하게 제압하기에는 필자가 무능력했기 때문이다. 특히 04의 1은 주체성의 구성 및 변화의 원리에 대한 정치·사회철학적 검토를 담고 있는데 대단히 질기고 딱딱한 인상을 지울 수 없다. 이 부분이 어렵게 느껴지는 독자들은 이 부분을 건너뛰고 2절부터 읽어나가도 무방할 것이다. 아울러 책의 핵심적인 주장을 신속하게 파악하고 싶은 독자라면 '7장 다문화 정치통합의 전략: 공화주의적 애국주의'와 '8장 결론'만을 읽는 것이 시간절약에 도움이 될 것이다. 그 앞의 논의들은 결국 이 주장을 하기 위한 긴 여정이기 때문이다.

우리의 일과 삶이 언제나 그러하듯이, 좀 더 많은 시간적·생활적 여유가 있었다면 더욱 완성도가 높은 책이 되었으리라는 미련이 남지만 일단 현재의 수준에서 용기 있게 책을 출판하며 더욱 깊고 확장된 성과물을 위한 다음의 작업을 약속드린다.

사실 이 책이 이념이나 정책철학으로서 다문화주의 혹은 다문화 정책만을 심층적으로 연구하는 것은 아니다. 또한 외국의 다문화 정책이나 다문화 사회 유형을 비교 검토하는 것도 아니고 이주민 문제에 대한 구체적인 정책 대안을 체계적으로 제시하려는 것도 아니다. 그런 유형의 담론들은 이미 충분히 그리고 너무도 반복적으로 양산된 상황이며 앞으로 더욱 날카롭게 정교화되고 보완될 필요가 있을 것이다. 대신에 이 책은 향후에도 더욱 더 강력한 세계적 흐름으로 도래할 다문화 시대를 맞아 이주민 및 다문화 가정이 급증할 것으로 예상되는 상황에서, 다문화 흐름과 관련된 우리 사회의 내외적인 조건들을 냉정하게 파악하고 우리의 정치공동체가 어떤 방향으로 어떻게 나아가야 하는지를 사회철학적인 측면에서 진지하게 모색한다. 예컨대 다문화주의를 이주민의 문제가 아니라 우리 사회의 다양한 영역에서 발생하고 있는 다수/소수의 대립과 통합의 관점에서 바라보면서 다문화 시대가 제기하는 과제를 '그들'이 아니라 우리의 문제로서, 공동체의 행복과 정의의 관점에서 분석한다는 것이다. 이런 작업을 위해 필자는 기존의 다문화 담론이 충분히 주목하지 않았던 다양한 기원과 특성을 갖는 이론적 조류들과 논자들의 풍부한 문제의식을 검토·종합하여 대안과 전략을 모색해 보았다. 비록 추상적인 성격이 강한 이론적 수준의 모색이지만 이미 다문화 현상이 우리의 현실이 되고 있다는 점에서 현실 개입적인 이론적 실천이 될 수 있을 것이다.

이 책이 지향하는 다문화 민주주의(multicultural democracy)는, '권리를 가질 권리(the right to have rights)'로 상징되는 소수자의 인권과 평등의 가치를 급진화하면서 쟁투적 민주주의를 확장하려는 노력으로 이해할 수 있다. 이는 넓은 의미에서는 정치적·경제적 근대성의 부정적 징후를 극복하고 근대성의 제도적 차원들을 재조정하거나 재조직화하는 작업과 불가분의 관계를 맺고 있다. 이런 다문화 민주주의는 인민(demos)에 대한 기존의 경계를 의문에 부치고 민족주의에 대한 강한 비판적 성찰을 요구한다. 아울러 소수자뿐만 아니라 다수자 집단의 다양성조차 위협하는 신자유주의적 세계화의 논리에 대한 강도 높은 비판과 대안을 모색한다. 궁극적으로 이 책은 다문화의 도전을 우리 사회 발전의 생산적인 계기로 삼을 수 있는 전략을 목표로 하는 동시에 다문화적 감성과 정치적 능력을 가진 주체의 형성을 목표로 한다.

한편으로 필자는 각 사상과 이론에 대한 엄격한 학술적 분석 못지않게 다양한 이론적 자원들을 우리가 어떻게 유용하게 이용할 수 있는가를 중시하며 이를 위해 기꺼이 '나무'보다는 '숲'을 보며 넓고 멀게 가려 했다. 달리 말하면, 이질적일 수 있는 다양한 차원의 이론적 생산물을 효과적으로 '활용(exploit)'하면서 미래의 좌표와 방향을 설정하는 것이 중요하다는 것이다. 그러나 그런 활용은 결코 사상가나 이론에 대한 자의적인 해석이나 절충이 아니라 이론 내적인 체계와 맥락에서 도출 가능한 이론적·실천적 함의를 적극적으로 추출한다는 의미일 것이다. 그리고 그런 이론적 활용은 그것이 좀 더 정의로운 사회와 대안적인 정치를 구성하는 데 투입된다는 측면에서 그 정당성과 효율성을 확보할 수 있을 것이다. 이 책의 끝에 실린 보론은 다문화 시대를 통과하는 우리의 삶과 사회를 위해 전통적 사유에서 시사점을 찾아보려는 '드문' 연구의 일환이다.

결국 이 책은 우리 사회에서 이주노동자의 유입 및 이주민의 급증으로 촉발된 다문화 현상 및 다문화주의가 가지는 정치적 함의에 진지하게 천착하여 그와 연동되어 있는 우리 사회의 현실을 진단하고 그 변화의 방향을 모색해본다. 즉 과거 노동자의 존재가 계급에 대한 논의를 촉발시키고, 제국주의의 횡포가 민족해방 담론을 촉발시켰으며, 동등한 권리 주체로서 여성의 등장이 페미니즘 논의를 촉발시켰듯이, 한국의 이주민 증가 및 다문화 흐름이 우리 사회에 어떤 새로운 의제를 촉발시키고 어떤 식으로 전개될지를 분석해보겠다는 것이다. 특히 이런 흐름은 현재 다수자 내부에서 존재하는, 가시적이든 비가시적이든 소수자들의 문제와도 접속하여 향후 한국 사회의 중요한 정치적 의제가 되리라고 생각한다. 예컨대 이주민으로 상징되는 다문화 현상은 기존의 진보와 보수, 민주와 반민주, 좌파와 우파 등의 대립구도와 겹치면서도 또 다른 새로운 논쟁 구도를 만들어내면서 새로운 이데올로기적·정치적 대립구도와 진영들을 만들어낼 수 있다는 것이다(엄한진 2006: 62-63). 문제는 그러한 등속의 도전들을 역동적인 재구성으로 전환시킬 수 있는 우리 사회의 능력과 조건의 마련일 것이며 이 책은 이에 대비한 하나의 도상훈련(圖上訓鍊)일 수 있다.

역사의 진보 앞에서 누구도 부정할 수 없는 원칙은, 시대에 대한 우리의 대응이 인류가 오랫동안 고민하고 성취해온 정의와 평등에 기반을 둔 민주주의를 심화·확장하는 방향으로 나아가야 한다는 것이다. 그러므로 이 책은 다문화주의를 더욱더 사회적으로 쟁점화하고 이를 민주주의가 심화되는 계기로 삼으려는 정치적 기획일 수 있다. 필자는 독자들이 이 책의 결론이나 주장에 동의하지 않더라도 문제의식에는 '공감'하기를 간절히 바란다.

삶의 조우나 사건의 본질은 언제나 인연이듯이, 이 책의 생산과 출판에도 많은 분들과의 인연이 작용하고 있다. 그 모든 고마운 분들에게 감사드린다. 특히 필자의 박사논문 지도교수이자 중견 학자로서 언제나 후학들에게 연구자의 '전형'으로 존재하는 성균관대 정치외교학과 김비환 선생님께 감사드리며, 연구자의 논문을 더욱 완성도 높게 마무리할 수 있도록 비판과 격려를 해주신 여러 심사위원 분들께도 감사드린다. 아울러 필자에게 인간적인 연구 환경을 제공해주신 고려대학교 평화와 민주주의 연구소의 여러 선생님들과 역시 한참 어린 후학이지만 인간적인 배려를 해주시는 수원과학대 김태균 선생님께도 감사드린다. 물론 이 책이 세상에 나오도록 인연을 맺어주신 한국학술정보와 다문화 시리즈 도서의 기획·출판을 관리하는 지성영 선생님과 편집팀에게 감사드린다. 그분들의 제안과 꼼꼼한 교정·교열 그리고 부드러운 압박이 없었다면 이 책의 출판은 더욱 늦어졌을지 모른다. '어울누리' 기획의 성공으로 한국의 다문화 민주주의가 더욱 진전하면서 소수자/다수자가 더불어 행복하게 살아갈 수 있는 정치공동체가 되기를 기원한다. 가장 고마움과 죄송함을 전해야 할 분은 필자의 부모님일 것이다. 배고픈 연구자로서 '공부'한다는 핑계로 키워주신 은혜에 대한 보답은커녕 자주 찾아뵙지도 못하지만 자식의 길을 묵묵히 응원하시는 두 분이 없었다면 필자의 삶은 아마도 크게 달라졌을 것이다. 마지막으로 신혼살림의 보금자리를 '한강 너머 아주 멀리'에 있는 김포에 차리겠다는 필자의 과욕을 '관용'해주신 그녀에게 감사드리며 아내가 아니라 영원한 '여친'으로 남기를 바란다.

심승우 씀

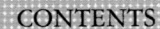

CONTENTS

책머리에 · 5

01 서론: 다문화 시대,
위기와 도전 사이에서

1. 다문화주의를 넘어서 · 16
2. 위기와 기회의 사이에서 · 20

02 한국 다문화 현실에 대한
몇 가지 이야기들

1. 다문화 시대의 대한민국 · 30
2. 한국 다문화 혹은 이주민 정책담론의
문제와 시사점 · 35
   1) 한국 다문화 담론의 문제점 · 36
   2) 한국 정부의 다문화 정책의 문제 · 39
   3) 한국 다문화 정책의 방향과 시사점 · 44
3. 다문화 시대, 민주주의를 향하여 · 48

03 다문화주의 정치철학과 정책담론의 조류

1. 다문화주의의 개념과 유형 · 54
   1) 다문화주의란 무엇인가 · 54
   2) 다문화주의의 유형 · 59
2. 다문화주의와 정치사회적 담론 · 64
   1) 다문화주의와 문화적 권리 · 64
   2) 다문화주의와 인정의 정치 · 70
   3) 다문화주의와 재분배의 정치 · 73
   4) 다문화주의와 신자유주의 · 76
3. 외국 다문화 담론의 한계 · 80
4. 다문화 민주주의의 이론적 모색 · 86
   1) 비판적 다문화주의(critical multiculturalism) · 86
   2) 다문화 민주주의의 개념 · 89
   3) 다문화 민주주의의 원칙들 · 92

04 이주민의 주체성과 소수자의 정치학

1. 주체성과 실천 · 102
   1) 주체와 구조의 관계 · 102
   2) 성찰성의 급진화와 규칙 · 108
2. 소수자의 주체성과 '되기(becoming)'의 정치 · 119
   1) 소수자 주체성의 함의 · 119
   2) 소수자의 주체화 전략 · 123
   3) 소수자 '되기(becoming)'의 정치학 · 130
3. 소결 · 137

05 이주민의 정치적 주체화 전략

1. 인권담론의 급진화와 성원권 · 142
   1) 인권담론의 확장 · 142
   2) 권리를 가질 권리 · 146
2. 이주노동자의 시민권 · 151
3. 이주민의 소수자 – 되기와 연대 · 155
   1) 이주민의 소수자 – 되기 · 155
   2) 소수자 연대: 불가능한 동일시 · 160
4. 소수자의 주체화와 통치성 · 164
5. 소결 · 169

06 다문화 정치통합의 전략: 쟁투적 공동세계

1. 자유주의적 관용을 넘어서 · 174
2. 쟁투적 공동세계(agonistic common world)의 활성화 · 180
3. 다문화적 시민성의 함양 · 192

07 다문화 정치통합의 전략: 공화주의적 애국주의

1. 공화주의적 애국주의의 원리 · 198
2. 공화주의적 애국주의의 재구성 · 210
   1) 사해동포주의 비판 · 211
   2) 민족주의 비판 · 215
   3) 민족성과 경계의 재구성 · 220
   4) 정체성의 재구성 · 224
3. 대한민국 '만들기(Achieving)' · 227
   1) 정의로운 공화국 만들기 · 227
   2) 대한민국은 애국의 대상이 될 수 있는가? · 232
   3) 성찰적 연대 · 243
4. 소결 · 249

08 나오며: 다문화 공동체, 새로운 정치통합을 향하여

◎ 보론
- 유교적 통치성의 현대화 · 267

참고문헌 · 301

01

서론: 다문화 시대,
위기와 도전 사이에서

1. 다문화주의를 넘어서

이 책을 통해 필자는 2000년대 중반부터 급속히 유행하고 확산되고 있는 다문화 정책 및 담론을 비판적으로 조명하고 미래의 기획으로서 다문화적 정치공동체의 가능성을 모색해보고자 한다. 이는 다문화적 감성과 문제의식은 유지하면서 현실 속에서 다문화주의가 온전하게 작동할 수 있는 이론적, 실천적 토대를 모색한다는 것을 의미한다. 이런 맥락 속에서 이 책은 이론적 수준에서 다문화주의에 대한 비판적 재구성을 기획하며 차이의 정치화(politicization of difference)를 통한 새로운 공존과 통합의 원리를 모색한다. 차이의 정치화란 차이를 묵인하거나 차이의 표출을 억압하거나 배제하는 것이 아니라 차이의 맞부딪침을 통해 새로운 우리의 형성과 공동체의 발전을 적극적으로 모색한다는 것을 의미한다.

그리고 이 문제는 기존의 주류적인 다문화주의의 틀을 넘어설 것을 요구한다. 왜냐하면 이주노동자 및 결혼이주여성을 포함하여 다양한 소수집단의 인정과 배려 원칙에 동의하면서도 과연 다문화주의가 이러한 배려와 공존의 틀을 제시할 수 있는 유일한 정치적 원리인가에 대해 의문을 제기할 수 있기 때문이다. 더구나 다문화주의의 원리만으로 과연 다문화주의가 성취하고자 했던 이상적 목표를 성취할 수 있을지에 대해 더욱 회의적이다. 서구에서조차 최근 다문화주의의 규범적 타당성과 그 한계에 대해 다양한 논의들이 제기되는 상황에서 우리의 경우 다문화주의 담론의 '양적' 생산 못지않게 다양한 이론적 자원을 동원하여 다문화 현실과 이론의 한계를 극복할 수 있는 대안 모색이 필요하다. 이것은 많은 기존 연구가 흔히 그러하듯이, 단순히 정부의 다문화 관련 정책에 대한 비판이나 지지, 혹은 정부의 반인권적 정책철학에 대한 비판과 대안 제시 같은 논의보다는, 보다 근본적인 수준에서 현재의 지배적인 가치체계, 사고방식의 변화와 주체성의 변화를 적극적으로 모색하는 것을 핵심적인 과제로 설정한다.

부연한다면, 결혼이주여성이나 이주노동자 등에 대한 처우나 생활조건의 향상, 정부 정책의 지원 요구 등과 같은 사례별 대안이나 해결책은 이미 학계나 시민단체, 관련 정부 부처, 지자체 등에서 수많은 담론들이 쏟아져 나오고 있다. 그러나 과연 그런 대안들이 어떤 정치철학적 배경 속에서 구성되었으며 그런 정책담론들의 정치사회적 효과는 무엇인지, 또 그런 정책들은 어떤 정치사회적 통합의 원리를 지향하고 있는지, 과연 바람직한 다문화 공동체는 어떤 규범적 성격을 가져야 하는지에 대한 논의는 크게 부족하다고 볼 수 있다. 무엇보다도 이주민에 대한 정주집단의 시혜적, 온정주의적 조치들이 마련되었다고 할지라도 문화적 다양성을 수용하고 이질적인 존재들의 공존을 안정적으로 지속시킬 수 있는 정치문화 및 제도의 문제를 적극적으로 고민하지 못한다면 그것은 취약한 장치에 불과할 것이다. 국적이나 영주권을 취득한 결혼이주여성들 및 다문화 가정에 대한 정부의 재정적 지원이 폭발적으로 증가하였고 심지어 막대한 예산을 둘러싸고 부처 간 관할권 경쟁까지 벌어지고 있다는 지적이 나올 정도이지만,[1] 과연 정부 및 지자체들이 이주민들의 주체성에 대한 진정한 문제의식을 가지고 있는지, 아울러 차이와 다양성을 수용할 수 있는 공동체를 진지하게 고려하고 있는지는 의문이다.

단적으로 말해, 주류집단 내부에서 지배적인 가치체계의 정당성을 성찰하고 억압과 배제, 불평등 같은 부정의를 시정할 수 있는 활력 있는 시민사회가 뒷받침되지 못한다면 다문화주의의 현실적 토대는 허약할 수밖에 없으며 언제든지 보수화될 수 있는 가능성을 가지고 있다고 봐야 한다. 사실 다문화주의의 정착과 제도화는 우리 사회의 민주주의 발전 및 시민사회의 성숙을 통해서만 가능할 것이다. 이런 관점에서 이 책은 다문화주의 담론 못지않게 다문화주의가 촉발시키는 주류집단의 변화, 특히 다문화 시대가 요구하는 민주주의 심화를 심도 깊게 모색한다.

---

1) 김혜순(2012), 「결혼이민자정책의 평가와 대안」, 『한국의 다문화 사회통합정책: 종합평가와 전망』, 사회통합위원회 용역보고서(2012.12), pp. 127-133. 특히 결혼이주여성 및 다문화 가정 관련 정책에 대한 전문가로서 김혜순은 결혼이주여성에 대한 재정적 지원이 관료적 팽창주의의 결과로서 중복적이고 편향적으로 이루어지고 있기에 이민사회의 정상적인 전개를 왜곡시키고 있다고 비판한다. 김혜순은 이런 문제를 단순히 정책추진체계의 확장이나 시설과 인력 확충으로 해결하는 것이 아니라 정책철학 및 정책 프레임의 근본적인 재조정을 주장하고 있다. 이 책이 김혜순의 지적에 전적으로 동의하는 것은 아니지만, 관료적 팽창주의를 억제하고 정상적인 다문화 (이민) 공동체를 위한 사회통합의 정책철학을 새롭게 수립해야 한다는 주장은 이 책의 문제의식과 크게 다르지 않다.

결국 우리 시대의 과제는 다문화주의의 핵심 원리로서 '차이와 다양성의 존중'이라는 명제를 보다 적극적으로 추진한다는 것을 의미한다. 즉 '사이좋고 행복한 공동체'의 구성 못지않게 '우리와 타자' 모두의 변화를 통한 새로운 주체성의 창출 및 정치의 재구성을 목표로 한다고 볼 수 있다.이러한 작업은 서구의 다문화 담론이나 정책을 그대로 따라가는 것이 아니라 다문화주의의 이상과 현실, 규범과 실천의 문제를 보다 면밀하게 검토할 것을 요구한다. 즉 차이와 다양성의 존중에 은폐된 중심/주변, 우월/열등, 주체/객체 등의 위계적 이분법을 문제시하고 그것을 단순히 사적 영역의 차이로 비정치화하는 것이 아니라 공적 영역의 의제로서 쟁투의 중심이 되도록 만들어야 한다는 것이다. 필자는 이러한 모색이 우리 사회의 다양한 영역의 재조직화로 연동될 때 비로소 다문화주의의 온전한 이상도 최대한 실현될 수 있다고 판단한다. 현실적으로 존재하는 공동체가 외부적인 요소들을 무한 수용할 수는 없지만 이질적인 차이들을 긍정할 때 더욱 풍부하고 생산적이 되리라는 상식이 빛을 발한다. 물론 진통은 필요할 것이다.

이를 위해 이 책은 좀 더 넓은 학문적, 실천적 지평과의 연동을 적극적으로 시도한다. 다원주의 사회에서 사회를 규율하는 규칙은 언제나 쟁투(agonism)의 관점에서 잠정적 결합으로 사고되어야 한다면(Mouffe 2009:157), 학문적 세계에서도 특정한 입장이나 당파성이 진리의 자리를 획득해서는 안 될 것이다. 이런 관점에서 기존의 다문화 담론, 특히 서구에서 지배적인 담론과 비교할 때 이질적이고 대립적인 논자들이 적극적으로 활용된다. 특히 주류담론으로서 자유주의적 다문화주의의 이론적, 실천적 한계를 극복하려는 비판

적 다문화주의(critical democracy)의 문제의식이 각별한 함의를 가진
다. 이런 논의를 심화·확장시키면서 필자는, 비판적 '다문화 민주주
의(multicultural democracy)'에 대한 이론적 토대를 심화하고자 한다.
다문화 민주주의의 핵심은 사이좋은 공존이 아니라 쟁투적 다원주
의의 심화이다. 이런 문제의식의 배경에는 공동 세계 및 정치적 참
여를 지고의 가치로 여기는 아렌트의 공화적 문제의식과 소수자의
정치, 푸코의 통치성(governmentality) 개념 같은 기존 다문화 담론과
는 다른 지반의 다양한 기원을 가진 정치·사회·철학적 흐름들이
놓여 있다. 이에 비해 그동안 무수한 다문화주의 담론에서 충분히
반복적으로 소개되고 인용되어온 저작들, 특히 영미권의 현대 이론
가들의 논의는 지극히 절약적인 수준에서 다룰 것이다.

2. 위기와 기회의 사이에서

국경을 넘는 인간과 자본, 상품, 문화, 정보의 이동이 돌이킬 수
없는 세계적 차원의 흐름인 이상 다문화주의는 지구적 자본주의 시
장경제의 질서와 맞물려 향후 장기 지속적인 현상으로 계속될 것이
다. 이와 같은 흐름 속에서 한국 사회로 유입되는 이주민의 수도 급
속히 증가할 것으로 예상된다.[2] 1980년대 후반부터 유입되어 2000

---

2) 행정안전부가 등록외국인 현황 자료를 기초로 주민·가족관계등록 시스템 자료와 연계하여 작
  성한 <2012년 지방자치단체 외국인 현황 조사결과>에 의하면 2012년 1월 1일 기준 국내 외국
  인주민 총수는 2011년 1,265,006명 대비 144,571명(11.4%) 증가한 1,409,577명에 달했다. 외국
  인근로자는 588,944명으로 전체 외국인주민의 41.8%를 차지했으며 이는 2011년 552,946명 대
  비 35,998명(6.5%) 증가한 것이다. 행정안전부(2012), 『2012년 지방자치단체 외국인주민 현황
  조사결과』.

년대 초반부터 특히 급증하기 시작한 이주집단의 존재와 운동은 이미 우리 사회에 다문화주의 담론을 확산시키면서 우리의 생활양식 및 사고방식, 가치체계에도 지대한 영향을 미칠 것이다. 특히 이러한 현상은 '단군 할아버지의 후손'으로 상징되는 민족국가의 문화적 단일성 신화에 큰 도전이 되고 있다. 이러한 도전에 대한 대응은 한국 사회의 민주주의 발전과 밀접한 관련을 맺고 있다. 즉 이주민의 인권 및 시민권 문제와 관련하여 소수집단을 포용하고 그들의 주체성을 인정하려는 노력은 우리 사회의 민주주의 발전 수준을 가늠하는 척도이자 민주주의의 질과 밀접한 관련을 맺고 있다는 것이다.

이런 상황과 맞물려 더 이상 단일성과 동질성으로 포섭되기 힘든 국가 내부의 차이와 다양성, 상이한 정체성의 표출은 계속될 것이기 때문에 다문화주의는 지역적, 일국적 차원뿐만 아니라 국경을 아우르는 세계적 차원에서도 중요한 정치사회적 쟁점이자 화두가 될 것이다.[3]

이처럼 세계적인 추세인 다문화 현상은 우리에게 위기이자 기회로 다가온다. 다문화 현상이 위기일 수 있는 이유는 이주민의 증가로 상징되는 차이와 다양성이 다양한 영역에서 긴장과 갈등, 통합의 위기를 가져올 수 있기 때문이다. 이는 이민 선진국의 경험으로 고려했을 때, 고립적이고 폐쇄적인 문화 정체성의 병립이 야기하는 공동체 소속감의 약화, 유대와 연대의 약화로 인한 정치통합의 위기와 연관된다. 또한 경기 상황의 위축이나 실업률 증가 등의 경제난이

---

3) Castles and Davidson(2000) *Citizenship and Migration: Globalization and the Politics of Belonging*(New York: Routledge). 서구적 근대성의 의도하지 않은 결과로서, 자본주의 논리에 의해 확산된 신자유주의적 세계화가 야기하는 이주를 통해 '동일한 국적-단일한 국민정체성-배타적인 시민권-영토 내부에 대한 포괄적인 통치권'으로 압축되는 근대 민족국가의 동질성 가정이 손상될 수밖에 없으며, 그에 조응해서 구성되었던 영토주권 및 일국적 차원의 정치 개념 역시 변용될 수밖에 없을 것이다.

심화될 경우 이주민과 정주민 집단의 갈등이 격화될 수 있다. 더구나 경제적 불평등이 인종적, 문화적 소수집단과 결합될 경우 서구적인 소요 사태 가능성 또한 배제할 수 없다. 문제는 다양한 다문화 정책과 담론들이 이러한 위험성을 적극적으로 고려하지 못하고 있으며 향후 우리 사회에서 다문화 현상이 심화될 경우 발생할 통합의 위기에 대한 대응을 깊이 있게 고민하지 못하고 있다는 것이다. 물론 현재의 시점에서 다문화 사회의 이상을 실현하기 위해서는, 무엇보다도 다문화로 포장된 정부의 동화주의 정책에 대한 비판과 극복이 일차적인 과제일 것이다. 그러나 그 반대에서 지나치게 낭만적이고 낙관적인 관점에서 다문화주의를 지지하는 입장에 대한 비판과 극복도 요구된다.

다문화주의가 기회일 수 있는 이유는 이주민의 증가로 상징되는 다문화 현상이 우리 정치문화의 배타적 속성을 성찰하게 만들고 문화적 역량을 함양할 수 있는 기회를 제공하기 때문이다. 문화는 좁은 의미의 예술로 국한될 수 없는 삶의 방식과 가치관, 정체성의 문제이다. 특히 다문화주의는 그것이 차이와 다양성의 존중 및 소수자와 다수자의 소통을 통한 정체성과 주체성의 변화를 의미하기에 그동안 혈연적인 민족공동체에 익숙했던 우리의 문화적 정체성에도 큰 변화를 야기할 수 있을 것이다. 아울러 단일민족 구성원에 한정되었던 인권과 평등에 대한 문제의식을 확장시키면서 다문화와 관련된 다양한 감성과 역량을 자극할 수 있다. 이는 궁극적으로 개방적인 시민문화를 형성하는 것이며, 우리 사회의 민주적 역량과 창조적 문화역량을 높이는 것이며, 오랜 기간을 요구할지라도 정주민들도 새로운 국민으로 재창조되는 것을 의미한다. 단순하게 말하자면,

참여와 연대를 통해 세계적으로 모범적인 민주적, 개방적인 시민사회를 건설하는 것이야말로 다문화주의의 이상적인 목표가 될 것이며 이질성과 외부성의 수용을 통한 공동체의 창조적 역량 강화는 대한민국의 미래지향적 국가전략이 될 것이다.

한편 중앙정부 및 지방정부가 주도하고 있는 한국의 다문화 정책 및 예산은 폭발적으로 증가해왔다. 특히 결혼이민자와 다문화 가족은 다문화 정책의 집중적인 대상으로 설정되어 전폭적인 지원을 받게 되면서 한국 정부의 다문화 정책의 정체성에 대한 논란과 예산 문제뿐만 아니라 다문화 정책에 대한 대중의 반감을 야기하는 역효과도 발생시키고 있다. 선진 이민국의 경험을 놓고 볼 때, 이주민과 정주민 사이의 갈등은 이민 2세대, 3세대에 들어와 가시화되는 경향이 있지만 한국 사회의 경우 이주민에 대한 정책이 제도적인 추진 체계를 갖추고 본격적으로 추진된 지 10년도 되지 않아 표면적으로 드러나고 있다(김혜순 2102: 140-143).

신자유주의 시장논리가 경제를 지배하면서 정주민 집단 내부에서도 양극화로 상징되는 갈등과 분열이 심각한 사회문제로 대두되는 상황 속에서 이주민과 정주민의 갈등 심화 조짐은 한국 사회의 분열 양상을 더욱 복잡하고 심각하게 만들 수 있다. 그러므로 한국 정부의 다문화 정책의 긍정적 측면을 보완하면서도 관료주의, 편향성, 특혜성 시비와 다문화 정책에 대한 부정적 인식 등의 다양한 문제를 낳고 있는 이주민 정책에 대한 냉정한 성찰과 대안 모색이 시급한 상황이며 근본적으로 민주주의 심화가 절실하게 요구된다.

실제로 현재 유럽의 일부 선진 이민국들에서 나타나는 반다문화 현상은 그 국가 자체의 민주주의의 위기 및 우경화 현상과 밀접한 관련을 맺고 있다. 유럽이나 미국의 사례에서 보면 단순히 인종, 문화, 종교적 소수가 증가한다는 이유만으로 다문화주의를 둘러싼 갈등이 폭발하지는 않는다. 이러한 이슈들은 이민과 문화적 차이를 적극적으로 활용하는 극우집단과 정치인이 있을 때 비로소 사회문제로 폭발하는 것이다(김남국 2012: 16). 민족주의 혹은 애국주의를 배타적 공동체 담론으로 활용하는 우파 집단의 헤게모니가 다수집단의 패권주의를 더욱 강화시키고, 이는 차이와 다양성을 억압하고 민주주의를 퇴보시킨다. 특히 경제후퇴기에 이들의 선동은 사회적 소수를 둘러싼 갈등을 증폭시키고 모든 비난을 쏟아 부을 희생양으로 이주자를 선택하여 공격하게 된다. 결과적으로 이런 현상은 극우적 애국 담론을 더욱 선동시키면서 이주노동자뿐만 아니라 다양한 소수자 집단 및 지배적 가치에 도전하는 저항집단 등에 대한 지속적인 억압을 정당화하는 부정적인 포퓰리즘으로 작동한다. 특히 갈등이 격화될 경우, 이주노동자 및 소수자를 정당한 상대자가 아니라 제거해야 할 대상으로 간주할 위험성도 크다고 볼 수 있다. 그리고 이것은 결과적으로 정주민 집단 혹은 다수자에게도 궁극적으로 억압적인 기제로서 회귀하게 될 것이다. 이주민에 대한 정주민 집단의 억압과 배제, 폭력이 가시화된 시기는 민주주의가 퇴보하고 사회가 우경화되던 시기라는 서구 이민 선진국의 경험이 이를 반증한다. 소수집단을 억압하는 인종적, 민족적 상징물을 맹목적으로 절대시하면서 보수적이고 폐쇄적인 공동체 담론이 대중적인 지지를 얻게 될 경우, 인종적 문화적 차이는 공존이 아니라 제거되거나 억압해야 할 '불순한 존재'들로 간주되는 것이다.

이런 문제의식 속에서 이 책은 다문화 정책과 관련하여 사회통합을 성취할 수 있는 상위의 정책철학 내지 통합전략에 대한 예비적 고찰이라고 볼 수 있다. 이러한 정책철학은 다문화주의 및 다문화 정책에 대한 정치사회적 논쟁을 통해 그 내용이 최종적으로 규정되어야 하지만 철학적 차원에서 규범적인 방향을 제시할 수 있을 것이다. 또한 사회 일각의 현상이기는 하지만, 단기간에 확산되기 시작한 다문화 현상(이주민 증가 및 이주민 정책)에 대한 국민의 부정적 반응 및 배타적 정서를 어떻게 완화하고 통합의 주체로 형성시킬 수 있을 것인가라는 문제 역시 중요한 화두이다. 여기서 관건은 다문화 정책에 대한 국민들의 부정적인 인식과 비판을 보수적이고 시대착오적인 의식 혹은 국수주의적 순혈주의로만 치부하여 또 다른 계몽주의적 '의식개선' 예산 사업으로 대상화시키는 것이 아니라 학술적, 정책적으로 정교하고 효과적인 대응 전략을 만들어나가야 한다는 것이다. 즉 다문화 사회의 중요한 주체인 정주민 집단을 '정부 사업의 객체화'로 간주하는 것이 아니라 정주민 집단의 주체성 변화를 효과적으로 성취할 수 있는 정책 모색이 중요하다는 것을 의미한다. 이는 다문화 정책은 이주민이든 정주민 집단이든 다문화적 감성과 역량을 가진 주체화를 최종 목표로 한다는 다문화주의 이상에 전적으로 부합한다. 이런 다문화 사회통합을 성취할 수 있는 정책철학은 일방적인 계몽의 대상으로 국민을 설정하는 관료제적 접근이 아니라는 것을 다시 한 번 강조한다. 또한 사회통합정책을 포괄하는 이민정책은 외국인 정책뿐만 아니라 주류 사회의 정주민을 대상으로 하는 정책을 의미한다는 것이다. 이주민-정부-시민사회를 순환하면서 사회통합 정책의 효과를 극대화할 수 있는 국가적 차원의 전략이 중요한 이유이다.

이런 문제의식을 기반으로 필자는 차이와 이질성이 심화되는 사회문화적 흐름 속에서 발생할 수 있는 분열 경향을 방지하고 공동의 지반 형성에 대한 정치적 전략을 모색해본다. 이는 상호신뢰 및 연대감의 기초를 어떻게 확보할 것인가의 문제인 동시에 혹시라도 발생할 수 있는 극우적 반동을 완화시키면서 정치공동체의 통합을 어떻게 성취할 것인가의 문제와 직접적으로 연결된다. 이 책은 이민정책이든 다문화 정책이든 인권과 평등이라는 민주주의 이상이 가장 중요한 이념적 좌표이며 인권과 평등의 문제의식이 다문화 정책과 결합할 때 비로소 진정으로 충성과 연대의 대한민국이 가능하다고 주장할 것이다. 특히 보편적인 인권의 추상성을 넘어서 정치사회 내부의 소속감(membership)을 정교화하고 구체적으로 실현하는 전략이 중요함을 강조할 것이다. 이를 위해서는 민족적 정체성에 대한 재구성 전략이 중요하며 시민사회의 치열한 논쟁을 통해 국민의 자격에 대한 재검토가 절실하게 요청된다.

그러므로 바람직한 다문화주의는 다양한 문화적 정체성들 간의 사이좋은 공존, 차이와 다양성의 단순한 병립이 아니라 이질성의 적극적인 부딪침을 통해 공동체의 새로운 변화와 재구성에 도달하는 것이다. 즉 다문화주의는 차이와 다양성의 소통을 통한 새로운 정체성의 창출, 하나의 공동체가 가진 정치, 사회, 문화적 역량의 극대화를 목표로 지속적인 생성과 변화, 발전의 전략을 구성해야 한다는 것이다.[4]

---

4) 한 사회에 다양한 문화적, 인종적, 종교적 집단들이 공존하고 있다는 '사회학적 사실'을 지칭하는 '다문화적'이라는 용어와 그러한 사회학적 사실에 대해 규범적 접근 및 대응방식을 의미하는 '다문화주의'는 전혀 다른 차원의 개념이다. 이러한 구분은 J. Laz(1994), "Multiculturalism: A Liberal Perspective," Dissent, Winter에 나오는 내용이며 이 글에서는 김비환(2007), 「한국 사회의 문화적 다양화와 사회통합: 다문화주의의 한국적 변용과 시민권 문제」, 『법철학연구』, 제10권 제2호, 한국법철학회, pp. 323-324의 내용을 참고했다. 한국 정부의 다문화 관련 정책이 집중되고 있는 다문화 가정 및 결혼이주여성의 경우에도 동일한 접근이 적용된다. 다문화 가정 지원정

그러므로 합법적인 시민권을 얻은 이방인 혹은 이주민일지라도 그들을 단순히 동화나 포섭의 대상으로 인식하거나 혹은 단순히 관용의 대상으로 인식하는 것은 사실상 보이지 않는 차별과 세련된 배제, 주변화에 다름 아니다. 또한 위계적인 이분법의 재생산을 정당화화는 정치적 담론의 한계를 극복할 수 없다. 물론 이주민과 정주민, 소수와 다수의 사이좋은 병립은, 그 자체로도 중요한 가치를 가지지만, 다문화주의의 부분적인 목적일 뿐만 아니라 다문화주의의 보다 나은 진전을 가로막는 이데올로기일 수 있다. 그것은 다문화주의에 내재한 새로운 공존의 가능성 및 공동체 변형의 가능성을 최소화하거나 차단할 수 있기 때문이다. 마치 법 앞의 자유와 평등 앞에서 차별과 불평등을 양산하는 구조적 모순이 은폐되는 것처럼 말이다. 이런 관점에서 다른 문화의 식습관이나 전통의상을 존중하고 함께 해보는 것이 '각자의 문화를 공유'하는 것이라고 설명하는 서구의 지배적인 다'문화' 교육은, 그 바람직한 취지에도 불구하고 궁극적으로는 다양한 정체성을 가진 구성원들이 지속적인 상호작용을 통해 스스로를 변화시켜나가고 새로운 연대의식과 통합을 성취하는 데 한계가 있다. 이는 소위 세계적인 차원에서 다문화 시대를 살아가는 인류의 공통된 과제일 것이다.

책과 다문화 '주의' 가족정책은 구분되어야 한다는 것이다. 전자가 다른 문화 출신의 배우자 혹은 외국인 배우가가 결합된 다문화 가정을 지원하는 정책이라면 다문화 '주의' 지원정책은 다문화 가정 안에서 외국인의 고유한 특징이나 문화적 차이를 인정하고 존중하는 규범적 원리를 강조한다. 그러므로 한국 정부의 다문화 정책은, 그 정책내용의 많은 진전에도 불구하고 여전히 '한국 사람 만들기'에 기반을 둔 가부장적 가족유지 정책을 벗어나지 못하고 있다고 평가할 수 있다.

02

한국 다문화 현실에
대한 몇 가지 이야기들

1. 다문화 시대의 대한민국

미국은 원래 이민자의 나라이다. 가장 기본적으로는 북아메리카 대륙을 점령한 유럽인들 자체가 '이주자'였다. 이들은 원주민인 인디언들을 삶의 터전에서 내쫓았으며 인간 사냥 같은 대량 학살도 서슴지 않았다. 원주민의 땅을 강탈한 미국은 이후 노동력 확보를 위해 아프리카의 흑인 '노예'를 대량 수입했으며 이후에도 제3세계로부터 온 수많은 이주자들의 노동을 바탕으로 세계 제일의 경제대국으로 성장할 수 있었다. 이러한 미국의 발전은 아프리카 노예를 비롯하여 중남미, 아시아 등 제3세계 이주민들의 피와 땀이 없었다면 불가능했을 것이다. 마치 대한민국의 지난 근대화 시기의 비약적인 경제발전이 근로자들의 저임금 장시간 노동의 희생을 토대로 해서 가능했듯이 말이다.

이주민의 나라인 미국을 배경으로 삼고 있는 영화 '도그빌(Dog-ville)'[5]

은 미국의 주류 세력이 이주자에 대한 비인간적인 대우와 착취를 잘 형상화하고 있는 영화이다. 로키 산맥 고지에 위치한 마을(도그빌)에 우연히 쫓겨 들어온 그레이스(니콜 키드만 역)는 생존을 위해 온갖 험한 일과 잡일을 다해가며 마을 사람들의 마음에 들려고 노력한다. 마을 주민들은 처음에 이 낯설고 두려운 존재를 추방하려고 하지만 그레이스의 헌신적인 노력에 의해 마침내 마을의 임시 거주민으로 인정하게 된다. 처음에는 일거리도 안 주던 사람들이 점차 그레이스의 노동능력의 가치를 알게 되고 또한 그녀가 경찰에 쫓기는 신세라는 점을 악용하여 사실상 임금을 거의 주지 않은 채 그녀의 노동력을 착취하고 마침내 마을 남성들은 겁탈까지 서슴지 않는다.

이주민에 대한 미국 주류사회의 착취와 억압을 폭로하고 있는 이 영화는 80년대 말 이후부터 외국인 이주노동자를 받아들이고 있는 우리 사회의 모습과 크게 다르지 않다.[6] 먼저, 1980년대 후반 3D업종의 중소기업체를 중심으로 외국인 노동자 수용 정책 자체가 수많은 사회적 논란을 거친 후 결정된 것이다. 어두운 피부의 낯선 존재들에 대한 거부감과 그들이 내국인들의 일자리를 뺏을 수도 있다는 우려 때문이었다. 그럼에도 불구하고 이주노동자들이 자신들의 일자리에 위협을 주지 않는다고 판단한 이후부터는 위험하고 힘들고 어

---

5) 덴마크 출신의 세계적인 감독 라스 폰 트리에가 직접 각본을 쓰고 호주 출신의 여배우 니콜 키드먼이 주연으로 출연한 이 영화는 트리에 감독이 계획하고 있는 '미국 삼부작'의 첫 번째 영화로 2003년 칸 영화제에서 각종 언론과 평단, 관객으로부터 찬사와 화제를 모았다. 제한된 세트에서 진행되는 연극을 고스란히 영상에 담은 것처럼 보이는 이 독특한 실험적 작품에 대해 평단에서는 인간에 대한 환멸과 냉소, 성서의 비유, 집단의 광기, 미국의 위선에 대한 비판물이라는 평가를 내리고 있다.

6) 미국의 경우 흑인에게 60년대 초반 투표권을 부여한 이후 다양한 적극 조치들이 취해졌고, 이에 따라 많은 한계를 가지고는 있지만 현재는 형식적으로는 평등한 시민권이 보장되어있다. 때문에 영화 도그빌이 폭로하고자 하는 이주민들에 대한 야만적인 착취는 차라리 '외국노동력 수입 국가'가 된 대한민국에서 적나라하게 나타나고 있다고 볼 수 있다.

려운 일은 이주노동자들에게 맡기기 시작했다. 마치 도그빌의 주민들이 처음에는 그레이스를 경계하지만 그녀의 노동 가치를 알고 온갖 험한 일을 맡기기 시작한 것처럼 말이다.

엄청난 착취와 모욕에도 불구하고 생존을 위해 마을의 일감을 고마워하며 묵묵히 험한 일을 감당했던 그레이스처럼 대한민국의 이주노동자들도 생존과 코리안 드림을 위해 저임금 장시간의 폭압적인 노동 조건에서도 처절하지만 묵묵하게 일을 했다. 사업주들은 욕설과 구타 등의 가혹행위를 일삼으면서 이주노동자들을 '인간 이하'로 취급했으며 고의적으로 월급을 체불하거나 떼먹기까지 했다. 한국인 동료들조차 이주노동자를 '아랫것' 취급하면서 인격적 모독과 욕설, 폭행을 다반사로 가했다. 이미 작업장에서 '최하층' 신분으로 업신여김을 당하던 이주노동자들은 일터의 '밖'에서도 천민처럼 무시받기는 마찬가지였다. 어두운 피부와 못사는 나라 출신이라는 그들의 이미지는 거리에서 부딪치는 일반인들의 눈에도 인격적 무시와 멸시, 경계의 대상이었으며 기껏해야 동정과 시혜의 대상인 '불쌍한 타자'였다. 경찰이나 법무부 직원들에게 이주노동자들은 '잠정적인' 범죄자였다.

수배자로서 그레이스의 약점을 이용하여 도그빌 남성들이 그녀를 겁탈한 것처럼 미등록 노동자(불법체류자)들이 겪는 고통은 노예의 그것 자체였다. 영세사업장의 사장들은 불법 신분임을 이용하여 외국인 노동자의 임금을 갈취했으며 불법 신분임을 이용해 산업재해가 발생하더라도 병원이 아니라 공장 밖으로 내쫓았다. 미등록 노동자들이 사업주로부터의 임금체불과 산업재해 사실을 경찰에 신고하더라도 경찰이나 법무부 관리직 공무원들은 그들을 보호하기는커녕 오히려 모든 문제의 원인이 불법체류에 있다며 이주노동자를 '강제 추방'하는 것으로 '간단하게' 마무리 지으면 그만이었다. 임금 착취와 성적 갈취, 온갖 욕설과 학대, 고통과 단속의 위협에도 불구하고 코리안 드림의 희망을 잃지 않았던 외국인 노동자들은 결국 법의 이름으로 추방되거나 단속을 피하다 죽거나 극한적인 자살로 내몰리게 된다. 도그빌 탈출을 방지하기 위해 그레이스의 다리에 쇠고랑을 채운 것처럼, 2000년대 중반까지만 해도 이주민들은 '법'의 이름으로 작업장 선택권을 박탈당한 채 사업장 이동의 자유도 원천적으로 '봉쇄'당해야 했다. 좀 더 인간답게 일할 수 있는 일터로 이동할 수 있는 '인간으로서'의 권리를 사실상 박탈당한 것이다. 정부 당국의 방치 속에서 불법적 관행인 보증금제나 여권 압수도 공공연히 자행되었다. 그러므로 이주노동자들이 '불법' 신분으로 전락하는 것을 마다하지 않은 것은 정부의 반인권, 반인간 정책의 책임이 크다고 볼 수 있다. 더구나 기꺼이 불법 신분을 선택한 미등록 이주노동자들은 한국 정부의 대대적인 단속과 추방에도 불구하고 그들을 필요로 하는 3D업종의 공장으로 숨어들었고, 정부 역시 중소기업의 이주노동력 호소에 의해 사실상 이들의 불법 취업을 묵인했던 것이다.

이러한 한국 사회의 야만적인 억압과 착취를 이주민 정책 초반, 산업연수생 시절에 자행된 부끄러운 과거로만 치부해서는 안 된다. 저임금 장시간 노동착취를 방관하는 이주노동 정책은 한국의 인권과 민주주의의 향상에도 불구하고 그 반인권적인 본질은 크게 달라지지 않았기 때문이다. 비록 2003년 이후 개정된 고용허가제에서는 세 번까지 사업장 이동을 가능하게 만들어놓았다지만 사업주의 동의를 필요로 하는 등 사실상 이동의 자유는 봉쇄된 시스템이었다. 외국인 노동자가 한국에서 체류할 수 있는 기간을 최대 3년으로 기한을 정한 것도 미등록 노동자를 양산하는 비합리적인 제도이다. 특히 2003년 단행된 무자비한 단속, 추방 조치에 의해 몇 명의 이주노동자가 자살을 했으며 많은 이주노동자들이 단속을 피해 도망가다가 부상이나 사고사를 당했다. 사실상 이주노동자들은 3년 기한이 정해진 부품처럼 가혹한 노동 착취와 학대를 당하다가 본국으로 돌아가야 하는 것이다. 2007년 이후 최대 5년까지 체류할 수 있는 고용허가제 개정도 이주노동자의 불합리한 노동현실과 억압적인 체류환경을 크게 변화시키지는 못했다.[7]

정부가 막대한 예산을 투입하여 '지원'하고 있다는 다문화 가정의 결혼이주여성 역시 사정은 크게 다르지 않다. 국가적 차원에서 극단적인 저출산에 대응하고, 과장된 표현을 사용하자면, '농촌총각 구하기' 사업의 일환으로 이주해온 동남아 출신의 외국인 여성들은, 정부와 언론 등에서 아무리 '고마운 존재'로 치켜세운다고 할지라도 다문화 담론의 진정한 주체가 될 수 없다.[8] 결혼이주여성을 열등한 존재로 간주하고 심지어 성 상품의 판매자라는 비하의식이 은연중 작동하는 한, 그녀들의 정체성은 노골적으로 부정당하는 것이다(이

---

7) 이상의 논의를 포함하여 이주노동자의 현실 및 정부당국의 정책이 갖는 문제점 등에 대해서는 많은 연구자들이 공통적으로 지적하고 있는 사항이다. 대표적으로, 윤인진·송영호·김상돈·송주영(2010); 이진영(2012); 정성신(2012); 이선옥(2007); 오경석 외(2007); 원숙연(2008); 이선주(2006) 등이 있다.

8) 사실 '다문화 가정' 자체가 논란의 대상이다. 다문화 가족이 되기 위해서는 배우자가 반드시 한국인이어야 하며 구체적으로 내국인 남성이 외국인 여성 배우자를 맞아 구성된 가족만이 '다문화' 가족이 될 수 있다. 그러므로 사실상 한국의 대표적인 다문화주의 정책은 '외국인 여성배우자를 지원하여 가정을 지키도록 하는 정책'을 의미하게 된다. 아울러 더 나은 삶을 위해 이주한 여성들에게 그 대가로써 사실상 정체성을 포기하고 문화적 상실감을 강요하는 셈이다(이란주 2010: 1-2).

란주 2010; 문경희 2006).

더 행복하고 인간다운 삶을 찾아 고향을 떠나오는 이주여성들의 실존적 고뇌와 주체적 삶의 선택을 온전하게 긍정하지 못하고 '오직 몸뚱이 하나'만 믿고 잘사는 대한민국에 시집온 불쌍하고 가난한 동남아 여성이라는 반실존적 사고가 일부 몰지각한 한국인들에게만 해당되지는 않을 것이다. 일반화시킬 수는 없지만, 일부 결혼이주여성이 당하는 모욕과 고통과 비극은 사실 농촌이나 일부 다문화 가정의 특수한 상황이 아니라 어쩌면 우리 사회의 얄팍한 다문화 유행의 위험성을 경고하는 것인지도 모른다. 더구나 향후 결혼이주여성 및 다문화 가정의 문제는 다문화적 정체성의 존중이라기보다는 차라리 소외계층의 문제로서 접근하는 것이 더욱 현실적일 수 있다. 한편으로 국적이나 영주권을 얻은 '소수의' 결혼이주여성에 대한 지나친 정책예산지원의 집중은 다수의 이주민들을 소외시킬 뿐만 아니라 심지어 저소득층의 이웃 정주민들에게조차 상대적 박탈감을 준다는 지적까지 나오고 있는 상황이다. 더구나 정부의 지원 정책이 과연 원래 의도했던 다문화 가정의 '안정'을 지켜내고 있는지도 의문이다.[9]

2. 한국 다문화 혹은 이주민 정책담론의 문제와 시사점

본격적인 논의를 전개하기 전에 기존 다문화 정책 및 연구들에 대

---

9) 이에 대해서는 김혜순(2012) 참조.

한 비판적인 검토를 간략하게 압축해본다. 지금까지 다문화 정책 및 다문화주의에 대한 연구들은 나름대로 다양한 측면에서 현재의 다문화 담론의 한계를 지적하고 한국의 다문화 정책이 나아가야 할 방향을 제시해주고 있다. 그러나 일부 연구를 제외하고는 전체적으로 결혼이주여성이나 이주노동자 문제 등 단편적이고 협소한 주제와 문제의식을 넘어서지 못하고 있으며 세분화된 영역에서 추상적이고 당위론적인 입장 제시에 머물고 있다. 이와 맞물려 근본적인 다문화 정책철학의 목표와 비전보다는 기존 정책추진체계의 재정립이나 시설과 인력, 재정 지원 확충 등에 머물고 있다. 무엇보다도 대부분의 담론 및 정책이 이주노동자 혹은 이주민의 주체성을 적극적으로 사고하지 못하고 그들을 시혜의 대상으로 타자화시킨다는 근본적인 한계를 갖는다.

1) 한국 다문화 담론의 문제점

첫째, 무엇보다도 단편적이고 협소한 주제와 문제의식이라는 한계를 갖는다. 물론 날카로운 정책적 비판과 대안을 제시하거나 이주민 문제에 대한 심도 깊은 연구도 존재하지만, 적지 않은 연구들이 내용의 범위 및 방향에 있어 큰 차이를 보이지 않고 있다. 특히 대부분의 학위논문들의 경우 그 연구 대상 및 주제가 협소하여 이주노동자 및 여성결혼이민자에 대한 실태 조사와 현황 파악, 외국 사례의 소개에 그치고 있거나 세분화된 영역에서 추상적이고 당위론적인 입장 제시에 머물고 있다. 일반 논문에서도 외국의 다문화 정책의 유형 및 의의 등을 소개하거나 비교 정리하는 데 그치고 있는 경우가 많다. 예를 들어 국가별 다문화 정책의 유형 및 특징에 대해 용광로(Melting Pot) 혹은 샐러드(Salad Bowl) 모형의 비교, 혹은 (1) 차별배제모형(differential exclusionary model), (2) 동화모형(assimilationist model), (3) 다문화주의모형(multicultural model) 등의 소개 및 평가를 전개하고 있으며 인용되는 학자 역시 약간의 차이만 있을 뿐 크게 다르지 않다. 이는 다문화주의 이론과 정책이 출현한 서구와는 다른 배경과 특성을 가진 한국 사회에서 다문화가 어떤 방향으로 나아가야 하는지에 대해 생산적인 논의를 제공하는 데는 한계를 가지고 있다. 학계 일각에서는 오래전에 이런 경향에 대한 자성의 목소리가 높아지고 있다.

둘째, 다문화주의를 연구하면서 여전히 '타자화 담론'에 갇힌 연구물들이 적지 않다. 정부 정책을 비롯하여 학계뿐만 아니라 시민단체에서도 이론적, 실천적 담론이 무수히 쏟아져 나왔지만 거의 대부분의 담론이 이주노동자 혹은 이주민의 주체성을 적극적으로 사고하지 못하고 그들을 시혜의 대상으로 타자화시킨다는 근본적인 한계를 갖는다. 즉 이주노동자에 대한 담론이지만 이주노동자의 목소리는 배제되어 있으며 다문화주의 담론이지만 다문화주의 주체들의 발언은 객체화되고 있다는 것이다. 이런 논문들의 경우, 정주민 집단의 엘리트로서 우월감에 기반하여 시혜적인 논조가 강하게 나타나는 경우도 적지 않다. 이주노동자 및 이주민의 주체성을 적극적으로 사고할 때 정치사회적 변화를 적극적으로 모색할 수 있을 것이다.

셋째, 현실을 변화시키기 위한 실천적 전략과 이론적 대안이 부족하거나 빈약하다. 그토록 수많은 다문화주의 담론에 대한 논의가 있었음에도 불구하고 그런 담론들이 사회모순에 대한 분석이나 사회적 의식과 정치 현실의 변화에 어떤 영향을 미쳤는지, 또한 그런 영향을 고려하면서 효과적인 실천적 방향이나 제도적 대안을 치열하게 모색하고 있는지 의문이다. 그나마 대안을 제시하려는 연구의 경우에도, 한국 사회의 현실에 대한 총체적 진단이나 성찰을 기반으로 제시되기보다는 다문화 사회로 이행할 것이라는 막연한 미래적 전망에만 기초하여 시혜적인 인도주의 정책 제시로 일관하고 있다는 인상이 강하다. 아울러 이주노동자 문제 및 다문화 담론이 한국의 정치·사회·문화 질서에 미치는 영향에 주목하고 미래적 대안을 찾기 위한 연구는 아직 본격화되고 있지 못하다. 다문화주의의 역동적인 구성 원리에 주목하면서 이것이 어떻게 더 넓은 차원의 정치사회적 제도들 및 경제적 시스템과 연관되는지를 고찰하지 못하고 있다. 그러므로 다양한 영역에서 진행되는 다문화 현상에 대한 유기적인 분석력과 대안적 정치철학의 모색이 중요하다고 볼 수 있다.

넷째, 위와 연관된 문제로서 다문화주의 시대를 살아가기 위한 시민성 내지 시민사회의 원리로서 동양적 사유 혹은 전통적 가치의 활용 가능성은 전혀 배제되어 있다는 것이다. 이는 특히 정치이론 분야의 문제이기는 하지만 우리의 전통적 사유 속에서 다문화주의와 접속될 수 있는 가치나 원리들을 적극적으로 활용한다면 다문화주의의 이론적 정당화에 크게 기여할 수도 있는 가능성을 차단하는 것이다. 다문화 시대를 맞아, 우리의 사유 안에 내재되어 있는 미덕과 가치들을 활성화하고 제도화하려는 이론적 노력이 절실하다고 볼 수 있다.

다섯째, 현 단계 한국 사회 다문화주의의 가장 큰 과제로서 탈(脫)민족주의에 대한 담론이 부족하거나 내용이 빈약하다. 주지하듯이 이주노동자 및 이주민의 급증이 상징하는 다문화 시대를 맞이하여 세계적으로도 유례없는 우리의 강력한 순혈주의에 기반한 민족 정체성 담론을 어떻게 변화시켜야 하는지에 대해 심층적인 논의와 전략과 대안 모색이 중요한 과제라고 볼 수 있다. 국민의 경계, 시민의 경계를 새롭게 재구성하지 못한다면, 다문화주의적 토대가 허약한 우리 사회에서 경기변동에 따라 언제든지 폐쇄적인 민족주의 담론으로 회귀할 가능성이 높기 때문에 이에 대한 치열한 고민이 전개되어야 한다. 인종 및 민족집단뿐만 아니라 향후 다문화 가정 및 자녀들의 급증, 다양한 영역에서 소수문화의 분화 등을 고려할 때, 그들을 함께 묶어줄 수 있고 정치적으로 협력하도록 만드는 공론장의 구성을 어떻게 모색할 것인가도 대단히 중요하다고 볼 수 있다. 그러므로 다문화 시대, 민족주의의 틀을 넘어설 수 있는 새로운 통합의 원리를 모색하는 것이 대단히 중요한 과제가 된다.

2) 한국 정부의 다문화 정책의 문제

현재 진행되고 있는 한국 정부의 다문화 정책은 다문화주의의 이상에 비추어 볼 때 높은 점수를 부여하기 힘든 것이 사실이다. 가장 큰 문제점은 첫 번째, 정책 목표의 혼란이다. 다문화주의는 원래 이주민의 고유한 문화적 정체성을 인정하려는 노력이자 그 기반 위에서 사회통합을 성취하려는 이념적 태도를 의미한다. 즉 차이와 다양성의 소통을 통해 국민국가의 내용을 보다 풍부하게 만들려는 정책적 지향점이 다문화주의의 규범적인 목표라는 것이다. 그러나 한국의 다문화 정책은 지나치게 동화주의적 입장에 경도되어 있다. 다문화주의 정책 모델의 하나인 동화모형(assimilationist model)이란, 이민자가 출신국의 언어와 문화, 사회적 특성을 완전히 포기하고 주류사회의 구성원들과 차이가 없게 되는 것을 의미하는 바, 엄격히 말해 동화모형은 다문화주의라고 볼 수 없다.[10] 이런 관점에서 보자면, 현재 시행되고 있는 한국의 다문화 정책들은 그 정책들이 내건 수사학적인 치장과는 달리 근본적인 한계를 가지고 있다. 이주민의 절대다수를 차지하는 이주노동자에 대한 차별배제모형 혹은 단기체류정책은 사실 동화주의 수준에도 미치지 못하는 노동인력 관리정책이며 그나마 결혼이주여성들에 대해서도 지나치게 한국문화의 우월성을 강조하고 한국 문화에 대한 적응과 동화만을 강조하고 있기 때문이다.[11] 동화주의를 넓은 의미의 다문화 정책 안에 포함시킬지라도, 그 대상은 국적 혹은 영주권을 획득한 소수의 결혼이주여성의 경우에만 제한적으로 해당된다고 볼 수 있다. 굳이 '다문화'라는 이름을 붙이기보다는 '이민정책', '외국인 정책'이라는 정확한 이름을 사용

---

10) 비판자들에 의하면, 사실상 한국에서 다문화주의는 '외국인배우자를 지원하여 가정을 지키도록 하는 정책'을 의미하게 된다. 이 경우 다문화주의는 '차이와 다양성과 이질성'의 공존과 통합이라는 핵심적인 원리가 축소되거나 혹은 고유의 의미를 상실하게 된다. 더 나은 삶을 위해 이주한 여성들에게 그 대가로서 사실상 문화적 정체성 포기를 강요하는 셈이다. 이에 대해서는 이란주(2010),「계토, 그 일방적이고 찌질한 대상화」, 성균관대학교 비교문화연구소 학술심포지엄 기조발표문(2010.6.22) 참조.

11) 정부의 관련 기관 및 단체들도 한국어 교육, 한국 역사 교육, 한국 요리 강습, 생활예절 교육 등에 치중하면서 정주민들(대표적으로 이주여성의 남편 및 가족들)에게 이주민의 문화적 배경을 이해시키려는 노력은 빈약하다고 볼 수 있다.

하는 것이 용어나 정책의 혼란을 줄일 수 있다는 지적과 비판도 나오고 있다. 대표적으로 김희정(2007)은 한국 정부가 실질적인 동화정책을 '다문화 정책'이라고 이름 붙이는 이유는, 다문화주의가 새로운 소수자 통합의 국제적 기준이 되고 있기 때문에 국제사회에서 한국의 이미지 제고의 수단으로 활용하기 위한 것이라고 주장한다(김희정 2007). 물론 그나마 전향적인 이주노동자 정책이 가능했던 것은 국내 이주노동자 지원세력의 강화와 국제사회의 압력이 주요 요인이었을 것이다.

　이런 맥락에서 외국인 노동자에 대한 정부 정책이 지나치게 관리, 통제, 처분 중심으로 전개되고 있다는 비판이 끊임없이 제기되어왔다. 한국 자본주의 발전 단계에서 3D업종에 대한 외국인 노동력이 절실하게 필요했던 1980년대 후반부터 이주노동자의 유입이 급증하고 있는 최근까지도 이주노동자들은 권리를 가진 인간, 주체성을 가진 실존적 인간이라기보다는 노골적으로 혹은 공공연히 3년 기한의 노동력 상품으로 간주되었을 뿐이다. 현대판 노예제라고 비판받는 산업연수생 제도가 폐지되고 2006년 이후 재개정된 고용허가제가 시행되고 있는 현재까지도 이주노동자를 바라보는 관점은 크게 달라지지 않았다. 여전히 차별배제모형(differential exclusionary model)에 입각한 이주노동 정책의 틀을 벗어나지 못했으며 이주노동자들은 여전히 일정 기간 배당된 기업주에 '예속된' 존재로서 관리, 통제, 처분의 대상을 넘어서지 못한다(설동훈 2007). 이와 같은 외국인 노동자들에 대한 차별 정책은 경제적인 이유와 낮은 인권의식 외에도 한국인들 특유의 강력한 단일민족적 감정에도 적지 않은 원인이 있다고 할 수 있을 것이다. 그러나 2000년대 들어 국내 인권단체뿐만 아니라 국제인권단체들도 외국인 노동자들의 인권 및 시민권에 대한 제고를 공식적으로 한국 정부에 요청하고 있는 상황이며 점점 이주노동자들의 인권에 대한 관심도 높아지고 있다.

두 번째로는, 정부 주도로 다문화 정책들을 추진하는 과정에서 시민사회 및 일반 시민들의 광범위한 참여가 부족하다고 볼 수 있다. 즉 중앙부처 및 지방자치단체 관료들의 '위로부터의 다문화주의'를 보완할 수 있는 장치로서 시민사회의 광범위한 논의와 시민단체 의견을 적극 반영해야 한다는 것이다. '시민문화'의 질적 성숙 없이 정부 주도의 이주정책이 압도하고 양적인 측면의 제도화만 진행된다면 많은 부작용을 낳을 수 있다. 사실 이주민은 말할 것도 없고 정주 집단의 주체적인 참여 없이 진행되는 다문화적 '정책'들은 지역적 차원에서는 자치단체의 성과나 홍보에 다름 아니며 '시민' 없는 다문화주의는 이주자들의 지역적, 사회적 통합에 역효과를 야기할 수 있다.[12]

상식적인 주장이지만, 다문화주의는 '서로 다른 세계 사람들의 소통'이 절대적으로 중요하다. 그러므로 이주민과 일반 시민들이 서로 만나서 소통하고 교류할 수 있는 기회와 공간을 더욱 많이 확보해야 한다. 이를 통해 한국의 주류집단의 구성원들도 다문화적 감수성과 태도, 능력을 함양할 수 있기 때문이다. 따라서 이주민들을 대상으로 주류문화의 교육 못지않게 다수자를 대상으로 소수자에 대한 이해를 증진하는 프로그램들이 더욱 활발해져야 한다.

세 번째로는, 한국 정부의 다문화 정책이 지나치게 특정 이주민

---

12) 대표적으로 김희정(2007)의 논문과 오경석 외 지음(2007), 『한국에서의 다문화주의』, 한울아카데미 참조.

집단에 집중되어 있다는 비판이 제기된다. 즉 결혼이주여성 및 다문화 가정의 문제에 너무 편중되어 있다는 지적이다. 이 과정에서 한국 거주 외국인 중에서 가장 많은 수를 차지하는 이주노동자는 다문화 정책의 핵심에서 배제되고 있다. 물론 특정한 조건을 충족한 결혼이주여성이 우선적인 정책 대상이 되는 것은 불가피하다고 볼 수 있을 것이다. 그러나 정부의 다문화 정책이 "대한민국 국민과 혼인하여 대한민국 국적의 미성년 자녀를 양육하고 있는 자"에 지나치게 편중되고 있는 현실은 분명히 시정할 필요가 있다. 한국 정부의 다문화 정책은 결혼을 통해 귀화한 이주여성들의 적응을 지원하는 것에 초점을 맞추고 있을 뿐, 아직은 모든 국내 체류 외국인들을 포용하는 적극성은 띠지 않고 있다. 그래서 한국의 다문화 정책은 "한국 남성 혹은 가부장주의가 지배하는 다문화 가족 지원 정책"으로 이름을 바꾸어야 한다는 비판까지 제기되고 있는 상황이다(김현미 2008).

네 번째, 위의 문제와 관련하여 정책 개념 및 용어의 혼란이 심각한 수준이다. 그동안 결혼이민여성과 다문화 가족 대상 정책은 정부의 전폭적인 관심과 예산지원으로 '다문화 열풍' 및 담론의 진원지로 작동한 바, 다문화 담론과 정부 정책의 경계가 불분명해지면서 관료적 확장성의 추진동력으로 '다문화 열풍'이 활용되면서 혼돈이 극심해졌다는 것이다. 정부 정책의 대상은 결혼이민자, 국제결혼, 국민의 외국인배우자, 결혼이민여성, 다문화 가족 등 정책적 기대와 요구가 다양한 집단이 섞여 있어 정책내용의 차별화 및 전문성, 추진체계의 충돌과 중복 등의 문제는 물론 소통자체를 방해할 정도라는 것이다.[13]

3) 한국 다문화 정책의 방향과 시사점

이런 전반적인 문제제기 속에서 이 책은 큰 틀에서 미래지향적 정책 철학의 원칙을 제시하고자 한다. 이런 규범적 방향 정립 속에서 필자는 본문에서 공화주의적 애국주의 전략을 도출해볼 것이다.

첫째, 장기적, 거시적, 체계적, 종합적인 이주민 정책의 방향을 도출하고 그에 부합하는 구체적인 정책을 마련해야 한다. 다문화 정책은 단순히 이주민의 적응 지원 정책이 아니다. 다문화주의는 주류집단과 소수집단의 교류와 소통, 차이와 다양성에 대한 포용을 통해 새로운 공동체의 문화와 질서를 마련하는 것을 의미한다. 때문에 이주노동자들에 대한 단기체류정책을 제고하는 동시에 결혼이주여성들에 대한 단기적인 지원책보다는 보다 중장기적인 관점에서 사회경제적 통합 노력을 보완해야 한다. 현재의 추세로 볼 때, 다문화 가정의 2세, 3세 자녀들이 급증하게 되면 이들이 도시 및 농촌의 빈민 지역에 밀집하게 될 가능성이 높다. 즉 빈곤과 지역과 소수자가 결합된 최악의 게토화가 전개된다는 것이다. 때문에 정부는 장기적인 사회통합의 차원에서 다문화 가정 및 외국인 노동자의 사회경제적 조건을 향상시키고 이들의 문화적 정체성을 존중하는 데 더욱 노력해야 한다.

---

13) 김혜순(2012), pp. 114-115. 앞에서 언급한 것처럼 중앙정부 및 지방정부가 주도하고 있는 한국의 다문화 관련 정책 예산의 폭발적인 증가가 과연 얼마나 실효성을 거두고 있는지 의문이다. 주지하듯이 결혼이주여성 및 다문화 가족은 다문화 정책의 집중적인 대상으로 설정되어 전폭적인 지원을 받게 되면서 한국 정부의 다문화 정책의 정체성에 대한 논란과 예산문제뿐만 아니라 다문화 정책에 대한 대중의 반감을 야기하는 역효과도 발생시키고 있는 것이 현실이다.

둘째, 선진 이민국과 다른 시대 및 사회·문화·경제·지정학적 배경을 출발지점으로 하는 한국 사회의 현실과 구성원들의 의식을 고려할 때 한국의 다문화 정책은 그만큼 건실한 정책철학을 기반으로 신중하고 체계적인 접근이 필요하지만, 현실은 단기간에 급속하게 확장된 특정 집단을 대상으로 하는 정책에 편향되어 있다고 볼 수 있다. 특히 다문화 정책 영역에 쏟아진 막대한 예산을 놓고 벌이는 부처 간 경쟁과 관할권 다툼은 한국의 다문화 정책을 더욱 왜곡된 방향으로 재생산하는 데 일조했다고 판단된다(김혜순 2012). 정책철학 및 정책 프레임보다는 정책추진체계의 확충과 강화, 정책 대상 확장, 시설과 인력 확충으로 단기적인 대응책을 벗어나지 못했다는 것이다. 그러므로 다문화 정책과 관련하여 몰철학적인 관련 부처의 관료적 팽창주의를 억제하면서 사회통합을 성취할 수 있는 상위의 정책철학의 수립이 중장기적으로 중요한 과제가 된다. 이러한 정책철학은 다문화주의와 다문화 정책에 대한 정치사회적 논쟁을 통해 그 내용이 최종적으로 규정되어야 하지만 철학적 차원에서 규범적인 방향을 제시할 수 있을 것이다. 그리고 이렇게 잠정 합의된 다문화 정책철학은 관료주의적 팽창주의를 제압할 수 있도록 강력한 통치력을 발휘할 수 있어야 할 것이다.

셋째, 이주민의 주체성에 대한 적극적인 고민이 필요하다. 지금까지의 국가 정책뿐만 아니라 국민들의 의식 속에서 이주민들은 국가나 지역사회를 구성하는 사회적 주체가 아니라 일방적 지원의 대상으로 간주된 것이 사실이다. 즉 이주민들을 시혜와 온정, 연민의 대상으로 객체화한 측면이 강했다는 것이다. 실제로 다문화주의 '열풍'이라고 할 정도로 다문화 관련 담론 및 행사들이 쏟아지고 있지만 다문화주의의 중요하고 핵심적 주체인 이주노동자 및 이주민들의 발언은 거의 들리지 않는다. 설사 그들의 목소리가 있더라도, 이미 쓰인 각본에 따른 형식적인 대사에 불과하거나 동화주의적 맥락에서 재해석된 발언만이 부각될 뿐이다. 동화주의를 다문화 정책으로 포장하는 정부 당국이야 그렇다 치더라도, 이주노동자 및 결혼이주여성을 지원한다는 시민단체조차도 이주노동자와 이주민을 시혜와 온정의 대상으로 객체화할 뿐이다. 현재 정부 및 지자체 차원에서 진행하는 이주민 관련 문화체험 혹은 문화축제 등에서도 이주노동자나 결혼이주여성 등 이주민의 직접적인 참여는 사실상 배제되거나 그들의 문화적 욕구가 반영되지 않은 프로그램으로 편성되는 경우가 많고, 관람객을 위한 다문화 행사로 전락하는 경우도 많다.

일반 시민들 역시 크게 다르지 않다. 비록 외견상으로는 국제결혼 및 다문화 가정, 혼혈아동 등에 대해 우호적이고 온정적인 입장을 내비치고 있지만, 결혼이주여성의 주체성을 진정으로 인정하고 있는지는 의문이다. 또한 대다수 정주민들에게 이주노동자들은 경제발전에 활용되다가 돌아갈 노동력으로 간주되거나 기껏해야 '불쌍한 타자'로 간주되는 것이 일반적이다. 예컨대 가난한 나라 출신의 값싼 노동력이 대한민국에 정착하여 우리와 같은 국민이 되겠다고 요구한다면, 공식적이든 암묵적이든, 순수혈통과 단일민족 신화의 효과에 포섭된 국민들에게는 용납할 수 없는 요구가 될 것이다. 물론 '서양 백인 남성(여성) 전문직' 출신의 외국인들과 비교할 때, 황색 혹은 어두운 피부를 가진 이주노동자에 대한 차별은 더욱 극명해진다. 이러한 이주노동자의 문제를 고려할 때 한국의 다문화주의 정책은 그 허구성이 명료하게 드러난다.

그러므로 현재 대한민국에서 생산되는 대부분의 다문화주의 담론들은 이주노동자 혹은 이주민의 입장에서 보면 철저한 '타자의 담론'이다. 시혜적 관점에서 주어진 자리와 지위와 역할에 충실하게 적응하고 '보이지 않는' 인간으로서 살아가라는 부드러운 강요이자 배제인 셈이다. 특히 다문화 사회를 촉발시킨 핵심적인 주체이자 체류 외국인 중 가장 많은 비중을 차지하고 있는 이주노동자의 발언권을 배제하는 한, 다문화주의 담론은 자기기만에 불과할 뿐이다. 그런 타자의 담론을 다시 주체에게 돌려주는 것, 그리하여 이방인들이 정주민 사회에서 진정한 타자로서의 역할을 수행하게 만드는 것, 나아가 그런 이방인들의 목소리들이 정주민 사회, 주류 집단의 의식을 성찰하도록 촉발시키는 것이 중요하며, 그런 실천들이 한국의 민주주의 심화에 긍정적인 영향을 미치도록 기획하는 것이 중요하다.

3. 다문화 시대, 민주주의를 향하여

'차이와 다양성의 인정'이라는 다문화주의의 규범적 이상은 그 자체로 보편적인 지지를 받을 수 있다. 그러나 구체적인 현실 속에서 다문화주의는 다양한 스펙트럼으로 나타나고 그 부정적 징후 또한 분명하게 드러나는 것이 사실이다. 필자는 특히 다문화주의의 규범적 외양 이면에 존재하는 부정적 속성에 주목하고 그것을 극복하기 위한 이론적 기초를 마련하고 구체적인 전략의 윤곽을 구성해볼 것이다. 분명한 것은, 다문화주의는 구체적인 현실적 맥락 속에서 작동하는 일종의 구성체로서 그 효과 역시 가변적이라는 점이다. 이론적 실천이라는 관점에서 다문화주의를 재구성할 때 중요한 것은 인권과 평등이라는 민주주의적 문제의식을 적극적으로 결합시켜야 한다는 것이다. 민주주의는 자유와 평등과 연대의 논리를 심화·확장시키고자 하며 불평등과 종속을 양산하는 자본주의를 순화시켜 인간의 존엄성을 보호하고자 한다. 그러므로 다문화주의는 민주주의와 결합하여 차이와 다양성의 조화와 공존 속에서도 쟁투를 통해 유기적인 연대와 유대를 성취하는 동력으로 작용해야 한다. 그러므로 다문화 민주주의는 개인이나 집단의 문화적 정체성뿐만 아니라 개인이나 집단을 종속의 상태로 제약하는 정치구조 및 사회경제적 구조의 조건을 개선하고, 이를 위한 제반 권리와 저항을 지지하는 제도적 틀을 적극적으로 모색해야 한다. 이것은 '실천'과 '운동'으로서 다문화주의를 심화·확대·발전시키는 동시에 정주 집단과 이주민

집단의 구성적 연대를 통해 새로운 정체성을 창출할 수 있는 전략이 될 것이다. 이는 다양한 문화적 정체성을 인정하며 그들의 발언권을 존중하면서 공동체 문화를 변화시킬 수 있는 계기로 삼는 공화주의적 애국주의의 심리적 에토스에 기반해 추진될 수 있을 것이다. 이럴 때 비로소 대한민국에 대한 우리—이주민 및 소수자를 포함하여—의 충성심 또한 정당화될 수 있을 것이다. 그리고 이를 위해서는 무엇보다도 이주민—소수자의 소속될 권리, 권리를 가질 권리, 공적 공간에서 말할 수 있는 권리에 대한 보장을 더욱 확대해야 한다. 이를 위해서는 현재의 폐쇄적인 국적법에 대한 제고와 정치적 참여에 대한 제약을 전향적으로 검토하여 개선하는 것이 시급한 과제이다. 이러한 노력은 순혈주의에 입각한 국민 관념을 넘어서 이주노동자를 비롯하여 이방인들을 배제하지 않으며 그들의 문화적 정체성과 주체성을 인정하면서 역동적이고 새로운 '우리'를 구성하는 중요한 계기가 될 것이다. 이처럼 타자를 종속시키는 분리와 배제가 아니라 상호공존과 이해의 폭을 확대할 때 진정한 대화와 공존의 동아시아 공동체의 기반도 마련될 수 있을 것이며 유럽연합 같은 새로운 정치 연합을 촉발하는 계기가 될 것이다. 가장 주변부에서 이런 역사적인 공동체의 움직임을 촉발하고 추동하며 선도할 수 있는 구조적인 소수자가 바로 이주민이 될 것이다.

이러한 민주주의 심화라는 측면에서 다문화 사회통합의 방향을 묘사해 볼 수 있다.[14] 무엇보다도 재분배의 사회정의가 이루어지는

---

14) 이하의 내용에 대해서는 김남국(2012), 『한국의 다문화 사회통합정책: 종합평가와 전망』, 사회통합위원회 용역보고서(2012.12), pp. 16-18 참조.

현실적인 단위로서 국민국가의 경계가 갖는 도덕적 중요성을 인정할 필요가 있다. 왜냐하면 이주민의 인권이나 소수자의 복지 같은 문제를 해결하기 위해서는 일단 '현실적으로' 특정한 정치공동체에 대한 소속감과 유대감이 필수적이기 때문이다.

이런 전제 속에서 다문화 사회통합의 원칙은 다수 집단이 주체가 된 일방적, 온정적 시혜가 아니라 다수 문화와 소수문화의 상호존중의 방향으로 이행하는 것이 필요하다. 즉 다수 문화를 중심으로 한 일방적인 흡수·동화나 소수 문화에 대한 자유방임적인 공존만으로는 한계가 있다는 것이다. 이 경우에 사회통합의 기준은 우리 정치공동체에서 다수와 소수가 합의할 수 있는 가치이어야 하고, 그것은 우리 사회가 민주화 과정에서 이룩한 보편적인 원칙들일 수 있다. 그러므로 이주민을 비롯한 사회적 소수의 문제는 우리 사회의 민주주의의 심화라는 차원에서 접근해야 한다. 자유, 평등, 인권 등의 가치에 기반하여 설정되는 민주주의의 기본 원칙은 모든 정치공동체 구성원이 빠짐없이 정치적으로 대표되어야 하고 그들 사이에 합리적 대화를 위한 제도적 장치가 마련되어야 한다는 것이다. 따라서 우리 사회의 사회통합은 장기적으로 이주민들의 정치적 대표와 정치적 권리를 확장하는 방향으로 나아가야 한다. 정치적 대표가 보장되고 다양한 문화가 공존하는 가운데 민주적 개인성(democratic individuality)과 시민적 책임성(civic responsibility)의 유지가 사회통합의 핵심 원칙으로 작용할 것이다. 민주적 개인성은 자유, 평등, 기회의 균등 같은 민주적 가치들이 특정 개인이나 집단들을 예외로 삼아서는 안 된다는 것이며 시민적 책임성은 자유로운 개인이 정치공동체를 위해 다해야 하는 덕목과 의무를 의미한다. 이런 원칙을 적용한다면, 소수의 문화, 종교, 언어 등은 자유롭게 존중되어야 하지만 민주적 개인성과 시민적 책임성의 문제와 부딪힐 때 정치공동체 전체의 심의가 필요하다고 볼 수 있다. 아울러 심의의 결과 사회적 소수와 다수가 합의한 원칙들은 최종적인 불변의 해답이 아니라 시대와 조건에 따라 변화하는 미래를 향해 열려 있는 과정이라고 판단해야 한다. 그렇다면 우리 사회가 지향해야 할 다문화 사회통합 정책은, 최소한의 의미에서, 모든 문화가 아무런 시민적 책임 없이 서로 무관심하게 병존하는 자유방임을 의미하지는 않는다. 물론 이 책을 통해 필자는 다문화 민주주의에 기반하여 보다 적극적인 정치통합의 원리를 모색해볼 것이다.

03

다문화주의 정치철학과
정책담론의 조류

1. 다문화주의의 개념과 유형

1) 다문화주의란 무엇인가

다문화주의라는 개념은 문화라는 개념 자체가 갖는 모호함과 이중성, 맥락성, 이념성만큼이나 복잡한 문제를 내포하고 있다. 다문화주의는 통상적으로 이주민의 증가라는 다문화적 상황을 의미하는 사회적 '사실'을 지칭할 때 많이 사용된다. 이런 관점에서 다문화주의는 자본과 노동의 세계화에 따른 새로운 인종, 종교, 문화의 유입으로 동질적이었던 국민국가가 다양한 기준에 의해 분화되어 가는 현상을 가리킨다. 이런 현상은 일시적인 유행이 아니다. 국경을 넘는 인간과 자본, 상품, 문화, 정보의 이동이 돌이킬 수 없는 세계적 차원의 흐름인 이상, 다문화 현상은 오늘날 거의 모든 국민국가에서

가시화되고 있으며 신자유주의적 세계화와 맞물려 우리의 생활양식 및 사고방식, 가치체계에도 지대한 영향을 미칠 것이다(Castle and Davidson 2000: 156-159; Dickens 2008; Gill 1996).[15)

또한 규범적 접근에서 다문화주의는 한 사회가 어떻게 나아가야 할 것인가를 의미하는 정치적 성격도 강하게 가지고 있다. 즉 'ism' 으로서의 다문화주의는 정치적 슬로건이나 레토릭으로서, 혹은 미래 의 바람직한 사회에 대한 비전과 이상적 규범으로서, 혹은 현실정치 의 동원 수단이자 실용적인 정책 수단으로서, 혹은 국가의 통합 이 념으로서 작용하기도 한다. 예컨대 고전적인 의미에서 사회적 균열 문제-즉 계급적, 계층적, 지역적 분열과 대립-에 대한 국가 혹은 사회의 바람직한 대응이라는 정책적 문제의식이 다문화 현상에 적 용되는 것이다. 요컨대 규범적 의미에서 다문화주의는 향후 중요한 이슈로 등장할 새로운 균열, 즉 인종, 문화, 종교를 중심으로 한 균 열에 대한 대응과 해결에 대한 논쟁을 전제로 하는 것이다. 어떤 대 응이 바람직한 것인가에 대한 논쟁은 소수자 집단뿐만 아니라 전체 사회구성원의 정치적 의식과 정의의 문제에도 중요한 영향을 미친 다. 때문에 다문화 현상을 오래전에 경험한 이민 선진국의 경우에, 소수자에 대한 문화적 인정과 문화적 생존 요구, 정체성 인정 등을 적극 지지하기 위한 다양한 역차별적인 방법 등의 문제가 중요한 쟁

---

15) 서구적 근대성의 의도하지 않은 결과로서, 자본주의 논리에 의해 확산된 신자유주의적 세계화 가 야기하는 이주를 통해 '동일한 국적-단일한 국민 정체성-배타적인 시민권-영토 내부에 대한 포괄적인 통치권'으로 압축되는 근대 민족국가의 동질성 가정이 손상될 수밖에 없으며, 그에 조응해서 구성되었던 영토주권 및 일국적 차원의 정치 개념 역시 변용될 수밖에 없을 것 이다(Soysal 1994). 이런 논의를 진전시켜 한국과 중국, 일본 등을 중심으로 민족주의 담론 분 석 및 극복방안을 논의하고, 한반도 정치지형의 전망 속에서 동아시아 공동체 가능성을 타진 하는 연구가 절실한 상황이다. 아울러 동아시아 문화정체성에 기반하여 서구중심주의를 극복 하기 위한 학문적, 실천적 모색도 유의미한 작업이라고 볼 수 있다. 이에 대한 시론적 탐색은 이 책의 보론을 참조하라.

점이 되고 있다.[16] 특히 서구 사회의 경우, 오래전부터 국제이주민의 증가에 따라 형성된 다인종·다문화 사회(multi-ethic, multi-cultural social)의 정책유형을 다문화주의로 부른다. 이처럼 다문화주의는 폭넓고 다양한 가치들을 반영하는 이념이지만 대체적으로 한 사회 내 다양한 인종이나 민족집단, 혹은 소수집단의 문화를 단일하고 동질적인 문화로 동화시키지 않고 서로 인정하고 존중하면서 공존하는 것을 목적으로 하는 이념체계를 가리킨다.

비록 다문화주의가 다국적 자본주의의 세계적 지배의 문화논리에 불과하다는 비판도 존재하지만(Zizek 1997; O'Neill 2006), 다문화주의가 제공하는 새로운 공동체 구성의 가능성을 간과해서는 안 된다. 특히 단일성으로 포섭되기 힘든 국가 내부의 차이와 다양성, 아울러 동질적인 민족이나 국민 개념으로는 포착하기 힘든 다양한 정체성 표출은 계속될 수밖에 없기 때문에, 다문화주의는 지역적, 일국적 차원뿐만 아니라 국가 간 국경을 아우르는 세계적 차원에서도 중요한 정치사회적 쟁점이자 화두가 될 것이다. 특히 이런 흐름은 국제 정치 담론에도 영향을 미쳐 영토주권 및 국가 중심 패러다임에도 강력한 도전을 하고 있다. 이와 맞물려 갈등과 분열 속에서도 잠정협정(modus vivendi)의 정치를 유지할 수 있다는 긍정적인 전망도 이어지고 있다(Joppke 2004).

국경을 넘는 이주민이 급증하고 있는 세계적 현실을 고려한다면, 오늘날 모든 국민국가는 서술적 의미의 다문화 사회로 빠르게 이행

---

16) 김남국(2008), 「한국에서 다문화주의 논의의 전개와 수용」, 『경제와 사회』, 통권 제80호, p. 344. 물론 이주민 유입이 오래되지 않은 한국에서는 아직까지 이런 문제가 전면에 등장하지는 않은 것으로 보인다.

하고 있다. 서구 사회에서 다문화주의가 전면화하는 상황적 변수는 크게 다섯 가지로 나누어볼 수 있다(김남국 2008: 353-354; Kymlicka and He 2005).

첫째는 인구학적으로 사회적 소수가 빠르게 증가하고 있다는 점이다. 이민을 통해 전통적인 국민국가의 사회적 소수가 증가하는 것도 사실이지만 높은 출산율을 통해 소수집단의 절대적인 숫자가 증가하고 있는 것도 다문화주의의 진전을 가져오는 중요한 변수이다. 둘째는 사회구성원의 권리를 향한 자각이 진행되고 있다는 점이다. 사회적 소수가 자신의 권리를 위해 전투적으로 투쟁하기 시작하면서 사회적 다수도 소수의 권리를 인정하지 않을 수 없는 상황에 직면하고 있다. 셋째는 민주주의 증진에 따라 평등의식이 고양되고 있다는 점이다. 사회적 다수의 우월한 지위를 당연히 받아들이던 사회적 소수가 그러한 전제를 의심하면서 자신들의 동등한 권리를 주장하기 시작하고 있다는 점이다. 넷째는 평화의 증진에 따라 내부의 소수가 국가안보를 위협할 것이라는 불안이 해소됨으로써 더 안정적으로 다문화주의 정책을 실시할 수 있게 되었다는 점이다. 다섯째는 사회적 다수도 자유민주주의적 합의에 따른 소수의 인권보호를 중요한 덕목으로 간주하게 되었다는 점이다.

그러나 근본적으로 다문화주의는 포스트모더니즘의 등장에 따른 문화의 다양성, 복합성, 이질성의 혼재와 연관된 개념이다.[17] 물론

---

17) 물론 가장 넓은 의미에서 다문화주의는 거시적으로는 물자와 정보의 이동 및 인간의 이주를 통해 발현되는 사회구성의 다원주의적 전화를, 미시적으로는 사회구성원들의 정체성이 혼종적으로 변화되는 양상을 지칭하는 용어이다(오경석 2007: 100). 또한 그것은 철학적으로 실체 중심에서 관계 중심으로, 존재 중심에서 생성 중심으로, 인식 중심에서 이해 중심으로의 전환이라는 함의를 갖는다. 아울러 다문화주의는 문화적 차이에 대한 감수성과 차이의 보편성을 원리로 한다(신승환 2003: 238). 또한 다문화주의는 고립된 실체로서 산재하는 문화를 관계의 영역으로 불러들이고 본질과 원형에 천착하기보다는 변화와 생성을 우선하는 이해방식인 것이

현재 우리나라에도 이주민이 크게 유입되면서 다문화주의가 전면에 부각된 것은 사실이지만, 현재 우리 사회에서 이주민에게 문제가 되는 것은 아직은 서구적 수준의 인종적 정체성이라기보다는 그와 연동되는 사회적, 정치적, 경제적 차별이 핵심이라고 볼 수 있다. 단적으로 그들에게 절실한 것은 문화적 지원이라기보다는 인권과 생존권의 문제이며 성적, 인종적 차별의 극복일 것이다(오경석 2007). 그러므로 다문화주의는 단순히 문화적 현상이 아닌 정치·사회·경제적 관점에서 접목시켜 파악해야 한다.

때문에 이 책에서 다문화주의는 좀 더 광범위하게 정의된다. 마르티니엘로의 보다 명료한 정의에 따른다면, 다문화주의는 한 사회가 인종·성별·성적 취향 등에 따라서 구별되는 이질적인 주변문화로 이루어져 있고 이들은 서로 등등한 지위를 지닌다는 관점에서 출발한다. 이 관점은 국민국가와 민족문화의 동질성이란 명제 아래 가려져 보이지 않았던 소수자와 그들의 문화를 공동체의 구성 요소로 긍정하고 지금까지 성찰의 대상으로 삼지 않았던 이들을 주체적 존재로 인정한다(Martiniello 2002: 87-110). 즉 성, 인종, 계급, 라이스프타일, 성적 취향, 종교, 이데올로기 등 다양한 생활세계의 중요성을 강조하면서 등장한 포스트모더니즘을 배경으로 공동체 내부의 다양한 소수집단, 하위문화 집단들의 권리와 발언권을 지지하는 흐름을 다문화주의로 정의한다. 이는 서구적인 단일보편적인 합리성, 즉 단일한 보편적 원리에 따라 전체 사회를 조직화할 수 있으며 초문화적

다. 또한 불변의 본질을 로고스를 통해 인식하는 것이 아니라 대상이 속해 있는 지평을 이해하고 해석하는 데 초점을 둔다. 그러므로 동일성보다는 차이에 민감하며 큰 틀에서 탈근대적 기획으로 평가할 수 있다(이용승 2009: 44).

보편적 통합원리를 추진하는 서구적 근대성에 대한 비판과 극복을 함축하는 것이다.

2) 다문화주의의 유형

다문화주의는 원래 미국·캐나다·호주 등 이민국가들과 유럽의 근대 국민국가 형성 과정에서 배제되고 억압된 다양한 인종 및 문화 집단들이 동화주의(assimilation) 정책에 대해 반발하면서 등장한 개념이다. 즉 토착민을 포함하여 언어적, 문화적, 민족적 소수집단들이 1970년대 이후 자신들의 독특한 문화적 정체성을 존중받고 동등한 권리를 보장받는 과정에서 발생하고 확산된 개념이다. 때문에 기본적으로 다문화주의는 언어와 민족과 인종을 달리하고 상이한 문화적 정체성을 가진 집단들의 권리 인정과 공존의 문제의식을 바탕으로 하고 있다. 특히 세계화에 따라 이민자 집단이 급증하면서 미국을 비롯한 이민국가뿐만 아니라 유럽 선진국가들에서도 방문노동자 문제를 중심으로 다문화주의가 정치사회적 이슈로 등장하게 된다. 이들 국가에서는 일찍부터 다문화 현상이 사회적, 정치적으로 중요한 정책적 입론으로 제기된 것이다. 이런 맥락에서, 원래 다문화주의는 인종주의, 백인중심주의, 자문화중심주의에 대한 비판을 공유하고 있으며 소수자 집단의 정체성 및 권리 담론과 불가분의 관계를 맺고 있다.

서구의 다문화 사회 유형과 관련하여 가장 권위 있고 또 국내에서도 가장 많이 원용되고 있는 유형론은 캐슬스(Castles)와 밀러(Miller)

의 분석틀일 것이다. 이들은 공저 『이주의 시대(The Age of Migration)』에서 대규모 국제 이주는 자본주의와 서구의 식민주의라는 근대성에 기반한 것이며 근대적 자본주의가 추동한 지구적 수준의 남북 불평등 심화 및 자유무역의 확장, 정치사회 및 경제적 압력과 갈등의 심화가 다문화 시대를 확산시킨 거시적 배경이라고 설명한다(Castles & Miller 1998).

각국은 다문화주의 혹은 민족국가주의라는 이념적 지향성을 실현하기 위해 기존의 지배적 사회이념과 역사적, 사회적, 국제적 조건들을 전략적으로 활용하게 되며, 이러한 전략에 따라 다문화 관련 정책은 다양한 형태를 띠게 된다. 가장 기본적으로 다문화 사회 형성의 과정에서 볼 수 있듯이 현실적으로 존재하는 다른 인종, 다른 민족을 거부하는 방법은 그들을 배제하거나 동화시키는 것이다(Kymlica 2007).

캐슬스와 밀러의 논의를 단순화하면, 다문화주의의 유형은 일반적으로 다양성의 허용도와 문화적 다양성을 인정하면서도 그 다양성을 어느 정도까지 허용할 것인가에 따라서 그 정의만큼이나 다양하게 분류될 수 있다. 다문화주의의 유형은 크게는 세 가지로 분류할 수 있다. 첫째, 미국 방식인 동화주의('용광로'형)이고, 둘째, 캐나다 방식인 다문화주의('모자이크'형), 셋째, 독일·일본·한국 등 단일민족을 강조해온 국가들이 채택하고 있는 '차별배제'모형이다.

먼저 미국식인 동화주의는 이민자가 출신국의 언어, 문화, 사회적 특성을 완전히 포기하여 주류사회의 구성원들과 차이를 두지 않는 것을 이상적으로 여긴다. 다음으로 캐나다의 모자이크이론이다. 캐나다가 정책으로 내세우는 모자이크이론은 많은 소수민족이 모여 그 소수민족의 각 문화를 살리고 그들의 정체성을 유도하여 새로운 하나의 다문화 통합 사회를 건설하는 것이다. 그리고 세 번째의 차별배제형은 국가가 특정 경제 영역에서만 외국인을 받아들이고 정치, 사회, 복지, 문화 영역에서는 그들의 정착을 차단하는 것이다. 그러나 경제적 세계화의 흐름과 전문직 종사자들의 이동, 결혼이민자들의 증가로 점차 그 입지가 제한되고 있다.[18]

캐슬스와 밀러의 유형구분에서 차별배제모형과 동화주의모형은 민족국가이념을 고수하는 이주정책 유형에 속한다고 볼 수 있다. 차별배제모형과 동화주의모형을 구분하는 가장 큰 차이는 이주민의 정주를 허용하는가 여부이다. 차별배제모형은 민족에 대한 혈통주의적 정의를 고수하면서 이주민과 그 자녀들을 국민 성원으로 받아들이려고 하지 않는 배제적 정책을 취한다. 이 모형은 이주민을 일시적으로 머물다가 돌아가는 방문자로 간주함으로써 단일민족사회라는 환상을 유지하고 싶어 한다. 장기적인 혹은 영구적인 정주를 인정하지 않기 위해서 이러한 유형의 정책은 이주민들의 가족결합을 제한하고 안전한 거주지위를 부여하는 것을 거부하며 귀화를 어렵게 만드는 방식을 활용하고 있다. 따라서 이주민들은 노동시장과 같은 사회의 일부 영역에는 합병되지만 복지체계, 시민권, 정치참여 등의 다른 영역에는 접근이 거부되는 차별적 배제의 상황에 놓이게 된다. 이러한 차별적 배제를 통해 소수인종들은 일반적으로 불리한 사회경제적 지위에 놓이게 됨으로써 계급과 인종적 배경 사이에 강력하고 지속적인 연계가 존재하게 된다. 캐슬스와 밀러는 이 모형에

---

18) 이하 논의를 정리하는 과정에서 캐슬스와 밀러의 논의 이외에 이병렬·김희자(2011), 장진숙(2010), 김은미(2009) 등의 논의를 참고하였다.

독일과 오스트리아 같은 과거의 '방문노동자'형 노동력 충원 국가들과 걸프 산유국들이나 일본 혹은 아시아의 신흥경제국들이 속하는 것으로 보았다(Castles & Miller, 1998).

그러나 차별배제모형에도 불구하고 이주민들의 다수는 불법체류를 선택하게 되고 이로 인해 발생하는 심각한 사회갈등과 인권 담론의 압박 속에서 일단 정주가 허용되면 그 다음 문제는 문화차이의 정도를 용인하는 개인적 동화로 옮겨가게 된다. 동화주의모형은 이주민의 정주를 허용하나, 그 대가로 일방적인 문화동화를 요구한다. 즉 이주민들은 시민사회의 구성원이 되기 위해 독자적인 언어, 문화, 사회적 특성을 포기하고 다수집단의 사회에 통합되어야 한다. 오늘날 대부분의 경우 명시적 동화주의정책은 포기되고 '통합정책'으로 대체되었지만, 통합정책의 궁극적인 목적도 여전히 이주민을 지배문화로 흡수하는 것이며, 따라서 동화정책의 점진적이고 완화된 형태에 지나지 않는 경우가 많다. 캐슬스와 밀러는 동화주의모형이 영국, 프랑스, 네덜란드 등 과거 식민주의 국가였던 나라들에서 발전되어 왔다고 지적하고 있는데, 이 나라들은 구식민지에서 들어오는 이주민들에게 시민권을 부여함으로써 과거의 식민주의를 정당화하고 부족한 저숙련 노동력을 공급받는 수단으로 활용했다. 선진국들 중 이주민국가로 출발한 나라들도 이 모형을 적용해왔으며, 이 중 호주 같은 국가들은 차별적 배제로부터 시작해서 동화주의모형으로 진전한 다음 점진적인 통합이념으로 옮겨가서 마침내 다원주의모형을 주도하는 국가가 되는 진화의 과정을 밟았다. 오늘날 프랑스가 이 모형에 가장 가까운 것으로 간주할 수 있다(Castles & Miller 1998; Kymlica 2007). 역사적으로 민족적 동질성이 강한 나라들일수록 차별배제모형을 선택하는 경우가 많으며 과거 식민주의 국가들이나 태생부터 '이주민의 나라'일수록 동화주의모형에 속하는 경우가 많다. 거칠게 본다면, 근대적 민족국가 형성의 과정을 거친 거의 모든 나라들이 이주민의 정주를 거부할 것인가 아니면 인정하되 문화적으로 흡수할 것인가와 관련한 고민의 단계를 경험했다고 볼 수 있다. 아울러 이주민 정책 역시 시기별, 정치적 역관계 속에서 수정, 진화, 퇴보하기도 했지만 인권에 대한 국제적 압력과 다인종·다문화 사회라는 현실로 인해 필연적으로 봉착하게 되는 사회갈등으로 일부 국가들은 다문화주의 이주정책으로 진화하게 된다. 특히 호주, 캐나다, 미국과 같은 고전적 이주민국가들은 다문화주의를 문화적으로 다양한 대규모 이주민집단을 사회로 합병시키는 지름길로 간주하고 있다.

마지막으로, 다문화주의모형은 시민권이 쉽게 부여되되, 동화주의모형과 달리 다양성을 포기하는 것을 대가로 하지 않는 유형으로 보았다. 이 모형에서 이주민들은 모든 사회 영역에서 동등한 권리를 부여받는다. 이주민에게 시민권이 부여되면 각 인종집단들은 투표권 등을 통해 정치적 영향력을 가지게 되고 이는 다시 다문화주의 정책에 대한 압력을 키우게 된다(Castles & Miller 1998). 이런 국가들에서는 대체적으로 국가의 역할이 강조된다. 대표적으로 캐나다, 호주, 스웨덴의 경우 국가정책으로서의 적극적인 다문화주의를 추구하는 바, 이들 사회에서 다수집단은 문화적 차이를 수용하고 국가는 소수민의 동등한 권리를 보장하기 위한 행동을 취할 것이 요구된다. 이주민과 인종적 소수자들이 처한 상황은 단순히 사회문화적 차이 때문이 아니라 제도적 혹은 비공식적 차별을 기반으로 하여 참여를 제한한 결과이므로 이러한 상황을 개선하기 위해 실시되는, 이주민들을 위한 특별한 적극적 사회정책이 성공적인 통합의 전제가 된다고 간주한다.

이상을 통해 한 나라의 이주정책이 어떤 유형에 속하는가를 확인할 수 있는 지표를 정리해보면 차별배제모형은 안정적 정주권리(국적, 영주권, 거주권 등) 부여의 최소화 혹은 억제, 노동시장에 대한 차별적·제한적 접근 허용, 노동권 외의 복지권 및 정치적 권리의 제한을, 동화주의모형은 정주의 권리 부여, 노동권·복지권·정치권의 동등한 부여, 적극적인 반차별입법이나 사회적 지원정책 등 이주민을 위한 특별한 정책의 부재를, 다문화주의모형은 정주의 권리 부여, 노동권·복지권·정치권의 동등한 부여, 이주민을 위한 특별한 정책의 실시 등을 특징으로 한다(이병렬·김희자 2011: 332-333). 이에 따라 안정적인 정주의 권리, 노동시장에 대한 접근, 복지권 및 정치권, 이주민을 위한 적극적 정책 등의 다섯 가지 범주가 선진적인 다문화 사회의 중요한 평가 기준이 된다고 볼 수 있다.

2. 다문화주의와 정치사회적 담론

1) 다문화주의와 문화적 권리

다문화 현상이 오래전에 정치사회적 문제로 대두된 나라들에서 다문화 담론은 문화적 권리를 중심으로 전개되는 경향이 있다. 다문화주의 단계와 관련된 핵심적인 개념으로서 문화적 권리는 정치사회적 권리와 밀접히 연동되어 있으며 다문화의 권리(polyethnic rights), 집단자치권(self government), 집단대표권(self representation) 등으로 이루어져 있다.

파레크(Parekh)는 소수집단의 특별한 문화적 권리를 인정하는 것은 평등에 대한 존중만큼이나 가치 있는 것이라고 명료하게 주장한다(Parekh 2000a: 263). 아울러 파레크는 국가적 정체성 공유의 중요성을 인정하지만 그런 통합적 정체성이 다수 인종과 지배적인 문화에 기반을 둔 배타적인 성격을 갖거나 과거의 원형에 집착하는 고정적인 성격을 갖는 정체성에 대해서는 단호히 비판한다(Parekh 2000b: 1-14). 그러므로 국가정체성에 대한 논의는 인종과 문화에 기반하기보다는 정치제도적인 측면에서 규정되어야 하며 민주적인 토론을 통해 가능한 넓은 범위의 입장들을 포괄해야 한다는 중요한 원칙을 제시한다.[19] 이런 관점에서 소수집단의 문화적 권리를 인정하는 것은 문화적 다원성, 공동의 귀속감 등 정치통합적 목표 달성을 위해서라도 필요한 조치이며 정의의 관점에서도 정당화될 수 있다. 평등이 형식적인 의미를 넘어서서 실질적인 평등을 위해서라면 현재 소수자의 문화적 권리를 위한 국가의 적극적 역할—차별적인 지지 혹은 지원 정책—은 평등의 가치와 대립되지 않는다.

이에 비해 베리(Barry)는 소수자의 문화적 권리를 무조건 옹호해야 한다는 '강한' 다문화주의에 대해 비판적이다. 베리에 의하면, 문화집단에 특별한 권리를 부여하는 것은 제도의 일관성을 손상시킬

---

19) 이런 입장은 진보적인 다문화주의자들이 대부분 공유하고 있는 입론일 뿐만 아니라 다문화주의의 급진적 입장에 대해 비판적인 밀러(Miller 2010; 2008) 역시 동일한 주장을 전개하고 있다.

뿐만 아니라 역설적으로 근대국민 국가를 인종집단의 종합으로 축소시키는 것이며 정치공동체의 중요한 역할을 간과하는 것이라고 비판한다(Barry 2001). 문화적 권리는 육체적, 생물학적 성격이 강하기 때문에 더 큰 정치공동체 즉 국가와의 정치적, 윤리적 관계보다 중요하지 않다.

베리의 이런 입장은 문화적 권리의 중요성이 다른 영역의 권리보다 결코 우선권을 갖지 않으며 경제적 불평등과 재분배가 근본적으로 중요하다는 주장에 기반한다. 베리는 삶의 불행과 고통, 행복과 복지에 문화적 권리가 과연 얼마나 큰 영향을 미치는지 의문을 제기한다. 문화는 일상적인 삶과 사회생활을 일궈나가는 개인과 집단들에게 실제적인 영향을 크게 미치지 못한다. 사회 집단은 정치사회의 다양한 영역에서 차별과 배제, 불평등으로 인해 불이익과 고통을 받지만 이것이 반드시 그들이 특별한 문화집단에 속해있기 때문은 아니다. 즉 물질적 박탈이나 기회의 결여, 그리고 직접적인 차별 때문에 어려움에 부딪힐 수 있지만 이러한 어려움이 그들이 특별한 문화를 가졌기 때문에 생겨났다고 볼 근거는 어디에도 없다는 것이다(김남국 2012: 7). 설사 만약 어떤 특수한 문화적 집단이 구조적으로 차별을 받는다고 할지라도 그 해결책은 문화적 독립성을 보장받는 것이 아니다. 오히려 특수한 문화적 정체성을 이유로 자행되는 경제적 불평등과 정치적 차별을 철폐하거나 극복할 수 있는 민주적인 국민국가를 구성하는 것이 더 직접적이고 근본적인 해결책이다.

그러므로 민주적인 정치공동체 내에서 특정한 문화집단이 자기집단의 독립적인 자치집단을 요구하는 것은 분리주의에 다름 아니며 국민국가 내에서 인종이나 문화 등 생물학적 분류에 따른 집단 권리를 요구하기보다는 오히려 그들이 성원권을 가진 국민국가의 민주주의 심화 및 재분배, 차별 철폐를 위해 투쟁하는 것이 현실적인 설득력과 효과를 발휘한다. 근대 국민국가는 단순히 인종집단이나 문화집단의 종합으로 축소될 수 없으며 소수집단이 당하는 공동악이 있다면 공동의 연대와 투쟁을 통해 해결해야 한다. 정치적인 국민국가의 역할을 인정하고 평등한 성원권을 쟁취하면서 다른 집단의 시민들과 연대하는 것이 정치적으로, 윤리적으로 바람직하다는 것이다. 물론 이런 저항과 연대가 특정한 문화적 정체성을 포기할 이유는 전혀 없을 것이다. 나아가 문화집단이 동질적이며 분명한 경계를 갖고 있다는 주장 또한 논란의 여지가 많다. 예컨대 남녀차별적인 소수문화 집단이 자신들의 비민주적인 전통을 고집한다면 그런 관행에 동의하지 않는 소수집단 내 소수의 권리는 어떻게 보장할 것인가? 더구나 다수문화든 소수문화든 문화는 본질적으로 차이와 다양성을 속성으로 가진다. 소수집단의 획일성에 동의하지 않는 개인 혹은 소수자에게 가해지는 내부의 차별과 배제, 고통은 민주적인 정치공동체의 통치권에 의해서만 해결될 수 있다.

이런 베리의 주장은 문화적 차이에 '상관없이' 동등한 시민으로서 평등한 대우와 재분배의 가치를 강조한다는 긍정적 측면에도 불구하고 역설적으로 현실 속에서 존재하는 문화적 차이에 '기반한' 불평등과 문화적 다수 집단의 억압적 측면을 간과하고 있다는 비판을 받는다(Young 2003). 문화 및 문화적 권리의 중요성을 상대적으로 폄하하는 베리의 입론은 문화적 차별이 주는 고통을 제대로 인식하지 못하는 것이다.

소수문화집단의 의의 및 허용 여부는 그것의 정치적 효과에 의해 판단해야 한다는 거트만(Gutmann)의 논의가 훨씬 더 설득력을 가진다. 거트만은 특별한 정체성에 근거한 소수집단의 등장을 불가피한 것으로 간주하면서도 다양한 집단에 대한 허용 여부는 그들의 존재 및 활동이 시민의 평등과 동등한 자유, 공정한 기회 보장 등 민주주의와 사회정의를 구현하는 데 기여하느냐의 여부로 판단해야 한다고 주장한다(Gutmann 2003: 16-26). 예컨대 미국의 백인우월주의자 집단인 KKK(Ku Klux Klan)와 소수인종 인권운동 집단인 NAACP(National Association for the Advance of Colored People)은 인종에 근거하여 문화적 정체성을 주장하지만 그것이 미국의 민주주의 발전에 미치는 영향은 극명하게 엇갈린다. 또한 거트만은 개인을 포괄적으로 지배하는 특수한 문화적 정체성을 가정하는 것은 오류라는 유의미한 주장도 전개하고 있다. 특히나 다수집단이든 소수집단이든 그들이 요청하는 문화적 권리의 내용이 개인의 자유나 인권을 침해하는 것이라면 더더욱 허용될 수 없다고 주장한다(Gutmann 2003: 50-51).

그러나 소수문화집단의 특수성을 인정한다는 것과 보편적인 정의의 원리를 적용하는 것은 대립적인 문제라기보다는 소수자가 처한 조건 속에서 상호보완적인 것으로 이해해야 한다. 예컨대 공동체의 고유한 문화를 인정하는 만큼이나 특수한 공동체 내부의 억압성을 비판하고 극복하는 것도 중요한 과제이기 때문이다. 물론 다양한 특징을 갖는 문화의 미덕은 개인의 존재론적 안정감에 도움을 줄 것이다. 그러나 문화집단에 속한 개인에게 선택의 맥락을 제공해주고 자존과 안정감을 제공해주는 문화의 역할을 인정할지라도 문화가 개인을 포괄적으로 지배한다는 사고는 인정하기 힘들다. 개인에게 미치는 문화집단의 중요성을 인정한다고 할지라도, 그것이 개인의 자율성보다 집단의 우선성을 주창하는 것은 아니기 때문이다. 근본적으로 주체와 구조가 상호적 영향을 미치는 것과 마찬가지로 개인과 집단은 상호 구성적이며 집단이 개인의 정체성을 일방적으로 규정한다는 것은 윤리적으로도 현실적으로도 적절하지 못한 사고이다.

다문화주의 담론을 선도해온 킴릭카(Kymlicka 2007; 1995)는 자유주의 국가의 국민형성(nation-building)과 소수자의 권리가 가지는 갈등에 주목하면서 자유주의 정치이론의 입장에서 소수자 집단의 권리를 존중하고 다문화주의의 다민족적 연방주의(multinational federation)를 옹호한다. 킴릭카 역시 자유주의적 가치와 원칙의 관점에서 구성원의 자유와 인권을 침해하지 않는다면 소수자의 권리는 존중되어야 한다고 강조한다(Kymlicka 1995: 75-106). 마찬가지로 국가적 관점에서 올바른 것일지라도 그것이 소수집단에 대해 부당한 침해를 미친다면 그것은 부정의한 것이다. 때문에 킴릭카는 소수민족 집단의 자치와 집단대표(self-representation), 다문화의 권리(polyethnic right)를 지지한다. 이처럼 킴릭카는 평등주의적 전제를 강조하면서 개인과 개인의 평등뿐만 아니라 집단과 집단의 평등까지 주장함으로써 평등의 논리를 발전적으로 확장시키고 있다. 킴릭카의 논의는 정치철학에서 다문화주의를 중심적인 의제로 부각시켰으며 자유주의적 다문화주의 한계를 극복할 수 있는 급진적 자유주의의 가능성을 모색할 수 있게 만든다. 그러나 킴릭카는 어떤 문화공동체이든 우선적으로 개인들의 선택과 결정을 보장하는 자유주의적 원리들을 준수해야 하며 자유주의적 원리들에 의해 지배되지 않는 문화공동체의 자치권은 인정되기 힘들다고 주장한다(Kymlicka 1995: 153). 그러므로 킴릭카의 다문화주의는 한편으로 "다분히 제국주의적 함의를 보이면서 자유주의 사회를 이상화하고 비자유주의적 문화들이 완전히 자유주의적 사회를 향해 변화될 필요성"(김비환 1996: 219)을 역설하는 이론으로 비판받을 수 있다. 파레크 역시 킴릭카의 다문화주의는 좋은 취지에도 불구하고 진정한 타자성(authentic otherness)에 따라 소수문화들을 존중하는 것이 아니라고 비판한다(Parkeh 2000a: 107-108). 무엇보다도 킴릭카의 다문화주의는 소수자들의 위상과 권리에 있어 위계를 설정하면서 다문화 정책의 적용 범위를 좁히고 있다. 킴릭카는 민족공동체나 난민집단 등에 대해서는 고유한 문화적 권리를 인정하자는 입장이지만 세계적으로 이주민의 절반 이상을 차지하고 있는 이주노동자의 문화적 권리 보장에는 소극적이다. 이러한 킴릭카의 입장은 최근 서구에서 보수화되고 있는 이민정책이나 특히 이주노동자를 대상으로 한 다문화 정책의 후퇴에 대해 특별히 문제제기할 수 있는 이론적 기반을 제시하지 못한다. 이러한 킴릭카의 한계는 이주민이 절대적 다수를 차지하는 우리의 경우에 극명하게 드러난다(진은영 2008: 257-262).

2) 다문화주의와 인정의 정치

다문화 담론의 주요쟁점인 문화적 권리는 인정의 정치와 불가분의 관계를 맺고 있다. 다문화주의를 주창하는 테일러는 자유주의적 공동체와 다른 가치를 가진 독특한 문화공동체에 고유한 자기실현 (self-realization)을 더욱 적극적으로 보장해야 한다는 인정(recognition)의 정치를 강조하고 있다(Taylor 1994: 60-61). 이런 입장은 모든 문화는 나름대로의 삶의 의미와 맥락을 제공한다는 신념에 기반하여 모든 문화는 동등한 가치를 갖는다고 강조한다. 누군가는 어떤 문화집단을 혐오하거나 소속되기를 거부할 수 있지만 다른 문화의 가치를 부정할 수는 없다. 즉 다른 구성원들에게 특정한 세계관과 인생관 등 선(善)과 존중을 제공하는 문화집단의 가치를 평가절하할 보편적인 기준을 가지고 있지는 못하다. 특히 개인은 자신이 속한 문화집단 안에서 특유의 인정을 추구하고, 주체의 정체성이 유의미한 타자들과의 상호작용을 통해 형성된다면, 공동체의 문화적 특수성을 자유주의적 틀로 한정지어서는 안 된다는 것이다. 때문에 문화의 동등한 가치에 대한 인정은 곧 인간의 평등함에 대한 인정이고 인종과 문화에 상관없이 모두가 동등한 시민의 권리와 투표의 권리를 갖듯이 모든 개인과 집단들은 자신의 전통문화가 가치 있는 것이라는 전제를 즐길 권리가 있는 것이다(김남국 2012: 6). 그러므로 예컨대 비자유주의 문화 혹은 비서구문화를 야만으로 매도하거나 서구문화를 중심에 놓고 우월한 지위를 부여하는 것은 인간의 상호 동등함에 대한 인정의 태도를 결여한 것이며 정치사회적으로 문화적 제국주의에 다름 아니다. 그러나 테일러의 이런 입장은 모든 문화가 왜 동등한 가치를 가져야 하는지에 대한 명료한 근거를 제시하지 못하며 억압적인 공동체의 존재를 용인할 위험성도 갖고 있다. 그러나 그 본래적 취지는 자유주의적 틀에 한정되지 않는 모든 사람들이 유의미한 타자들과 소통하고 상호작용할 수 있는 공간을 허용하고 보장해주어야 한다는 진보적인 함의를 갖는다. 실제로 테일러의 논의는 서구중심주의에 대해 강력한 비판의 논리로 작용하면서 세계적 차원에서 문화적 권리의 중요성 및 다문화주의의 의의를 설파하는 역할을 했다.

프레이저 역시 인정의 정치를 핵심으로 다문화주의를 주창한다. 문화적 불인정은 낙인 효과와 맞물려 구조화된 특징을 보이는 바, 지배적인 다수집단들은 자신들의 문화적인 가치유형과 멀리 떨어진 낮은 지위집단들(소수인종뿐만 아니라 성적 소수자들, 혹은 여성집단들)을 단순히 '자신들과 다른' 집단으로 바라보는 것이 아니라 저열하며 사회에 해악을 미치는 집단으로 규정하게 만든다는 것이다. 소수집단의 경우, 실질적인 동등한 참여(participation of parity)를 막는 문화적 규범에 따라 낙인 효과가 극대화되고 있다는 것이다. 그러므로 비천하게 여겨진 집단의 손상된 정체성과 문화적 산물들을 상향적으로 재평가할 수 있도록 문화적 또는 상징적 변형을 가하거나, 문화적 다양성에 긍정적 의미를 부여하는 것을 통해 진정한 인정이 가능해질 수 있다고 주장한다. 한편 특정 개인이 자신이 속한 사회에서 자신의 정체성을 인정받고자 한다는 점에서 인정의 정치는 '정체성 정치(politics of identity)'이기도 하다. 이러한 정체성 정치의 내용은 사회적 존재로서의 인정에 다름 아닐 것이다.

호네트(Honneth) 역시 이런 입장으로 분류될 수 있을 것이다. 호네트가 강조하는 인정의 정치는 주변부 집단에 대한 경멸과 낙인의 폭력성을 비판하면서 이들의 정체성을 상향적으로 평가하거나 문화적 다양성에 긍정적인 의미를 부여하는 전략(affirmative strategy)을 강조한다. 나아가 문화적 편견과 차별을 재생산하는 상징적인 소통

체계를 변화시킬 수 있는 변형적 전략(transformative strategy)을 주장한다. 호네트에 의하면, 인정의 정치란 표현, 해석, 의사소통의 사회적 양식에 뿌리 내린 '문화적 부정의(cultural injustices)'를 바로잡는 것으로써, 이때 문화적 부정의에는 문화적 지배(cultural dominance), 불인정(non-recognition), 그리고 경멸(disrespect)이 포함된다. 무시와 굴욕, 수치 등의 경험에 기초하여 갖게 되는 '부정의 도덕적 감정'은 개인이 정체성을 침해당하는 체험이자 사회적 인정투쟁의 동력을 형성하는 매개로 작용한다(Honneth 1992).

3) 다문화주의와 재분배의 정치

다문화주의의 기본적인 정치원리로서 인정의 정치는 재분배(redistribution)의 문제로 확장된다. 특히 평등주의를 강조하는 다문화주의 진영에서는 인정의 정치가 분배의 정치와 상호보완적으로 결합할 때 비로소 다문화주의가 온전하게 작동할 수 있다고 주장한다(Fraser and Honneth 2003: 26-47). 인정의 정치를 주창한 낸시 프레이저는 다문화주의가 기본적으로 가지고 있는 인정의 정치 및 정체성의 정치는 재분배의 문제와 분리시켜 사고할 수 없다고 주장하면서, 문화적 불인정(non-recognition)과 경제적, 사회적 불평등은 서로를 강화시켜주는 부정적인 관계라고 강조한다(Fraser and Honneth 2003: 48-69). 지배/다수 집단 중심의 이분법적인 사고가 재생산되면서 문화적 편견이나 배타적 사고가 국가 시스템 및 경제영역에 제도화되고 이에 따른 경제적 불평등이 더욱 사태를 구조화시킨다는 근본적인 비판이다.

이처럼 경제적 측면에서 주류 다문화주의에 대한 비판은 다문화주의가 집단의 문화적 권리는 적극적으로 보장하면서도 그들의 경제적 권리 즉 부의 불평등 문제를 해소할 수 있는 가능성은 도외시하고 있다고 비판한다. 소수집단이 정치적, 사회적 차별을 받고 있다면 그것은 계급 구조 및 착취의 문제와 분리시켜 사고할 수 없다는 것이다(곽준혁 2007: 7). 예컨대 다문화주의가 오랫동안 시행된 서구의 현실에서도 이주노동자와 이주민 집단 등이 저임금 계층의 상당 부분을 차지하는 현실에 다문화주의가 무기력하며 또한 그런 빈곤화의 가능성을 반전시킬 가능성을 제시하지 못하고 있다는 점에서 최소한 경제영역에서 다문화주의의 무능력은 분명해 보인다. 물론 재분배의 정치학과 다문화주의를 분리시켜 사고할 필요는 없다는 입장도 존재한다. 킴릭카가 명료하게 주장하였듯이(Kymlica 2007), 인정의 정치학과 권력/자원의 정치학을 이분법적인 대립 관계로 바라보고 상징적 인정만을 다문화주의로 판단하는 것은 오류이다. 그러나 경제적으로 주변화되어있는 이민자의 인종집단 또는 소수민족들 문제뿐만 아니라 노동자계급이나 비정규직 노동자, 무임금 노동자로서 여성 등을 포함하여 사회적 약자의 권리 등 사회경제적 부정의에 다문화주의가 보다 적극적으로 대처해야 하는 것은 분명해 보인다. 비교적 인종갈등을 회피하는 원리로서 자유주의적 다문화주의의 유용성을 강조하는 요프케 역시 사회경제적 불평등을 해소하지 못한다면 이민 선진국에서조차 자유주의적 다문화주의 정책은 오히려 역효과 내지 퇴행될 수 있다고 강조한다(Joppke 2004: 237-257). 요프케는 다문화주의의 성공 조건으로서 노동시장에의 참여 여부, 즉 노동권과 마땅한 보상의 중요성을 강조한다. 그는 사회적 권리가 외국인에게 개방된 것은 최근의 일이 아니라면서 이미 인간의 권리는 시민이 아닌 보편적인 권리로 간주되어왔다는 것을 강조한다. 예컨대 비스마르크의 치하의 독일 사회 입법에서도 국적이 아닌 노동시장에의 참여 여부를 기준으로 사회적 권리가 배분되었다는 것이다(최현 2008). 이런 요프케의 논리를 밀고 나간다면, 이주노동자들은 노동권뿐만 아니라 그들이 공적 공간에 참여할 수 있는 생활수준을 보장받아야 하며 또한 정치적 발언조차 당연하게 보장되어야 하는 공공의 문제가 된다.

베리(2001) 역시 집단의 문화적 권리를 강조하는 다문화주의를 직접 겨냥하는 동시에 자유주의적 다문화주의에 담긴 신자유주의적 한계를 비판한다. 베리에 의하면, 집단이 경험하는 차별과 배제를 해소할 수 있는 방안은 기회의 균등이나 재화의 분배이지 문화적 권리의 보장이 아니라는 것이다. 집단의 문화권을 강조하는 자유주의는 오히려 다른 문제를 은폐할 수 있으며 중요한 해결책을 모색하지 못하게 만들 수 있다. 한 집단의 성원들이 고통받는 것은 그들의 문화가 인정받지 못해서가 아니라 교육이나 위생, 주거, 취업 등 일상적인 생활에서의 차별과 소외 그리고 목표를 달성할 수 없는 조건에서 비롯된다는 것이다. 그러므로 사회적 불평등을 해소하기 위한 실질적이고 구체적인 방안을 모색하는 것이 더욱 효과적이며 그 파급력 역시 크다고 볼 수 있다. 베리의 이러한 비판은 구체적인 정치현실 속에서 추상적인 다문화주의의 한계를 극복하고 효과적인 정책을 입안하는 데 대단히 유용한 지침이 될 수 있다.

그러므로 다문화의 이상을 실현하기 위해서 무엇보다 중요한 것은 소수집단의 동등한 참여를 위한 객관적인 조건이 만들어져야 하는 바, 재분배의 목적은 기계적인 재분배에 있다기보다는 동등한 참여를 위한 물적 조건을 만드는 데 있다. 이는 달리 말하면 다문화주의의 이상으로서 최선의 인정의 정치학이 최선의 재분배의 정치학과 생산적으로 결합해야 한다는 것을 의미한다.

터너는 이미 오래전에 다문화주의는 시민권을 인정받기 위한 투쟁과정을 의미하는 바, 시민권은 한 국가 내의 특정 개인이 그 사회나 공동체의 구성원들로서 인정받는다는 것을 의미한다고 강조하면서, 사회적 성원권은 정의를 확대 혹은 방어하려는 사회운동의 산물이며 사회운동의 발전과 사회집단들 간에 빚어지는 모든 형태의 특별한 갈등의 결과라고 주장했다(Turner 1997: 12). 중요한 것은 사회의 희소한 자원들에 접근할 수 있다는 것은, 근본적으로 그러한 자원들의 분배에 대한 원칙에 참여한다는 의미와 관련되어 있다.

4) 다문화주의와 신자유주의

사실 다문화주의는 자본주의의 신자유주의적 세계화와 불가분의 관계를 맺고 있다. 국경의 장벽을 넘나들면서 이윤 창출을 좇아 전세계를 이동하는 금융 및 산업자본의 논리가 이주의 시대를 보편적인 조건으로 만든 것이다. 이와 맞물려 지구적 자본주의가 양산한 지구적 수준에서의 남북 불평등의 문제 역시 오늘날 이주를 추동하는 가장 중요한 거시적 배경요인이다. 국가들 사이의 부의 차이는 세계적 자본주의 발전의 필연적인 산물이었던 바, 부국에서의 노동력 수요와 높은 임금을 추구하는 빈국의 노동력 공급자들의 이해에 따라 빈국에서 부국으로의 이주 흐름이 지속적으로 발생하게 된다. 이에 따라 행선지국가/수용국/노동수입국/정착국/부국 대 출신국/송출국/노동수출국/빈국의 구도는 이주현상을 설명하는 주요한 축이 되고 있다. 일반적으로 서구 선진국, 중동 산유국, 아시아의 신흥경제국 등이 전자의 위치에 있는 것으로 간주된다(Cacey 2010; Castles & Miller 1998; 이병렬·김희자 2011). 이런 이주현상을 보편적인 조건으로 만든 신자유주의적 세계화는, 의도하지 않은 결과로서 일국적 차원의 공동체의 단일성을 위협하고 그에 상응하는 일국적, 세계적 차원의 인권과 민주주의 문제를 제기하고 있다. 그러므로 다문화주의는 이제 문화의 영역을 넘어서게 된다.

문화적 정체성을 넘어서 다문화주의의 외연을 확장하자는 주장은 벤하비브(2008; 2002)에게서 명료하게 드러난다. 벤하비브는 자유주의적 다문화주의가 출생과 죽음에 따른 귀속적인 사회를 전제한다고 비판하면서 새로운 이주자나 난민 등 세계화에 따른 역동적인 현실을 적극적으로 고려해야 한다고 주장한다. 즉 국민국가의 경계를 넘나드는 이주민들을 중심으로 한 자본과 노동의 현실에 기반하여 공동체로부터 탈퇴와 가입과 관련된 권리문제에 천착할 것을 주장하면서 다문화주의는 다양한 영역의 소수자의 문제로 확장해야 한다는 것이다. 프레이저 역시 계급, 젠더, 인종과 함께 가장 경멸적으로 평가받는 섹슈얼리티 등 4개의 유형을 중심으로 차별과 사회적 인정 투쟁, 재분배 등의 문제를 결합적으로 분석하면서 다문화의 외연이 확장되어야 함을 주창하고 있다. 실제로 규범적 다문화주의는 단순히 이주민의 문제뿐만 아니라 하나의 정치공동체의 민주주의와 불가분의 관계 속에서 교차하면서 작동하는 구조적 문제임을 강조해야 한다.

이 책의 맥락에서, 이런 전략이 궁극적으로 추구하는 것은 배제된 자들에 대한 관심과 고려일 것이다. 그러나 그것은 단순히 가난뱅이나 이방인에 대한 연민이나 동정이 아니라 역사적인 자본주의 사회가 야기하는 모순의 해결을 지향한다는 것을 의미한다. 랑시에르의 표현을 빌자면, 자유주의와 자본주의의 승리를 노래하는 세력들과 그들의 담론에 맞서는 지식인의 책무는 공동체 사회에서 마치 유령처럼 계산되지 않고 존재하는 '몫이 없는 자들'을 공동체 사회에 실재하는 인간으로 셈해야 하는 것이다. 역사적으로 진보를 정치적 자유의 평등한 행사를 위한 조건을 확보해온 것으로 정의한다면, 신자유주의 시대의 진보는 기본적으로 빈곤층을 포함하여 배제된 개인이나 집단들이 지금의 상황을 극복할 수 있도록 경제적 소득을 비롯하여 사회의 기본가치들을 재분배할 것을 요구한다.

이처럼 다문화주의는 자본주의가 양산하는 종속과 불평등을 비판하고 정치적 기회구조를 기형적으로 만드는 시장주의 및 신자유주의의 폐해를 최소화해야 한다는 주장으로 나아가야 한다. 다문화주의의 규범적 지향점이 근본적으로 자유와 평등과 연대의 심화와 확장이라면, 다문화주의는 민주주의의 문제와 분리시킬 수 없으며 민주주의를 위협하는 신자유주의적 자본주의의 횡포를 적극적으로 제어해야 한다. 중요한 것은, 민주주의가 정치공동체 구성원들 간의 경제적 불평등을 최소화하려는 것은 그 평등 자체가 중요하다기보다는 심의적이고 참여적인 정치공간에 부정적인 영향을 미치지 않도록, 달리 말해 민주적인 평등을 실현하고 공적 공간에서의 동등성을 확보함으로써 강자들의 자의적인 지배를 차단하기 위해서이다. 그러므로 민주주의와 결합된 다문화주의는 공화주의적 이상으로서 정치적 평등, 자기통치, 심의민주주의, 시민적 덕을 증진시키기 위해 시장은 제어되어야 한다는 재분배의 정치학을 지지한다. 일단의 평등주의적 자유주의자들도 이런 권리 담론 요구에 동참하고 있다.

문제는 실현 불가능하다는 이유로 이러한 인권 확장의 무용성을 주장하는 것이다. 예컨대 인권의 범위 및 내용에 대해 "당위(ought)는 실천 가능성(can)을 포함한다"는 진술에 입각해 사회적, 경제적 인권의 실현을 회의적으로 바라보는 시각이 상당한 영향력을 행사하고 있다는 것이다. 이런 입장에 선다면 시민적, 정치적 권리만이 보편적으로 실천 '가능'하기 때문에 인권의 범주에 포함될 것이며 사회적, 경제적 권리의 중요성은 간과되는 경향이 있다. 그러나 시민적, 정치적 권리의 실천 가능성은 다른 사회적, 경제적 조건과 밀접한 연관성이 있을 수 있으며 직관적으로 볼 때에도 생존에 필요한 권리는 시민적, 정치적 인권 개념에 근본적인 중요성을 갖는다(김비환 2009: 16-17). 소극적 인권과 적극적 인권은 서로가 서로의 실현 조건이 되는 복잡한 관계를 맺고 있는 것이다. 더구나 현실정치적인 면에서, 인권 실현 범위에 대한 제한은 정치지도자들이나 기득권층의 무관심 혹은 의지 결여에 대한 변명일 경우가 많다. 결국 인권의 실천은 정치적, 경제적 자원의 차원과 맥락과 상황에 따른 고도의 정치성을 포함하며 여러 사회세력들의 이해관계와 맞물려 대단히 복잡한 양상을 띨 것이다.

3. 외국 다문화 담론의 한계

이상의 논의를 고려할 때, 외국 학계의 다문화주의 연구의 가장 큰 한계는 주류 담론인 자유주의적 다문화주의에 경도되어 있으며, 다문화주의에 대한 비판적 사고 및 다문화 담론의 확장을 좀 더 적극적으로 사고하지 못한다는 것이다. 이는 다음과 같은 몇 가지 제약으로 나타난다.

첫째, 인종·민족·종교·문화적 집단들의 차이와 다양성의 존중이라는 문제의식은 합당하지만, 차이에 대한 인정이 사회통합에 필수적인 사회적 연대를 잠식하고 소속감을 약화시킬 수 있다. 소수집단의 자치권에 대한 인정이, 의도하지 않은 결과로서 국가 통합을 저해한다는 비판이 가능한 것이다. 더구나 주류적인 다문화주의는 이런 분열 경향을 방지할 수 있는 공동의 지반 형성에 대해 무기력하며 상호신뢰 및 연대감의 기초를 어떻게 확보할 수 있을지에 대한 고민이 부족하다고 볼 수 있다(Barry 2001; Gilory 2000; 김남국 2005). 다문화주의의 분열적 속성에 대한 반발로서 국가 정체성을 다시 인종적, 민족적 지반 위에서 찾으려는 반동적인 시도는 바로 정치적 응집력의 약화 및 국가정체성의 위기와 맞물려 진행된다. 물론 다문화주의의 분열적 속성을 극복할 수 있는 통합이 주류집단 중심의 보수적 질서로의 회귀를 의미해서는 안 된다. 즉 '정상적 시민'으로 간주되는 백인 남성 이미지와 주류문화를 중심으로 진행되어 주변부의 인종·문화 집단 등 소수자를 객체화하는 결과를 낳아서는 안 된다는 것이다(Kymlicka 2005: 458). 오히려 새롭게 편입된 사회구성원들이 문화형성 과정에 주체적으로 참여할 수 있는 정치문화를 구성하는 노력이 필요할 것이다. 이 책의 맥락에서 이러한 정치문화는 단순히 소수자의 문제를 넘어 선다. 즉 현재의 지배적인 자유주의 문화가 내포하고 있는 문제점들-공공선에 대한 무시, 시민적 덕성의 함양이나 적극적인 정치참여의 가치에 대한 평가절하 등-과 한계를 극복하는 과제와 연루되는 것이다. 이런 노력을 통해 다문화주의의 재구성은 차이의 존중을 기반으로 유기적 통합을 동시에 성취해야 한다.

둘째, 서구 다문화주의 담론의 가장 중요한 한계는, 문화적 정체성을 역동적인 구성으로 바라보지 못하며 문화를 폐쇄적인 세계로 바라보는 본질주의적 해석(essentialistic interpretation)의 한계를 노정하고 있다는 것이다(Benhabib 2002; McLaren 1994; Giroux 2006; Brown 2010). 이런 한계는 이중적인 의미에서 다문화주의의 창조적이고 생산적인 가능성을 차단하는 효과를 발휘한다. 무엇보다도 차이와 다양성의 조화 혹은 쟁투(agonism)를 통한 생산적이고 창조적인 다문화 사회로 진전해나가기보다는 오히려 각 문화의 차이를 정형화, 화석화시킬 우려가 높다. 특히 몇몇 요소로 대표되는 출신국가별 집단의 문화를 고정 불변적인 것으로 간주하여 정적인 질서를 강화하는 역효과를 낳을 수도 있는 것이다. 이러한 백과사전식(encyclopedic) 다문화주의는 다문화주의가 가진 역동적인 성격을 희석시키며 주류문화의 변화 가능성도 차단하게 된다(Phillips 2007: 21). 결국 의도하지 않은 결과로서 특정한 문화, 유산, 전통, 차이 등을 정당화시키면서 새로운 형태의 차별 및 배제 담론으로 전락될 수 있다(Fraser and Honneth 2003; Honneth 2003). 이런 맥락에서, 벤하비브(2002;

2008)는 민주적 포용과 더 많은 사회적, 정치적 정의, 문화적 유동성 (fluidity)이라는 다문화주의의 이상을 지지하면서도 그것이 문화적 순수성을 고집하거나 분리(distinctiveness)를 의미할 때에는 비판적 시각을 유지한다. 이런 벤하비브의 비판적 관점은 출신국가별로 몇 몇 문화적 요소를 기계적으로 대입하고 동일시하는 소위 당구공 (billiard-ball) 모델의 한계에 대한 비판으로 해석될 수 있다. 이런 맥락에서 다문화주의를 비판적으로 고찰하는 베리(2001)의 문화변용론(acculturation theory)은 다문화 공동체가 이질적인 문화와 장기간 접촉함으로써 갈등과 해결 단계로 나아간다는 유의미한 주장을 담고 있다.

셋째, 자유주의적 다문화주의는 다양성(diversity)의 명목하에 관용을 핵심적인 해결책으로 제시하지만, 결과적으로 이는 주변부 및 소수자 집단에 대한 억압과 차별을 극복할 실천적 동력을 약화시킨다는 것이다. 주류/비주류, 소수/다수의 차이를 인정하는 데 머무는 것은 그만큼 현실적인 차별과 불평등을 극복할 가능성이 줄어든다는 것을 의미할 수 있다. 때문에 자유주의의 핵심적 논리인 관용에 대한 의존만으로는 다문화주의가 진정한 차이와 다양성의 평등을 성취할 수 없다(Brown 2010: 147; Martiniello 2002). 특히 공적 영역에서 차이의 충돌과 투쟁을 가능한 한 배제하는 자유주의적 관용 담론은 지배적인 문화의 재생산을 위한 치밀한 전략이라는 비판이 제기된다. 이런 관점에서 수잔 설 지루(Susan S. Giroux) 역시 특히 9·11 이후 공적 영역에서 인종에 대한 관심을 의도적으로 삭제하면서 공적 메커니즘에 의한 차별의 문제를 희석시키고 있다고 비판한다 (Giroux 2006: 109-110). 차별의 문제가 현실에서 끊임없이 양산되고 있음에도 불구하고, 공적 문제로서 이해되지 않기에 개인은 무관심하게 되고, 사회적 문제로서 차별에 대해 정주집단 시민들의 감성도 희석된다는 것이다. 오직 개인적 차원에서의 관용만이 강조될 뿐이다. 특히 지루는 현재 미국의 대학 문제와 마찬가지로 모든 공공 영역을 사적 영역으로 만들려는 신자유주의적 논리가 다문화주의에서도 작용한다고 지적한다(Giroux 2006: 103).

넷째, 피상적인 다문화 담론이 지배함으로써 소수자에 대한 관리 전략으로 다문화주의가 전락한다는 것이다. 이런 상황에서 다문화주의는 주류집단의 정치적 레토릭으로 전락하는 동시에 그 현실적 함의는 이국적인 요리, 다국적인 축제, 다양한 전통과 의례를 존중하는 피상적인 다문화주의 찬양으로 제한된다(McLennan 1994: 46-47). 이 경우 다문화주의는 모순과 부정의에 대한 저항운동이 아니라 이질적이고 다양한 문화체험으로 전락하는 동시에 일종의 패키지 관광 상품을 권유하는 슬로건과 다르지 않게 된다. 이 과정에서 다양성 속에 내재하는 적대적 갈등은 은폐되거나 약화된다.

다섯째, 다문화주의가 집단적 차별과 불평등의 구조적인 원인이 경제적 영역의 재분배에 있다는 것을 간과함으로써 단순히 자유주의 정치의 일부로 편입되어 있다는 비판도 주목해야 한다(Dagger 2006; White 2008). 이런 비판은 주로 공화주의자들로부터 제기되는 바, 다문화주의가 집단의 문화적 권리는 적극적으로 보장하면서도 그들의 경제적 권리, 즉 부의 불평등 문제를 해소할 수 있는 가능성은 도외시하고 있다고 비판한다. 소수집단이 정치적, 사회적 차별을 받고 있다면 그것은 계급 구조 및 착취의 문제와 분리하여 사고할 수 없다는 것이다(Fraser and Honneth 2003). 이들은 특히 경제적 불평등을 재생산하는 자유주의적 다문화주의의 보수성을 비판하면서 경제적 부정의를 극복하기 위해 경제적 재구조화를 주창한다. 이런 관점에서도 다문화주의는 그 외연을 확장할 필요가 있을 것이다. 즉 신자유주의 경제체제의 지배와 복지국가의 위축이라는 전 지구적 현실 속에서 이주민뿐만 아니라 다양한 '시민'들이 실업, 가난, 성차별, 인종차별 등의 구조적 문제로 인해 동등한 참여에서 배제되고 있는 현실에 대한 적극적인 대응을 필요로 한다는 것이다(Castles and Davidson 2000: 127).

이런 맥락에서 볼 때, 다문화주의 담론에서 민주주의는 중요한 화두라고 볼 수 있다. 거트만(2004)은 다문화주의와 관련하여 민주주의의 혁신과 외연을 주장한다. 즉 현실 속에서 작동하는 대의민주주의 이론은 이익집단 개념을 중심으로 전개되면서 민주주의를 오직 이해의 거래로만 환원하는 오류를 노정하고 있다. 그러나 이익으로 환원되지 않는 개인이나 집단의 정체성과 관계가 발생하며 이익 역시 물질적인 것으로 동일시해서는 안 된다. 당연한 것으로 간주되는 이익이나 이익 집단조차 타인과의 역동적인 관계 속에서 형성되는 자기 이미지(self-image)와 정체성에 기반한 것이라면, 다양한 집단적 정체성을 고려하지 못하는 편협한 민주주의는 한계를 가질 수밖에 없다. 정체성 집단이 민주주의 발전에 기여하는지 혹은 위축시키는지 등의 쟁점을 고려해야겠지만, 시민적 평등, 평등한 자유, 공정한 기회의 제공, 결사의 자유 등 민주주의의 핵심원리들이 다문화주의와 관련하여 보다 적극적으로 해석될 필요가 있다.

지금까지 살펴본 것처럼, 서구의 다문화주의 논의는 오랜 전통만큼이나 수준 높고 풍부한 담론적 논쟁과 선진적인 정책을 선도해왔지만 여전히 진정한 공존의 원리로까지 발전되지는 못하고 있다. 심지어 차이와 다양성의 인정이라는 서구 다문화주의의 공통된 명제가 신자유주의와 9·11 테러 이후 후퇴하거나 변질되고 있는 상황이다. 특히 미국의 경우 보수집단을 중심으로 다문화주의에 대한 강도 높은 비판과 반발이 확산되고 있다. 심지어 보수세력들은 미국의 패권 약화를 다문화 정책으로 인한 것으로 비판한다. 즉 미국의 정체는 분열을 조장하는 다문화 교육의 폐해이며 본질적으로 백인 중심의 미국 문명의 우월성에 대한 교육을 부활하거나 강화하는 것이 미국의 국익에 일치한다고 주장한다. 이런 분위기를 반영하듯, 미국의 전반적 보수화 경향과 맞물려 대학이나 연구소의 다인종·다문화 연구가 예산 절감 등으로 인해 약화되는 상황이다(Giroux 2006: 106-109). 한편으로는 현실적으로 존재하는 인종적, 문화적 차별과 상관없이 아카데미즘의 영역에서만 다문화주의가 작동한다는 냉소도 존재한다.

이처럼 다문화주의는 한국은 말할 것도 없고 앞선 역사와 경험을 가진 나라들에서조차 여전히 논쟁의 대상이자 정치적 쟁투가 필요한 담론의 영역이다. 현재에도 서구의 학계에서 다문화주의에 대한 논쟁은 정치철학뿐만 아니라 다양한 분과에서 구체적인 정책 및 실천과 관련하여 치열하게 전개되고 있다. 다문화주의의 필요성을 공감하는 집단 내부에서도 다문화주의의 궁극적인 목표나 구체적인 정책, 다문화주의를 실현하기 위한 수단이나 전략 등에 대해서 광범위한 불일치가 존재한다. 이런 상황은 사실 다문화주의가 영원한 미완의 기획임을 다시 한 번 확인해준다. 다문화주의의 다양한 스펙트럼에도 불구하고, 한 가지 분명한 원칙은 프레이저(Fraser and Honneth

2003)가 말한 바, '참여적 동등성'으로서 구성원 각자의 동등한 참여
와 상호작용을 가로막는 제도의 변형이 중요하다는 것을 강조한다.
이것은 단순히 국가가 그런 환경을 조성하느냐의 문제를 넘어서 참
여를 통한 정주민과 이주민, 주류집단과 비주류 집단의 주체성 함양
을 목적으로 하는 것이다. 이 책의 맥락에서 이런 전략은 소수집단
이든 다수집단이든 정체성의 재구성을 의미하며 정체성의 새로운
형성을 의미하는 정체화(identify)의 변화를 적극적으로 사고하는 성
찰적 주체의 형성을 의미한다.

4. 다문화 민주주의의 이론적 모색

1) 비판적 다문화주의(critical multiculturalism)

다문화주의의 이상과 규범적 타당성에도 불구하고 현재 주류적
위치를 점하고 있는 자유주의적 다문화주의는 앞에서 지적한 몇 가
지 근본적인 한계를 가진다. 이런 맥락에서 이 책은 기존의 다문화주
의의 한계를 극복하기 위한 이론적 모색으로서 비판적 다문화주의
에 주목한다(Peter McLennan 1994; Giroux 2006; Young 2003). 비판
적 다문화주의는 인종, 성, 차이, 정체성, 그리고 문화의 배후에 작용
하는 차별과 배제, 불평등한 권력관계에 특별히 주목하며 사회적 변
화를 적극적으로 주창한다. 비판적 다문화주의는 지배적인 다문화주
의가 근본적으로 지나치게 관용 담론에 의존하면서 현실 속의 지배

와 불평등을 결과적으로 외면하고 있을 뿐만 아니라 그것을 극복할 동력과 전략을 효과적으로 구성하지 못한다고 비판한다. 결국 서구 사회의 주류집단의 지배문화를 영속화하고 있다는 것이다. 때문에 비판적 다문화주의는 다문화주의와 연동된 민주주의를 더욱 심화시키고 신자유주의적 세계화에 비판적이며 미국과 서구의 주류문화에 도전하는 적극적 함의를 지니고 있다.

비판적 다문화주의의 대표적 이론가인 맥래넌(Peter McLennan) 및 지루(Giroux)는 다문화주의를 보수적 다문화주의(conservative multi-culturalism), 자유주의적 다문화주의(liberal multiculturalism), 좌파ㅡ자유주의적 다문화주의(left-liberal multiculturalism), 비판적 그리고 저항적 다문화주의(critical and resistance multiculturalism)로 나누고 있다. 맥래넌은 보수적 다문화주의와 자유주의적 다문화주의는 공식적으로는 인종차별적인 이데올로기를 거부하는 관점을 취하지만, 본질적으로는 단일문화주의적인 기존 지배 문화의 관점을 여전히 고수하고 있다고 평가한다. 차이를 절대적으로 동질화시키려는 보수적 다문화주의에 비해 킴릭카로 상징되는 자유주의적 다문화주의는 '절대적 차이'의 존중을 급진적으로 주장했지만 그러나 다양한 개인과 집단 간의 차이에 대한 역사적, 문화적, 권력적 측면에 대한 고민이 빈약하기 때문에 소수 문화 내의 차별이나 억압을 정당화할 위험이 있으며 또한 공동체 내에 존재하는 억압과 차별을 극복할 효과적인 전략을 제시하지 못한다(Giriux 2006: 101-103).

이런 관점에서 무엇보다도 비판적 다문화주의는 당연한 것으로 간주되는 보편성을 특수화하는 전략이 중요하다고 강조한다. 어떤 문화이든지 보편적인 진리를 요구하는 순간 다문화주의는 사실상 왜곡된다. 모든 문화집단은 언제나 '특수성'으로 존재하는 것이다. 특히 보편적인 인간을 상징하는, 초월적인 백인 남성 중심적인 유럽 문화를 개별적, 특수적인 것으로 만들어야 한다. 이는 유럽문화의 헤게모니에 대한 비판과 저항을 강조하는 것이다(McLaren 1994: 53-60). 서구적 맥락에서 백인·남성·유럽 문화의 중심성을 극복하는 것은 우월/열등, 보편/특수 등에 대한 경계와 위계를 문제 삼는 것이며 그런 이분법을 양산하는 문화적, 정치적, 경제적 이데올로기를 문제 삼는다는 것을 의미한다(McLaren 1994: 53; Martiniello 2002: 40-43). 이는 궁극적으로 서구적 이분법에 기반하여 세계를 지배하는 서구적 가치 중심의 총체화의 전략을 무력화시켜야 한다는 주장으로 확장된다.

아울러 비판적 다문화주의는 단순히 제도나 문화로서 다문화주의보다는 근본적으로 '운동'으로서의 다문화주의의 다양한 양태를 강조하는 것이다. 운동으로서의 다문화주의는 그 내용과 실체가 규정된 것이 아니라 실천을 중심에 놓고 사고하기 때문에 조건과 맥락속에서 그 양상이 가변적이다. 예컨대 소수집단으로서 페미니스트의 다문화주의적 실천이 동성애자 집단의 실천과 접속될 수 있으며 나아가 이주노동자의 다문화주의 실천과 접속될 수도 있고 혹은 마찰을 일으킬 수도 있다. 비판적 다문화주의에 의하면, 실천과 운동으로서의 다문화주의는 다문화화(multiculturalization)로서 일종의 열려 있는 텍스트이며, 실현 가능한 다문화주의의 목표와 수위 역시 상대적이라는 함의를 가진다.

2) 다문화 민주주의의 개념

다문화주의가 제출한 문제의식은 공화주의적 아이디어와 결합하여 민주주의를 성숙시키는 데 큰 기여를 할 수 있다. 다문화주의가 모든 인종, 성, 타자의 문제를 해소할 것 같은 전망을 보여주며 폭발적인 관심을 얻었지만, 앞에서 살펴본 것처럼, 그 개념과 전략 그리고 비역사적, 비정치적, 비경제적 경향은 현실적, 실천적 효과를 차단하거나 왜곡하는 경향을 낳았다. 이론은 구체적인 실천은 아니지만 항상 현실 문제를 진단하고, 나아가 구체적 실천의 가능성을 높이는 데 기여해야만 한다. 이론적 실천이라는 관점에서 다문화주의를 재구성할 때 중요한 것은 우리 시대의 다문화주의가 요구하는 민주주의가 무엇인가를 새롭게 파악하는 일이다. 민주주의는 기본적으로 자유롭고 평등한 시민들이 참여하는 자치를 핵심으로 삼는다. 민주주의는 소수의 엘리트가 인민을 지배하는 것이 아니라 인민이 자신의 삶과 사회에 영향을 미치는 정치적 의사결정에 공동으로 참여하는 제도이자 실천으로 이해할 수 있다. 실제로 민주주의 역사는 고대 그리스의 직접민주주의로부터 대의제민주주의, 참여민주주의 그리고 전자민주주의까지 참여의 증진과 확장을 위한 노력으로 볼 수 있다. 그러므로 서구 사회주의권의 붕괴 이후 서구 선진국을 중심으로 보편성의 지위를 획득한 자유주의와 민주주의의 결합으로서 자유주의적 대의민주주의(liberal representative democracy)는 다음과 같은 문제의식 속에서 비판적으로 검토될 수 있다(Marri 2003: 263-277). 첫째, 누가 민주주의 공론장에 참여하고 참여하지 않는가? 이 질문은 시민적, 참여적 주체성과 능력/의지 그리고 참여의 자격과 관련된 질문이다. 둘째, 민주주의 공론장에 참여할 통로가 잘 마련되어 있는가? 이 문제는 시민의 참여에 영향을 미치는 공식적, 비공식적 사회구조와 관련된 질문이다.

이런 질문을 통해 모든 개인을 추상화하고 동질적인 개인으로 간주하는 국가의 중립성 명제(neutrality premise)에 기반한 대의민주주의가 비판받을 수 있다. 법 앞의 평등을 명분으로 국가의 역할을 최소화하려는 자유주의적 대의민주주의는 결과적으로 사회경제적, 문화적 다양성을 배제하면서 공적 영역에서 개인의 차이를 거세하기 때문이다. 이 과정에서 다수집단/지배문화와 이질적인 문화를 가진 소수자의 의견 즉 유색인종·여성·빈민·게이 혹은 레즈비언 등의 목소리는 체계적으로 차단될 가능성이 높다. 이런 상황에서 시민들은 성과 인종, 사회 계급, 종교, 민족적 기원, 성적 취향 등을 거세당할 뿐만 아니라 그런 본성 및 특징을 변화시켜나갈 수 있는 존재로 간주되지 않는다(Marri, 앞의 글: 267). 또한 사회 구조와 관련해서도 중립성 명제는 인식론적으로 현재의 다수집단의 헤게모니에 기반한 현 상태를 유지하고 정당화한다. 아울러 '중립'을 표방하는 국가관은 결과적으로 소수자 집단에 대한 사실상의 배제를 은폐하고 소수자 집단은 이러한 권력 불균형을 극복할 수 있는 기회와 가능성을 사실상 차단당한다.

이런 문제의식 속에서 중심과 주변, 다수와 소수의 적극적인 교류와 소통의 원칙을 강조하는 다문화주의의 목표는 민주적 원리의 실천으로 변환시키고 개혁해나가야 한다. 그러므로 다문화 사회 속에 존재하는 다양한 주체들의 지위와 권리를 보편적 인권의 차원에서 보장하는 동시에 현재의 권력 불균형을 조정할 수 있는 기회와 조건을 적극적으로 마련해야 한다. 그러므로 다문화 시대의 민주주의는 일종의 통로(path)로서의[20] 민주주의이다. 통로로서의 민주주의는 "모두 함께 공정하고 자유롭고 평등하게 살아가려는 투쟁이 진행되는" 공간으로서 이것은 과거의 특정한 모델로 한정될 수 없다. 차라리 다른 사람들과 함께 존재하고 살아가는 방식을 영구적으로 창조해내는, 듀이의 표현에 따른다면 '창조적 민주주의(creative democracy)'라고 부를 수 있다(Marri, 앞의 글: 268-271). 이것은 갈등과 불일치의 문제를 공적인 무대에서 표출하고 그런 차이와 갈등을 해결하는 공동체의 길을 만들어나가는 것이다. 다문화 민주주의는 다문화적 성원권과 다양성을 민주주의라는 '통로'에서 적극적으로 표출하여 사회 및 국가의 역동적인 발전을 성취해내자는 입장으로 압축할 수 있다. 이들은 사회경제적, 문화적 영역에서 특정 계급이나 집단이 영구적인 소외와 배제 상태에 빠지는 것을 극복할 것을 주창하며, 존재하는 다양성을 자유롭게 표출하면서 개인적 차이와 집단적 차이, 정치공동체 속에서 시민성에 대한 새로운 감각을 주창한다. 한편으로는 서로의 존재를 무시하지 않은 채 개인이나 집단의 성원권을 인정하는 정치공동체를 공유하면서, 한편으로는 다양한 영역에서 갈등과 적대를 표출해내는 민주주의의 특징이 더욱 부각되는 것이다. 그러므로 다문화 시대의 민주주의는 문화적 현상으로 나타나고 있는 차별, 불평등, 편견의 문제를 정치적, 경제적 논리와 관점으로

---

[20] 다문화 민주주의를 주창하는 Marri(2003)의 용어이다. 이 책은 이들의 문제의식에 기반하면서도 그들의 논의를 심화하고 확장하여 주체성-통치성-전략으로 이어지는 다문화 민주주의의 이론적 발전을 모색해본다.

적극적으로 해석해야 하며 정치적, 경제적 질서의 재편에 적극적으로 나서야 한다.

3) 다문화 민주주의의 원칙들

이런 문제의식 속에서 다문화 민주주의는 다음과 같은 원칙을 강조하며 이는 이 책 전체의 입론으로서 작용한다.

첫째, 다문화 민주주의는 무엇보다도 다양한 문화적 주체들의 인권을 보다 적극적으로 모색해야 한다. 다문화주의는 어느 정도 상대주의를 긍정하는 반면에 민주주의의 기초인 보편적 사회 정의와 인권의 토대를 손상시킬 가능성이 있다. 그러므로 다문화주의는 인권과 정의의 문제를 더욱 적극적으로 사고해야 한다. 사실 인권에 대한 추구가 곧 민주주의에 대한 추구이며 그 역도 마찬가지라고 볼 수 있다. 서구적 맥락으로 보자면, 특권층으로서 백인 남성을 벗어나 유색인종, 여성, 빈민, 이주노동자도 똑같은 평등한 인권의 담지자라는 사유를 급진화해야 한다는 것이다. 이것은 차이와 다양성에 대한 형식적인 인정이나 혹은 주류집단의 입장에서 소수자 및 외부에 대한 우월적 관용을 의미하는 것이 아니라 추상적인 인권 이념을 실질적 토대로 확장한다는 것을 의미한다(Brown 2010: ch. 4). 인권이 모든 사람을 예외 없이 존엄한 인간으로 선언하는 순간, 다시 말해 모든 사람을 그가 가진 지위나 학식이나 재산, 성이나 인종 따위 등의 속성과는 무관하게 한 사람의 인간으로 이해하는 순간 그것은 즉각적으로 모든 불평등과 부자유와 억압과 배제 등에 대한 안티테제가 될 수밖에 없다(Balibar 2007: 34). 그러므로 국민 또는 민족국가 중심적인 사고로는 인정하기 힘든 이주노동자와 결혼이주자의 인권과 주체성에 대한 성찰과 실천을 공유하고 확산시키는 노력이 중요한 것이다. 진정한 다문화주의는 지배적인 정치질서가 배제하고 억압해온 가치들을 활성화시키고 주체들에게 해방의 기획을 실현하도록 하는 것이기 때문이다. 물론 다문화 현상은 우리 사회의 지배적인 가치와 갈등관계를 유발하면서 비록 단기적인 혼란과 충돌은 발생하겠지만 결국 한국의 민주주의를 새롭게 변형시키고 정치적 의식을 성숙시키는 방향으로 전개될 것이다. 또한 이런 관점에서 인권에 기반한 이중국민 또는 이중민족 의식이 다문화적 공동체를 형성하는 데 유용할 것이다(장세룡 2007: 329-331; 설동훈 2007).

둘째, 다문화 민주주의는 현재의 지배적인 정치적 절차로서 대의제에 대해 비판적인 경향과 맞물려 전개되어야 한다. 왜냐하면 근대 제도의 공론장에서 배제되었던 '비정치적인 것들의 정치화(politicization of non-politics)'를 주된 목표로 삼아야 하는 다문화주의는 근대정치의 핵심적 원리인 대의정치가 기존의 많은 문제점을 야기했을 뿐만 아니라 변화된 현실에 적절하게 대처하지 못한다는 비판을 확장해야 하기 때문이다(Benhabib 2002; 오경석 2007: 103). 그러므로 다문화주의는 근대정치의 핵심적인 정치제도 및 원리에 대한 입장에 따라 다양한 스펙트럼을 가질 수 있다. 그럼에도 불구하고 진정한 다문화주의는 다양한 문화적 배경을 지닌 주체들이 서로의 문화적 상징을 발견, 소통, 공유하는 공동세계를 마련하고 이 과정에서 제기되는 문제들에 대응하는 실천을 전개할 때 비로소 본격화될 수 있다. 이런 관점에서 다문화주의가 담고 있는 온전한 가치의 실현 및 정체성의 구성과 변화는 시민적 평등, 평등한 자유, 결사의 자유, 다원주의와 다양성에 대한 존중 등을 핵심 원리로 하는 민주주의가 더욱 심화될 때 충분히 실현될 수 있는 것이다.

이러한 공동세계를 통한 차이와 다양성의 조화와 공존 속에서 다문화 민주주의는 유기적인 연대와 유대를 성취하는 동력으로도 작용할 것이다. 더구나 공동세계의 위축이나 상실은 원천적으로 공적 공간에 참여할 권리를 박탈당한 사람들, 특히 장소를 박탈당한 사람들로서 이주노동자 및 이주민들에게는 더욱더 치명적인 위협으로 다가오게 된다. 서구에서 대대적인 미등록 이주노동자 추방과 이주민에 대한 억압적 정책이 펼쳐질 때에는 주로 공동 세계가 위축되어 있거나 혹은 이주민에 대한 배타적 관점이 획일적으로 지배할 때, 그러므로 차이와 다양성의 가치가 폄하되어 민주주의가 한없이 극한적으로 위축된 상황에서 광폭하게 전개되었다.

셋째, 보편적인 인권 이념의 적극적인 실현을 강조하는 다문화 민주주의는 시장만능주의와 신자유주의에 대한 반대를 분명히 한다. 여러 국가에서 심화되고 있는 문화적 갈등의 본질을 진단해온 마르티니엘로에 의하면 민족적이고 문화적인 갈등 이면에는 언제나 경제적인 문제, 경제적인 이유가 숨어있다(Martiniello 2002: 51).

문화적 갈등은 사회경제적 갈등과 불평등의 원인이 아니라 그 결과라는 것이다. 그렇다면 인종적, 문화적 차별과 억압의 해소를 위해서는 다문화주의적 관점만으로는 무력하다. 정치경제적 차원의 문제를 적극적으로 고려할 때 비로소 차이와 다양성의 조화와 공존이라는 다문화주의적 이상이 좀 더 현실화될 수 있는 것이다. 때문에 다문화 민주주의는 서구자본주의가 확장된 형태인 신자유주의를 근본적으로 비판한다. 주지하듯이 자본주의는 이윤 창출이라는 지상 명제에 충실하면서 종속과 불평등과 배제의 논리를 양산하지만 민주주의는 자유와 평등과 연대의 논리를 심화하고 확장시키고자 한다. 달리 말해 자본주의 자체는 모든 인간의 존엄성의 평등을 추구하지 않는다는 점에서 경제적 민주주의가 적극적으로 결합해야 한다. 이를 통해 추상적이고 보편적인 인권을 시민적이고 정치적인 권리만이 아니라 사회적이고 경제적인 권리로 확장하고 시장 논리를 제약하면서 자본주의를 제어하거나 순화시켜야 하는 것이다(White 2008).

넷째, 다문화 민주주의는 근대성의 핵심적인 제도들 중에서 국민의 자격 혹은 영토주권에 기반한 국민의 '경계'를 문제 삼으면서 영토와 주권에 기반한 국민의 자격 역시 새롭게 구성할 것을 요구한다(Miller 2008; Benhabib 2002; Bohman 2008; 조정남 2007; 김범수 2008). 이는 민족적 혹은 문화적 동질성에 기반한 개인 및 국가의 정체성을 의문에 부친다는 것을 의미한다. 순수하고 통일적인 구성원들만을 이상적으로 생각하는 'nation-state'로서는 질적으로 새로운 차원의 차이와 다양성, 이질성을 포용할 수 없다는 것이다. 때문에 근대국가의 억압성을 극복할 수 있는 다문화주의 문제의식을 발전시키는 것이 중요하다. 킴릭카 역시 명료하게 표현했듯이 모든 다문화주의 투쟁은 동일하고 동질적인 국민국가(unitary homogeneous nation-state)라는 모델을 거부한다(Kymlicka 2007: 61).

다섯째, 다문화 민주주의는 정체성이라는 개념 안에 내재된 동질성의 유혹을 거부할 것을 요구한다. 즉 집단적 특수성을 강조하면서 특정 인종의 정체성이나 문화 정체성을 특정하게 고정된 동일성으로 전제하는 자유주의적 경향을 극복해야 한다는 것이다. 고정된 정체성은 존재하지 않으며 정체성은 역사와 정치와 문화와 이데올로기와의 연관성 속에서 구성되는 것이다. 이런 맥락에서 다문화 민주주의는 단순히 소수집단의 문화적 차이를 정치적 성원권으로 확장하는 것을 넘어서 소수/다수의 이분법을 극복할 수 있는 국민적 정체성을 재구성해야 한다. 이런 작업은 민주주의 실천과 분리시킬 수 없다는 점을 강조한다.

이러한 다문화 민주주의의 문제의식은 완결되거나 고정된 이론체계 혹은 통치유형이 아니다. 그것은 실천 및 실천적 지식과의 상호작용을 통해 언제든 수정될 수 있는 열린 이론체계이다. 흔히 하는 말이지만, 실천적 지식이 결여된 이론적 지식은 공허하고 이론적 지식에 기반하지 않은 실천적 지식은 맹목적이다. 다문화주의에 적합한 정치철학은 미리 정해진 '시나리오'를 따라가는 것이 아니라 일상의 수많은 사람의 경험으로부터 나오는 상상력과 실천으로부터 가능한 것이다. 주체를 언제나 구성의 현재진행형으로 파악하는 기든스의 입론에 따른다면, 구조가 언제나 구조화(structuration)로서 존재하듯이, 민주주의 역시 민주화(democratization)로 사고되어야 하며 다문화주의 역시 다문화화(multiculturalization)로서 사고되어야 한다.

04

이주민의 주체성과
소수자의 정치학

다문화주의는 단순히 제도의 문제가 아니며 차이와 다양성, 이질성을 포용할 수 있는 주체의 형성과 분리시켜 사고할 수 없다. 그러므로 다문화적 시민의 형성이라는 주체화 전략을 모색하기 위해서는 일반적인 수준에서 주체의 형성, 주체화 원리에 대한 이론적 고찰이 선행되어야 한다. 이런 관점에서 필자는 변형의 능력으로서 주체의 실천을 중심에 놓고 구조 및 제도의 상호구성적 메커니즘에 주목한다. 이런 구조화(structuration) 혹은 구조의 이중성(duality) 관점에서만 다문화주의의 역동성 역시 온전하게 파악될 수 있을 것이다. 이런 입론은 소수자나 이주민뿐만 아니라 정주민 집단의 정체성 변화를 사고하는 이론적 지반이 된다. 또한 소수자의 주체화는 현재의 다수/주류 집단 중심의 지배적인 질서를 변화시키는 실천을 중심에 놓고 사고할 것을 요구한다. 그러므로 실천과 구조, 정체성에 대한 결합적 관점이 필요하다.

　실천을 중심에 놓고 주체와 규칙의 관계를 사고한다는 것은 역동적인 현실 속에서 주체성의 변화와 연동되어 있는 규칙의 변화를 적극적으로 고려할 것을 요구한다. 아울러 인간의 삶과 실천이 필연적으로 수반하는 성찰성을 중심으로 주체성을 사고할 때, 미래의 변화에 대한 예측도 설득력을 얻을 것이다. 특히 후기 근대성(late modernity)의 시대는 관행적인 가치체계 및 사회질서의 변화와 맞물려 성찰성의 급진화를 발생시키고 또 환경 및 제도의 변화 속에서 능동적인 신뢰와 유대감을 창출하는 통합의 원리를 요구하고 있다. 특정한 삶의 방식과 실천들의 제도화가 규칙이라면 다문화 시대라는 새로운 조건에 부합하는 새로운 규칙의 형성, 새로운 성격의 민주주의가 요구된다는 것이다. 예컨대 국민국가의 정당성이나 주권의 원리, 국민의 경계조차 의문에 부칠 수 있다는 것을 의미한다. 다문화 시대에 부합하는 새로운 규칙을 모색한다는 것은 주체를 '생성(becoming)'으로 사고한다는 것, 이주민이나 소수집단뿐만 아니라 주류집단/정주집단의 주체성과 정체성조차 언제나 변화의 과정으로 파악한다는 것을 의미한다. 이런 입론은 이 책 전체에 관통하는 사유방식이다. 이제 우리는 다문화주의의 핵심적인 원리 중 하나인 소수자의 존재 및 운동이 가지는 정치적 함의를 보다 깊이 있게 살펴볼 것이다.

1. 주체성과 실천

1) 주체와 구조의 관계

근대성(modernity) 혹은 근대적 사유에서 주체는 데카르트의 '나는 생각한다. 고로 존재한다(cogito ergo sum)', 즉 아무리 의심해도 그 존재를 의심할 수 없는 것은 바로 '생각하는 나 자신'이라는 언명이 웅변하듯이, 자아의 확실성, 자명하고 자율적이며 보편적인 실체로서 주체 개념에 기반해 있었다. 이런 흐름 속에서 사르트르(Jean-Paul Sartre)의 실존주의가 자명한 것으로 전제한 근대적 주체 개념은 소위 언어학적 전환의 물결 속에서 구조주의 및 후기구조주의의 강력한 비판을 받게 되고 결국 '주체' 개념은 이데올로기나 구조 혹은 권력의 '효과'에 지나지 않는 개념으로 전락하게 된다. 레비스트로스(Claude Levi-Strauss)를 필두로 알튀세르(Louis Althusser), 데리다(Jacques Derrida), 라캉(Jacques Lacan), 그리고 푸코(Michel Foucault)의 비판들이 일차적으로 겨냥했던 것은 바로 근대적 주체 개념이 전제하고 있는 자아의 통일성과 초월적인 자명성이었다. 특히 후기구조주의로 분류될 수 있는 이들은 주체의 통일성은 주체 자체의 환상과 오인의 산물에 지나지 않음을 주장했다. 라캉은 인간이 공통으로 가지고 있는 무의식의 구조(타자, Other)를 중심에 내세웠으며 데리다는 근대적 주체의 실존적 자유는 인간 존재의 통일성을 전제하는 환상에 다름 아니라며 그런 통일성은 언어작용의 효과로 구성된 것임을 역설했다. 다양한 지식이나 사고를 가능하게 해주는 인식론적 구조로서 에피스테메(episteme)를 찾으려 했던 초·중기의 푸코나 사회의 본질적 구조로서 생산양식 및 이데올로기의 효과를 강조했던 알튀세르 등이 모두 이런 흐름으로 분류될 것이다.[21] 이런 논리에 따르면 주체는 구조의 효과에 의해 만들어지는 것이다. 좀 더 적극적인 의미를 부여하자면, '보이지 않는 권력'(그것이 지배적인 인식틀이건 이데올로기이건 혹은 경제적 영역에서 자본의 논리이건)의 효과로서 주체가 구성되는 것이다. 그러므로 이런 논리에서 주체성(subjectivity)이란 구조의 효과에 의해 만들어진 주체의 성질이며 여기서 주체의 본원적 자율성과 보편성은 부정된다. 근대철학의 지배적인 흐름으로서 주체철학에 대한 구조주의와 포스트구조주의의 이러한 주체 비판은 이론적, 실천적으로 전복적인 성격('주체의 죽음')과 새로운 패러다임을 양산하면서 주체 담론에 있어 또 다른 지배적인 흐름을 형성해왔다. 그러나 새로운 주체의 구성을 모색하는 이 책의 문제의식을 고려할 때, 오히려 이미 지배적인 흐름을 형성해온 후기구조주의에 대한 반비판과 그들의 입장을 극복하는 것이 중요한 과제가 된다.[22] 구조주의와 포스트구조주의의 이론들은 주체를 구성하는 다양한 계기들을 밝혀내는 데는 탁월한 분석을 제공했지만 주체의 능동적 역할을 간과한 채 구조와 권력의 효과로만 간주하

---

21) 주체에 대한 탈근대 철학적 고찰은 특히 이정우(2008; 2009) 참조.

22) 이러한 입론은 주체의 자율성을 배타적으로 강조하는 주체주의나 주체에 대한 구조적 제약을 배타적으로 강조하는 구조주의를 모두 넘어선다는 것을 의미한다. 아울러 이러한 입론은 기본적으로 기든스(A. Giddens)의 구조화 이론에 기초한 것이다(Gidens 1998). 기든스는 구조화 이론의 핵심 개념인 구조의 이중성(duality)에 기반하여 사회의 구성과 재구성을 설명하는바, 이 것은 구조와 주체의 관계를 상호대립적이거나 혹은 일방적인 규정 관계에 놓여 있는 것으로 파악하지 않는다. 아울러 주체가 실천을 통해 구성된다는 것은 넓은 의미에서 이 책이 기대고 있는 마르크스와 푸코, 아렌트, 무페, 랑시에르, 부르디외, 버틀러, 들뢰즈와 가타리, 네그리와 하트 등에서 공통적으로 나타나는 문제의식이다. 물론 그러한 입론이 사용되는 맥락과 효과는 이론 내부에서 상당한 차이가 있지만 말이다.

는 한계를 범했다. 즉 그들은 주체의 통일성과 동일성(identity)을 집중적으로 비판하는 와중에 주체성을 구조나 권력에 의해 수동적으로 생산되는 것으로 규정해버린 것이다. 그러나 주체를 이렇게 수동적으로만 파악하게 되면 주체의 또 다른 특징으로서 권력관계를 변화시키는 능동적인 힘을 파악할 수 없게 된다. 즉 이론적 난점으로서 구조의 변화를 설명할 수 없으며 구조를 넘어설 수 있는 가능성과 잠재성으로서 주체성을 사유할 수 없게 된다는 것이다. 실천적으로도 주체의 무기력을 양산할 뿐이다. 이런 난점을 정확히 파악하고 근대적 주체 개념으로 회귀하지 않으면서 구조주의적 주체 개념의 극복 전략을 모색한 대표적인 이론가가 바로 푸코라고 볼 수 있다. 초반기 푸코는 근대적 규율권력들이 주체를 생산하고 주체의 은밀한 공간을 통제하는 과정을 미시적으로 탁월하게 분석했지만 저항과 변화를 적극적으로 사고하지는 못했다. 그러나 후기 푸코는 초·중기 입장으로부터 극적으로 선회한다. 통치성이라는 개념 도입을 통해 주체의 구성 문제를 적극적으로 사고한 것이다. 후기 푸코(2008)는 '자기에의 배려(the care of the self)', '쾌락의 활용(the use of pleasure)' 등 신중한 자유의 실천을 통해 권력관계에서 벗어나 자율적인 윤리적 주체로서 다양하고 독창적인 삶의 양식을 개발하는 능력을 창출하는 길을 모색한 것이다.

구조주의 및 후기구조주의에 대한 기든스의 비판은 더욱 명료하다.23) 기든스는 (후기)구조주의가 궁극적으로는 주체에 대한 구조의

---

23) 보통 우리에게 기든스가 널리 알려지게 된 것은 90년대 후반에 출판된 『좌파와 우파를 넘어서』와 특히 당시 블레어 정부가 정책전략으로 활용한 『제3의 길』 때문이지만 사실 기든스의 박사 논문 주제는 주체주의와 구조주의의 뿌리 깊은 이분법을 극복하기 위한 사회이론의 구성이었다(Giddens 1998: 44) 이러한 기든스의 야심 찬 기획은 1970년대 말 『사회이론의 주요 쟁점』을

규정성을 배타적으로 강조하고 있다고 비판한다. 기든스에 의하면 구조는 주체를 일방적으로 제약하거나 생산할 수 없는 것이다. 달리 말해 주체는 '보이지 않는 권력'에 의해 조종당하는 꼭두각시 인형이 아니다. 오히려 규칙과 자원의 결합으로 정의되는 구조를 활용하면서 사회구성체의 재생산/변형에 적극적으로 개입하는 변형적 권력의 소유자이다(Giddens 1998: 24-27). 구조를 제약(constraints)이자 가능성(enability)의 조건으로 적극적으로 사유하자는(Giddens 1998: 66) 기든스의 입론은 이 책 전체의 에토스를 규정한다. 예컨대 신자유주의적 세계화와 다문화주의의 도전을 우리의 혁신을 가능하게 만드는 자원으로 활용할 수 있다는 것이다.

이 외에도 실천을 통해 주체성을 사고한 정치사회 사상가들의 논의 역시 이 책이 궁극적으로 기획하는 주체화 전략에 중요한 아이디어를 제공한다. 마르크스의 경우 "사회적 존재가 의식을 결정한다"는 테제는 존재와 의식을 잇고 있는 (계급적) '실천'을 강조하는 것이며 아렌트는 정치적 실천을 통해 구성되는 공동세계(a common world)를 주체의 본질적인 특성으로 간주한다. 부르디외(1999)의 경우 구조와 실천을 변증법적으로 매개하는 '아비투스(Habitus)' 개념을 도입하면서 국가 같은 사회 구조조차 실재하는 것이 아니라 실천을 통해 재생산되고 변화되는 특정한 장의 규칙으로 간주한다. 네그리와 하트 역시 자본주의 합리성으로 획일화할 수 없는 차이와 특이성을 가진 다중의 실천적 저항과 그 효과에 주목했다. 무페 역시 비트겐쉬타인의 게임이론을 좇아 가변적인 주체의 실천과 구조의 상

거쳐 1980년대 중후반 『사회구성론』으로 일단락된다. 이런 이론적 결과물을 시대적 과제에 적용한 대표 저작이 『좌파와 우파를 넘어서』이다.

호구성적 입론에 기반해 정치이론을 전개한다. 랑시에르는 소수자, 이방인을 배제하는 정치구조가 역설적으로 끊임없이 이들의 저항과 참여를 가능하게 만들면서 '치안'에서 '정치'로 외연을 확장해온 것이 정치의 역사라고 정의한다. 필자는 기본적으로 이러한 사상가들의 논의에 기반해 주체성과 통치성 및 실천의 문제를 새롭게 사고해볼 것이다.

한편 이 글의 맥락에서 주체성(subjectivity)이란 가장 넓은 의미에서 주체의 성질 및 능력, 그러므로 인간성(humanity) 및 인간의 본성(human nature)을 의미하는 포괄적인 개념으로 사용한다. 특히 인간 본성에 대해서는 플라톤 이래로 수많은 논쟁이 있어 왔지만 이 책에서 인간의 본성은 그/그녀/그들이 살아가는 조건과 연루되어 언제나 가변적인 것으로 간주되어야 한다. 먼저, 아렌트에 따르면 인간의 본성은 본질(essence)로서 규정된 것이 아니며 유일한 사실은 인간이 조건 지어진 존재(conditioned being)라는 점일 뿐이다. 물론 인간적 조건이 인간을 '절대적으로(absolutely)' 규정하는 것이 아니라 인간의 정신적, 실천적 능력들과 언제나 상호규정적인 관계로 보아야 한다. 아렌트가 말한 인간의 조건은 정치적 행위자로서 공동세계의 중요성을 강조하는 것이지만, 중요한 것은 인간의 주체성은 초월적이거나 불변하는 실체가 아니라 사회세계에서 구성되는 것으로 간주할 수 있다는 것이다. 이런 입론은 행위자의 주체성에 대한 기든스의 논의를 통해 더욱 확장할 수 있다. 기든스는 사회과학 이론은 고립적인 개인이나 인간들 외부에 존재하는 '사회'(내지 구조)에서 출발하는 것이 아니라 인간의 역동적인 생활 과정을 가능하게 만드는 일상적이고 사회적인 실천으로부터 출발해야 한다고 강조한다(Giddens

1998: 27). 이런 관점은 주체성을 고정불변의 것으로 간주하는 모든 시도들에 반대한다는 것을 의미한다. 주체의 실천은 사회적 규칙에 의해 일방적으로 규정되는 것도 아니고 주체의 실천이 일방적으로 규칙을 구성하는 것도 아니다. 즉 사회세계에서 사람들의 실천을 가능하게 만드는 것은 규칙이지만 그런 규칙의 존재/재생산/변형 역시 실천을 통해서만 가능하다는 것이다. 이런 맥락에서 볼 때 우리를 둘러싸고 우리의 실천을 가능하게 만드는 규칙 역시 가변적이다. 제도적으로 가장 강력하고 공식화된 법률조차 자주 논쟁에 휘말리며 실천적 맥락 속에서 그 적용이 가변적일 수 있다는 것은 이미 우리가 경험적으로 알고 있는 사실이다. 그것이 도덕적인 규칙이건 법적인 규칙이건 생활 속 사소한 규칙이건 그것은 불변적인 전체로 있으면서 획일적인 규범성을 갖는 것이 아니라 맥락 속에서 가변성을 자체의 특징으로 갖는 것이다(Giddens 1998: 64-65). 규칙의 구체적 내용 또한 실천적 맥락과 성격에 따라 상이해질 수 있다. 이 점은 강조되어야 한다. 우리의 일상적 사회적 삶과 생활을 규율하는 규칙은 사회적 성격을 갖는 것이며 그 사회의 생활방식 및 지배적인 사고방식과 분리시켜 사고할 수 없는 것이다(Giddens 1998: 21). 이념적으로 첨예한 문제에 있어서도 상황은 마찬가지이다. 우리의 경우 최근까지도 국가보안법의 적용 문제를 놓고 종종 상이한 법적 해석 논쟁이 치열하게 전개된다. 이 책이 주목하는 공화주의적 아이디어와 관련된 규칙의 문제 역시 마찬가지이다.[24] 공화주의를 법치와 권력 분

---

24) 공화라는 개념은 정치·사회철학적 측면에서 공동세계(res publica), 공공성(publicity), 공익(public interest)을 의미하며 기본적으로 사적인 것보다 공적인 것과 연관된 용어이다. 이념으로서의 공화주의는 참된 인간성 실현의 계기를 찾는 정치이념으로서 기본적으로 국가의 모든 구성원이 자의적인 지배에 예속되지 않고 동등하고 자유로운 주체들로서 공통의 공간을 구성해나가는

립이라는 관점에서 접근하는 것과 공공선과 시민성의 관점에서 접근하는 것, 혹은 귀족주의적 관점에서 접근하는 것, 혹은 보다 급진화된 형태로서 민중적 혹은 참여적 관점에서 접근하는 것은 그 규칙에 대한 해석뿐만 아니라 정치사회의 성격과 밀접한 관련을 맺고 있을 것이다.

2) 성찰성의 급진화와 규칙

인간의 삶이 가변적인 규칙과 불가분의 관계를 맺고 있고 인간의 실천이 규칙의 활용(draw upon)을 의미하는 것이라면 행위자는 기본적으로 앎의 능력을 가진 것으로 간주되어야 한다. 즉 사회적 삶을 살아간다는 것―대화를 나누거나 수표에 사인을 하거나 결혼, 투표, 정치토론에 참여하는 것 등등―은 사회적 맥락을 인식하고 처신할 수 있다는 것을 의미하며 이는 결국 행위자의 본질적 속성으로서 주체성은 앎의 능력을 전제한다는 것을 증명한다(Giddens 1998: ch. 1). 나아가 우리가 일반적으로 단절적이고 불연속적인 삶이 아니라 행위의 지속적인 흐름으로서 삶을 살아간다면, 이러한 실천적 능력(practical

---

것을 뜻한다. 때문에 공화주의는 국가의 적극적인 역할과 사회의 책임, 그리고 시민의 의무와 권리를 강조한다. 개인은 정치공동체의 시민으로서 공동 활동에의 적극적인 참여를 통해 자신의 자유를 완성시킬 수 있으며 공화주의적 시민은 동료시민들과 함께 사회의 공동선에 대해 토의하고 공동체에 대한 책임을 공유해야 한다(Sandel 1998: 7). 특히 강한 공화주의적 입장은 국가의 중립성을 비판하면서 공공활동에의 적극적인 참여, 공동체에 대한 헌신과 애국심, 정치적 토론에의 활발한 참여, 시민적 에너지의 활성화 등을 강조하고 있다(Sandel 1998: 9-26). 이처럼 전체적으로 공화주의는 소극적 자유보다는 공적 이해를 사적 이해보다 우선시하는 공민성이나 여러 가지 덕성(virtue), 활발하고 적극적인 정치참여, 평등하고 자유로운 대화와 토론, 다수의 자의적 의지가 아닌 법에 의한 통치, 삼권분립에 기초한 정부 형태 등을 특징으로 한다. 이런 관점에서 공화주의는 반드시 공화주의라는 이름을 내걸더라도 오랜 정치철학 전통에 내재되어 있는 규범적 지향이라고 볼 수 있다.

capacities)은 본질적으로 성찰성(reflexivity)과 필연적으로 연관될 수밖에 없다. 주체의 본질적인 그러나 언제나 구성 중인 속성으로서 성찰성은 인간 삶의 지속적인 흐름과 활발한 유동성을 가능하게 만드는 것으로서 일상적이고 사회적인 실천이 필연적으로 수반하는 것이다. 이처럼 실천과 분리시킬 수 없는 내재적 속성으로서의 성찰성은 인간의 존재론적 속성으로서 사회생활이 정상적으로 유지되는 한 행위주체가 지닐 수밖에 없는 것이다. 인간 행위의 고유하고 핵심적인 속성으로서의 성찰성은 주변세계와 행위하는 자아의 일관성을 매개시켜주는 것으로서 인간의 간주관성(intersubjectivity)의 존재조건이자 타자와의 상호지식(mutual knowledge) 및 상호이해의 지반이 된다.

한편 후기 현대 사회의 구조적 조건이 급진화되고 복잡해지면서 이런 성찰성은 전근대 사회는 말할 것도 없고 불과 수십 년 전의 근대사회에서는 찾아볼 수 없는 '급진성'을 가지게 되는 것이다. 이것을 우리는 근대를 가능하게 만들었던 이성이 급진화되어 나타나는 결과라고 이해할 수 있다. 철학적 관점에서 볼 때 모든 것을 의문에 부치며 근대화의 비약적 발전을 성취해온 이성주의가 마침내 자신의 핵심적 논리와 합리적 기제마저도 비판적 검토의 대상으로 간주한 결과이다. 이것은 일종의 '이성의 역설(paradox of rationality)'로 설명할 수 있다(Giddens 1997). 이처럼 근대성은 근대성 자체의 의미와 성취, 근대 문명의 결함과 한계에 대해서도 반성하게 만들면서 근대화 주체의 내면적 성찰로 이어지게 된다. 이런 현상을 '급진화된 근대성(radicalized modernity)' 내지 '성찰성의 급진화(modernization of reflexivity)'라고 부를 수 있을 것이다.[25] 이런 인식은 계몽적 이성

에 대한 일방적인 찬사나 거부가 아니라 후기 근대성(late modernity)
이라고 명명할 수 있는 성찰성이 급진화된 결과와 활용을 강조한다.
이런 논의는 근대성과 단절보다는 연속성과 발전적인 극복을 주장
하는 것이다. 기든스는 후기 근대성의 특징으로는 근대적 이성에서
비롯되는 도덕적, 실존적 문제의 해체, 역동적, 구조적 조건 속에서
파편화되고 분열적인 자아의 위험성, 다양한 라이프스타일, 성적 취
향 등 소수문화의 등장, 다원주의의 확산 등을 지적하고 있다(Giddens
1997: ch. 1). 기든스는 후기 근대성이 발생시키는 성찰성의 급진화
로 인해 이런 한계 및 부정적 징후를 극복할 수 있다고 주장한다.

지금까지 논의한 것처럼, 인간의 존재론적 본성으로서 성찰성에
내재한 실천의 내용과 성격이 변화한다면 주체성 역시 역사적으로
달라질 수 있다. 예컨대 비교적 변화의 폭이 적었던 초·중반의 근
대 사회에서 행위자의 주체성은 관행적이고 사회적인 성격이 강했
다면, 후기 근대성의 조건하에서는 자율성과 창조성이 강화되고 있
다고 판단할 수 있다. 생활양식의 급진적 변화 속에서 행위자의 존
재론적 본질인 성찰성의 성격이 달라지는 것이다. 그러므로 현대적
조건 속에서 행위자는 자신의 생활양식을 선택하고 자아정체성과
신뢰와 유대를 적극적으로 만들어나가야 한다. 어떤 의미에서는 실
천의 변형적 성격이 급진화되고 있다고 볼 수 있다. 근본적인 분열

---

25) 그렇다면 이성의 역설로서 근대적 이성이 급진화되면서 자신의 기반이나 논리조차 의심한다
면, 많은 제도들 혹은 이에 기반한 삶의 내용이 근대적 이성에 의해 구성된 우리의 경우도 예
외는 아닐 것이다. 사회의 구성원리 혹은 사회 발전을 바라보는 익숙한 개념의 변화가 필요하
다는 것이다. 소위 IMF 외환위기 이후 동양적 사유 내지 동양적 가치에 대한 관심이 증폭되어
온 현실 역시 근대적 이성이 지배했던 우리의 지난 근대화에 대한 성찰의 결과로 해석할 수도
있을 것이다. 즉 급속한 경제발전을 거치면서 우리가 의심할 수 없었던 어떤 지배적인 가치
내지 지배적인 삶의 논리에 대한 근본적인 회의와 반성으로 볼 수 있다는 것이다. 그러므로
서구적인 근대적 이성에 의해 억압되고 배제되어온 동양적 가치들이 현대적으로 어떤 긍정적
인 함의를 갖는다면, 그것을 새롭게 복원하려는 이론적 실천도 유의미할 것이다.

과 해체처럼 보이는 사회구조의 변화에도 불구하고, 이런 변화조차 행위자가 지닌 '성찰성'이 급진화되면서 이루어지는 결과이기 때문에 (후기)구조주의자들처럼 주체의 '해체'가 아니라 여전히 '앎과 능력'을 가진 행위자를 전제로 대안적인 사회구성과 발전의 프로젝트 모색이 가능할 것이다. 물론 여기서 말하는 '발전'이 지금까지 우리가 익숙했던 개념의 내용 및 성격과 상이하더라도 말이다.

그러므로 우리가 지금 당연시 여기는 우리들의 본성이나 능력, 의지조차 새로운 실천을 통해서 다르게 구성될 수 있으며 중요한 것은 그 가능성의 전략을 적극적으로 사고하는 것이다.[26] 이런 맥락에서 문제는 새로운 혹은 다른 인간성 혹은 인격을 구성하는 어떤 성격의 실천을 어떻게 행하는가이다. 아울러 현재의 시민적 특성 혹은 시민성 역시 실천을 통해 재생산되고 변화할 수 있는 가능성으로 사고하는 것이 중요하다. 그러므로 현재 지배적인 자유주의 담론과 자본주의 구조 및 생활세계 속에서 형성되는 인간의 본성 및 특징을 절대화하거나 본질적인 것으로 간주하는 사고는 비판받아야 한다. 아울러 주체의 실천과 분리시켜 사고할 수 없는 다양한 영역의 규칙 역시 성찰성의 대상으로서 그 변형의 특징이 더욱 심화되는 것으로 판단할 수 있다.

---

26) 주체 및 주체성을 구성적/가변적으로 파악한다는 것은 그의 능력/욕망/정념조차도 생성 중인 것으로 바라본다는 것을 의미한다. 예컨대 공부/시험에 대한 우리의 생각은 지겹거나 괴로운 일련의 작업이다. 그러나 우리가 공부를 생활세계의 중요한 놀이나 혹은 식사나 잠자리 같은 필수적인 욕구 혹은 앎에의 욕구와 같은 인간의 사회적 본성의 표현으로 간주할 수는 없을까? 비록 그런 의문들이 당장의 실현 가능성은 없을지라도 미래의 가능성조차 원천적으로 부정해서는 안 된다(Wenger 1998: 1-3). 이런 논리를 밀고 나간다면, 배타적인 민족주의 혹은 국민국가에 귀속된 애국심의 재조정 역시 가능하며 다문화적 감정과 능력을 극대화할 수 있다는 잠정적 결론이 도출된다. 심지어 차라리 '진리'처럼 여겨지는 이익 추구와 연동된 자본주의의 메커니즘에 종속된 우리의 에토스와 능력 역시 새롭게 혁신될 수 있다는 급진적인 주장도 가능해진다.

인간의 주체성을 언제나 변화 과정 속에 있는 것으로 간주한다면, 정치사회적, 경제적 규칙에 대한 중요한 시사점을 제공받을 수 있다. 예컨대 민주적 자유주의(democratic liberalism)를 주창하는 벨라미(R. Bellamy)는 현대사회의 복잡성과 다원주의를 배경으로 할 때, 자유주의적인 헌정적 원리들과 제도적 장치들은 잠정협약(modus vivendi) 의 관점에서 파악해야 한다고 주장한다(Bellamy 1992: 254-259; 김비환 2006: 45-47). 벨라미는 자유주의적인 권리담론이 초문화적인 보편성을 가지는 것은 아니라고 지적하면서 상이한 세계관과 가치관을 가진 공동체는 자유주의와 상이한 권리체계를 발전시킬 수 있는 가능성을 가진다고 주장한다. 현재의 권리체계들은 보편적인 윤리적 합의에서 도출된 영구적인 산물도 아니며 생활형태 속에서 진행되는 조정원리들(coordinating principle)일 뿐이다. 이런 관점에서 법률과 권리 그리고 분배적 원리들은 사회의 재생산에서 활용되는 경험적 규칙(mere rules of thumb)으로 간주된다. 물론 이러한 규칙들은 시민에게 일정한 행동방식을 부과하지만, 이런 규칙의 재생산 및 변화 역시 시민들의 참여 혹은 실천을 통해서만 가능하다는 것이 중요하다. 이러한 벨라미의 주장은 다문화주의 시대에 지배적인 자유주의가 보편적인 윤리관을 내세우면서 다양한 윤리적, 정치적 규범들을 무시하고 억압할 가능성을 강력하게 비판할 수 있는 기반을 제공한다고 볼 수 있다. 또한 자유주의적 권리체계 역시 환경의 변화에 따라 충분히 달라질 수 있다는 것을 시사하고 있다.

예컨대 현재 우리가 당연시 여기는 전제로서 소유적 개인주의(posses-sive individualism) 혹은 개인주의적 소유권에 기초한 사회조직 및 정치 원리는 장구한 인류 역사에서 근대 자본주의라는 아주 짧은 기간에 국한된다는 설득력 있는 증거들이 역사학자와 사회사상가들에 의해 제시되고 있다.[27] 이 점을 인정하지 않고 자본주의의 시대적 산물인 이기적인 인간 본성을 초역사적인 것으로 확대 해석해서 이해할 때 지배적인 자유주의 담론이나 자본주의의 대안을 찾는 것은 불가능하고 심지어 불필요한 것이 되어버린다. 이기적 개인들의 이해관계를 조정할 수 있는 최적의 제도는 자본주의적 시장제도이기 때문이다.[28] 또한 자유주의 정치의 핵심 원리인 이익 혹은 이익 집단 역시 정체성의 맥락에서 새롭게 규정될 수 있다. 나는 우정에 기반한 동료집단을 위해 기꺼이 나의 이익을 포기할 수 있으며 어떤 집단은 화폐적 이익보다는 공동체의 공동선을 더욱 우선시할 수 있다.

이런 관점에서 시민들이 공유하고 있는 정치적, 문화적 자원에 상관없이 정치사회적으로 어떤 보편적인(이익의 절충이나 타협에 기반한) 해결책이 존재한다고 확신하는 신자유주의는 결과적으로 주체 및 주체성의 변화를 차단하는 효과를 발휘할 수 있다. 우리가 동료를 경쟁자로만 인식한다면 그것은 내가 맹목적인 이익추구자라서가 아니라 그런 경쟁심리를 강제하는 사회경제의 구조 때문이라는 것이다. 이기심을 인간의 본성으로 환원하는 것은 역사적인 무지에 입각한 오류이다. 이런 관점에서 우리가 오랫동안 공유하고 있는 문화적 지반 위에서 정착된 규칙을 따르는 관행적 실천을 수행해왔다고 하더라도, 그

---

27) 대표적인 인물이 칼 폴라니(Karl Polanyi)일 것이다. 최근 새롭게 번역된 그의 『거대한 전환』은 방대한 자료에 기반하여 시장사회의 보편성에 대한 기존 주장의 타당성을 비판하고 있다.

28) 오닐(O'Neill 2002)과 길버트(Gilbert 2008)는 2000년대 이후 영국의 정치사회문화가 신자유주의 담론에 매몰되어 있다고 비판하면서 '만물의 상품화에 반대한다(Against the Commodification of Everything)'는 주장을 인상적으로 펼치고 있다. 한편 자유주의적 인간 이해와 상반된 입장으로서 공동체적인 상호호혜성을 인간의 초역사적 본성으로 제시하는 주장 역시 정확히 동형적인 오류이다(서영표 2009: 12).

오랜 영속성을 이유로 그런 실천과 사고를 보편적인 것으로 정당화할 수는 없다. 오히려 실천을 통한 규칙의 변화를 적극적으로 사고하는 것이 현실적이며 역사적 진보와도 부합한다. 우리의 생활을 둘러싼 자본주의 경제체제 역시 언제나 변화의 과정으로 파악되어야 한다. 자본주의 체계의 핵심적인 원리로서 자본－임노동 관계를 규정하는 규칙의 변화는 현재진행형이고 구성 중이며 그런 규칙의 변화는 자본주의 경제체제 자체의 변화를 야기하고 그와 연루된 계급투쟁 등 정치적, 사회적, 경제적 실천과 그 효과를 상이하게 만든다. 즉 역사적인 생산양식이나 대중의 생활방식으로서 자본주의 역시 역사적으로 끊임없이 변화한다는 점, 그러므로 처음부터 끝까지 동일한 것이 아니라 역사적으로 구별되는 상이한 형태들 속에서 노동자 계급이나 대중의 생활양식과 밀접하게 연동되어 변화한다는 것이다(Balibar 2007: 304-309). 프랑스의 노동자의 삶과 노동관이 방글라데시의 그것과 동일하지 않은 것은 단순히 경제적 발전 수준의 차이 때문만은 아니다.

역시 같은 맥락에서 시민을 이익 타산적이고 권리 집착적인 개인으로 전제하면서 형성되고 작동하는 광범위한 자유주의적 시민권 제도 혹은 국적을 절대적인 지반으로 하여 논의되는 시민권의 특징과 성격 역시 고정불변의 것으로 판단해서는 안 된다. 국적에 기반한 시민권은 인류 역사상 지극히 짧은 시기에 당연시된 규칙이다. 현대 자유민주주의 국가 안에서도 상황은 마찬가지이다. 정치공동체에 대해 책임과 의무를 가지는 유대와 연대의 주체로서 인간을 바라보는 관점에서 발생하는 시민권 제도는 자유주의적인 것과 다른 성격과 내용을 가질 것이다(이동수 2008: 17). 예컨대 공화주의적 시민권은 인종, 민족, 종교, 성적 차이를 가리지 않고 헌정에 대한 공동의 지지와 헌신의 태도

그리고 능동적인 정치참여의 중요성을 전제하기 때문에 다양한 영역
과 층위에서 이주민을 포함하여 다양한 소수집단 및 대표들이 공적
심의에 참여할 자격과 권리를 강조한다(김비환 2007: 338).

이런 논의는 근본적인 수준에서 '정치적인 것(the political)'의 의
미와 규정에 대한 정치학적 문제에도 그대로 적용할 수 있다. 단순
하게 말한다면, 새로운 '우리'의 창출을 가능하게 만드는 정치적 실
천의 변형적 능력을 강조하는 것이다. 무페에 따르면, 우리의 삶과
사회생활을 인도하는 규칙은 초월적이고 불변적인 것이 아니라 오
히려 삶과 생활양식이 변했기 때문에 그와 조응하여 구성된 것이다
(Mouffe 2009: 163). 민주주의 역시 법과 제도 같은 규칙과 절차의
문제가 아니다. 무페는 다음과 같이 주장하고 있다.

> 민주주의를 갖기 위해서는 단순히 특정한 절차적 형태를 수립하
> 는 것으로 부족하며, 개인성의 민주적 형태, 민주적 시민성, 그리
> 고 민주적 정서를 발전시킬 필요가 있습니다. 왜냐하면 민주적 개
> 인성들이 있어야 규칙과 절차가 뒤따라 올 수 있기 때문입니다.
> 만약 절차에 부합하는 삶의 양식을 지니고 있지 못하다면, 그런
> 절차는 단순히 추상적인 것에 그치게 되고 실제로 작동하지 않게
> 될 것입니다. 그래서 절차는 항상 실천들의 결정체를 필요로 한다
> 는 이해가 진정 중요한 것입니다. (민주적) 절차들은 민주적 개인
> 성의 양식을 만들어내는 실천들 없이는 존재할 수 없습니다(Mouffe
> 2009: 164).

이러한 무페의 논의는 실천을 통한 주체성 형성을 강조한 것으로
볼 수 있다. 그런데 무페가 언급한 삶의 양식이 규칙의 총합으로 사
고될 수 있다면 결국 민주주의는 실천의 성격에 따라 달라지는 것으
로 이해할 수 있다. 달리 말해 거대한 생활방식조차 규칙과 실천의

상호구성으로 사고할 수 있다면, 민주적 원칙 또한 기본적인 단위로서 실천이 확장 혹은 반복되면서 변화 혹은 재생산되는 것으로 이해할 수 있을 것이다. 이는 주체와 실천, 실천과 제도의 접합이자 상호구성적인 성격을 강조하는 것이며 특히 제도의 변형적 특징을 강조하는 것이다.

정치적 영역에서 이러한 실천에 기반한 규칙의 집합으로서 제도의 규정력과 변형의 문제를 비유적으로 묘사한다면 다음과 같은 논리가 도출될 수 있을 것이다. 예컨대 우리는 몇 해마다 한 번씩 투표라는 정치적 '실천'을 통해 '대리인'을 선출함으로써 공동체의 진정한 '주체'가 되지 못한다는 것을 당연시 여기거나 만족한다. 혹은 투표에 대한 거부를 통해 대의제에 대한 급진적인 비토(veto)권을 행사하기도 한다. 그러나 만일 새로운 정치적 규칙과 질서가 마련된다면 우리는 정치공동체 내에서 전혀 다른 지위와 역할을 부여받을 가능성을 배제할 수 없을 것이다.

또 다른 예를 든다면, 안산시 원곡동은 원래 기존의 규칙을 위반한 극소수의 미등록 이주자들이 공권력의 눈을 피해 숨어 살던 공간이었다. 이들의 '불법적' 실천은 우여곡절을 거쳐 마을의 주민들의 '실천'과 접속하여 다양한 레퍼토리를 형성하면서 결국 대단히 국지적이었던 상호작용이 시공간을 가로질러 반복되면서 이주노동자와 주민의 공동체를 형성하게 된 것이다. 이들의 반복적인 상호작용은 하나의 마을공동체 '제도'를 구성했으며 마을의 다양한 영역의 관행적 실천으로서 '제도'가 접합하면서 마침내 대한민국에서 이주민의 규모와 구성, 지원활동 역량, 이주행정과 제도 인프라 등에서 가장 다문화주의적 '체계'로서 '국경 없는 마을'로 이어진 것이다. 그러나 이처럼 실천을 중심에 놓고 마을을 설명하는 것과 달리 이들을 규율하는 '규칙'의 측면에서 접근할 수도 있을 것이다. 예컨대 이들의 실천을 가능하게 만든 정부의 이주노동 정책의 변화 및 시대적 배경을 중심으로 '국경 없는 마을'의 형성을 설명할 수 있는 것이다.

만일 우리가 재생산하고 변형시켜나가는 정치적 규칙이 다문화주의 시대에 대응하는 새로운 성격의 민주주의를 실현하는 것이라면, 우리의 주체성 및 정체성은 새롭게 부여될 수 있을 것이다. 나아가 다문화주의의 한 주체로서 이주노동자 및 결혼이주여성에 대한 우리의 인식 또한 얼마든지 달라질 수 있을 것이다. 이와 더불어 관행적 규칙으로 사고되는 국민국가에 기반한 시민권, 영토에 기반한 주권과 지배적인 민족주의의 논리 역시 변화와 재구성의 대상이 될 것이다. 물론 새로운 규칙과 새로운 성원권 및 사회 질서 또한 이주민과 정주민 집단의 상호적인 쟁투적 실천을 통해 가능할 것이고 분명히 구조적 제약과 나아가 세계적 차원의 제약을 받겠지만 말이다. 이 책의 맥락에서 중요한 것은, 다문화 시대 속에서 어떤 가치들의 활성화가 필요하고 그것을 위해 어떤 규칙들이 필요한지에 대한 모두의 토론과 합의이며 그 결과물을 사회적 규칙으로 재구성해내는 것이다. 무엇보다도 현재 지배적이고 우리가 당연시 여기는 관행적 실천과 사고의 정당화는 합리적인 이유를 갖는 인권의 원칙과 양립 가능해야 한다(Barry 2001: 258).

그러므로 주체와 주체성을 현재 진행형의 생성으로 파악한다는 것은 주체의 잠재적인 역능을 배제하거나 혹은 새로운 세계의 가능성을 부정하지 않는다는 것을 의미한다. 다문화주의조차도 우리의 현실 속에서, 우리의 맥락 속에서 새롭게 재구성될 수 있다는 것이다. 아울러 '생성(becoming)'으로서 주체성을 통해 이주민이나 소수 집단뿐만 아니라 주류사회의 시민들의 주체성 구성에 대한 현재적, 미래적 가능성에 대한 분석 및 예측에도 일관되게 적용할 수 있다.

이 책의 맥락에서 실천에 내재한 성찰성은 다문화 시대에 공론장의 참여와 연동되어야 한다고 주장할 것이다. 그것은 아렌트적 의미에서는 공동 세계를 구성할 수 있는 진정한 정치적 행위자의 능력을 의미하는 동시에 푸코적인 의미에서는 '자기에의 배려'를 통한 자유의 실천으로서 자기통치성(self-governmentality)의 강화를 의미하는 것이며 무페적 의미에서는 사회적 약자들의 헤게모니적 절합(articu-lation)으로[29] 인민들 속에서 새롭게 창출되는 주체성이며, '몫 없는 자들'에 주목하면서 몫이 있는 자들의 '치안(police)'에 맞서 몫이 없는 자들의 정치를 진정한 민주주의적 삶으로 파악하는 랑시에르의 주체성이며, 지배적인 구조인 상징계를 벗어나 탈주 또는 탈영토화 (deterritorialization) 또는 탈코드화(decoding)하는 과정에서 긍정적 가치를 창조하려는 욕망을 가진 '소수자-되기'를 강조하는 들뢰즈와 가타리의 주체성이며,[30] 다양하고 이질적이며 잡종적인 사람들의 집합체를 '다중(multitude)'이라 파악하고 이런 다중이 지닌 복수의 특이성들이 공통성에 기초해 자기 조직화, 능동적 행위를 하면서 국가나 대의제, 미디어의 비민주적 매개 등을 극복하려는 네그리/하트

---

29) 절합은 '관절로 연결된'다는 함의를 가진다. 보통 이 단어는 구성 요소의 분절과 결합을 동시에 강조할 때 쓰이며 독립되어 있으되 어디까지나 상대적이고 떨어져 있으되 연결되어 기능하는 과정이나 상태를 폭넓게 의미한다.

30) 특히 들뢰즈와 가타리의 '되기(becoming)' 개념은 이주민이나 소수집단뿐만 아니라 다수자/정주집단의 주체화를 다루는 데 대단히 유용하다. 이 개념은 '불변의 고정성'을 가지는 존재가 아니라, 즉 어떤 존재의 고정성에 속박된 상태로 머무는 것이 아니라 다른 존재와의 접속을 통해 양자 모두 제3의 존재가 변이되는 과정으로서 생성을 의미한다.

의 주체성과도 접속되는 실천으로서의 성찰성이다. 또한 이런 관점에서 소수집단이든 다수집단이든 주체성 역시 고정된 것이 아니라 다른 존재와의 마주침을 통해 변이되며 생성되는 과정으로 파악해야 한다. 특히 이주노동자의 정치적 주체성의 특이함은 그들이 처해 있는 탈국가화된 조건에서 비롯되며 그들이 이주한 이곳에서 새롭게 재구성된다. 그들과 우리의 맞부딪침 속에서, 권리담론의 변화가 촉발될 수 있으며, 의도하지 않은 결과로서 배타적인 민족국가 담론에 균열을 가져오고 '국민' 개념에 변이를 촉발하는 동시에 주권의 새로운 구성을 모색하게 만들 수 있다. 아울러 이들의 주체화는 소수자의 역사가 증명하는 것처럼 배제와 금지의 '치안'적 속성으로부터 정치를 더욱 확장시키는 역할을 수행할 것이다. 물론 이러한 과정과 결과는 노정된 것이 아니라 주체와 구조의 상호구성적 실천을 통해 언제나 진행형의 상태로 이해해야 하며 이 운동의 동력과 규범적 방향에 따라 우리 시대의 다문화주의의 운명도 달라질 것이다.

2. 소수자의 주체성과 '되기(becoming)'의 정치

1) 소수자 주체성의 함의

다문화주의가 주목하는 소수자는 일차적으로 위계적 이분법 속에서 규정된다. 즉 주체/객체, 중심/주변, 우월/열등, 핵심/주변, 정상/비정상 등의 기준을 중심으로 다수/소수로 구분할 수 있다는 것이다.

이런 척도를 기준으로 남성/여성, 백인/흑인, 국내인/이주민, 장애인/비장애인, 이성애자/동성애자 등의 사회적 배치가 작동한다. 소수자를 논하면서 양적인 수의 많고 적음을 절대적 기준으로 삼아서는 안 된다. 과거 남아프리카의 인종차별정책에서 인구의 90% 이상은 흑인이지만 10%도 안 되는 백인이 다수자였고 흑인은 소수자였다. 설사 여성이 남성보다 수적으로 많을지라도, 사회학적 수준에서 여성은 소수자로 간주된다. 소수자 개념은 물론 수의 많고 적음과도 관련이 깊지만 권력관계에서 지배-종속 관계를 중요한 기준으로 삼는다. 또한 위계서열과 불가분의 관계를 맺고 있는 지배적인 가치체계와 세계관이 누구의 것이냐는 점도 중요한 함의를 가진다(윤수종 2009; 이정우 2008). 물론 대다수의 소수자 집단은 수적으로도 소수인 경우가 일반적이다. 세계적 차원에서 다문화 시대를 상징하는 가장 대표적인 소수자는 소수의 인종 및 민족집단, 이주민 등이다. 이러한 소수자의 종류는 두 가지 관점에서 접근할 수 있다(장미경 2005: 160-165). 먼저, 변하기 어려운 생득적, 귀속적 요인들에 의해 발생한 소수자들이다. 이는 민족, 인종, 국적, 계급 등 강고한 신분적 질서의 주류에서 배제된 자에게 붙여진 이름으로서, 어떤 점에서는 보수적인 '정체성 정치'의 희생자들이다. 즉 특정 부류에 속한 인간의 신분적 속성에 연결된 것으로서 생애를 통틀어 변하기 어려운 낙인을 통해 강요된 속성이며 개인의 의지에 따라 바꿀 수 없는 것으로 간주되었다. 그러나 탈근대 혹은 후기 근대의 특징이 정치, 사회, 경제적 변화와 맞물리면서 소수자는 전근대의 그것과 상당히 다른 양상으로 발생되고 있다. 즉 소수자는 태생적으로 주어진 한계보다는 생애의 어떤 시점 혹은 기간에 겪게 되는 보편적 경험으로서의 성격이 더 강한 것이다. 이들 중 강요가 아닌 스스로의 자발적 의지에 의해 형성되는 소수자들도 상당 부분을 차지한다. 그만큼 소수자는 유동성과 다양성이라는 특징을 갖는다. 예컨대 자발적으로 외국인이나 외국인 노동자가 되는 경우가 대표적이다. 그런 점에서 근대 사회의 소수자가 선천적, 신분적이었다면 탈근대 사회의 소수자는 후천적인 경우가 많다고 볼 수 있다(유명기 2004: 16-19; 장미경 2005: 163-164). 물론 두 가지 특징은 서로 교차하기도 하고 중첩된다.

또한 소수자라는 개념은 시공간적 맥락에 따라 각기 다르게 정의될 수 있다. 소수자는 시공간을 초월한 개념이기보다는 특정한 역사적, 사회적 한계 내에 있는데, 한 공간에서의 소수자가 반드시 다른 공간에서도 소수자로 존재하지는 않는다는 것이다. 예컨대 비정규직 남성 노동자는 '가정'이라는 공간에서는 다수자일 수 있으며 아프리카 출신 흑인이 미국 사회에서는 소수자이지만 아프리카 본국에서는 다수자일 수 있다(장미경 2005: 161-163). 이런 맥락에서 "나는 소수자가 아니야"라는 생각은 협소한 관점이다. 우리 모두는 언제 어디서나 자발적이든 비자발적이든 소수자가 될 수 있기 때문이다. 다수자-소수자 관계는 상대적인 측면도 강하다고 볼 수 있다. 위계적 이분법 속에서 장애인은 소수자이지만 만약 그가 국회의원이 된다면 그는 다수자로 분류될 수 있을 것이다. 문제는 다수자가 된 후에 그가 다수자의 기준에 맞추어 스스로를 훈육하는지 아니면 여전히 다수자 집단 내부에서도 '소수자'임을 표출하는지가 중요할 것이다. 국가나 사회의 지배적인 가치 기준과 다른 생각을 가지게 된다면 그/그녀/우리는 소수자가 될 수 있다(윤수종 2009: 145-146). 국민들 대다수가 박정희 대통령과 새마을 운동을 찬양할 때, 그런 지배적인 관념을 비판하고 저항하고자 했던 시민들은 정확히 소수자라고 볼 수 있다. 물론 소위 민주화 운동 과정에서 386운동권을 비롯하여 소수자였던 많은 사람들이 이후 다수자가 되었지만 말이다. 물론 우리 사회에서 가장 대표적인 소수자는 이주노동자와 결혼이주여성 그리고 다문화 가정의 자녀들일 것이다. 소수자로서 이들의 인권 및 차별과 억압은 향후 한국 사회의 가장 중요한 문제가 되리라는 점에 큰 이견은 없다.

소수자를 논함에 있어 또 한 가지 주의할 점은 정체성을 고정된 것으로 바라봐서는 안 된다는 것이다. 이는 두 가지 의미를 가진다. 앞 절에서 살펴본 것처럼, 인간의 정체성은 하나이거나 안정적인 것이 아니라 복수적이며 얼마든지 변화 가능하다면 소수자를 영구적이거나 고정된 것, 안정적인 기반을 가진 것으로 정의할 수는 없다. 소수자이든 다수자이든 정체성은 얼마든지 변화 가능하며 복수적 기반이 정체성의 본질이다. 아울러 정체성을 고정적인 것으로 규정하는 것은 결국 소수자뿐만 아니라 다수자, 주류 세력의 실현 가능한 정체성 변화를 수용하지 않는다는 점에서 이중적인 의미에서 결과적으로 억압적 성격을 가진다. 나아가 정체성의 고정화는 결국 차이의 현 상태 유지를 의미하며 이는 현재의 위계적인 이분법적 구조역시 재생산된다는 것을 의미한다. 또한 소수자와 연동되어 있는 사회적 약자의 개념 역시 신중하게 접근해야 한다. 물론 보통 소수자는 현실에서 약자에 속하지만 약자라는 개념은 강자를 전제하면서 배제되거나 밀려난 사람들을 의미하는 바, 주체적 능력을 간과하는 경향이 있으며 객체화시킨다(윤수종 2009: 145). 그러나 역사적으로 소수자는 끊임없이 자신과 주위의 조건을 변화시키는 실천 속에서 능동적인 주체로 변형시켜 나간다. 예컨대 전통적인 약자였던 여성이나 흑인, 장애인들은 스스로 운동에 참여하면서 기존의 지배적인 질서에 문제를 제기하면서 위계적 이분법에 균열을 가져오는 것이다. 이 과정에서 자신들의 주체성 또한 변화를 경험하며 스스로의 정체성을 극복할 가능성을 맞이한다. 이런 관점에서 소수자의 주체성을 파악한다면 이들의 주체성은 고정된 것이 아니라 다른 존재와의 마주침을 통해 변화되는 측면이 강조되어야 한다. 물론 현실 속에서 많은 소수자들은 일상적인 상황에서 다수자의 표준화에 자신을 동일시하려고 노력하지만 말이다.

2) 소수자의 주체화 전략

일반적으로 소수자의 전략은 고딘 딘(Godin Dean)의 논의를 따라 다음과 같이 정리할 수 있다. 고딘 딘에 의하면 소수자 정치(운동)는 역사적 발전 단계에 따라 동화단계(assimilation), 적응단계(accommodation), 책임단계(accountability)로 구분된다(Dean 1996: 40-50, 71). 동화단계는 중심적 주체를 기준으로 주변적 주체가 중심 주체에 동화되는 단계이고, 이러한 단계에서는 가장 낮은 수준의 소수자 운동의 전략이 구사된다고 볼 수 있다. 이는 주류/다수 집단의 표준화를 지향하는 것이며 다수자에 맞추어 자신을 조련시키는 단계이다. 적응 단계는 주변적 주체가 중심적 주체와의 차별성을 강조하면서 동화되기보다는 자신의 고유한 정체성을 부각시키는, 차이를 강조하는 전략을 펴는 단계이다. 세 번째로 책임 단계에서는 주체는 더 이상 고정된 정체성에 기반하지 않고 구조와 관계의 산물을 인식하게 된다. 주체성 인식에 기반한 책임 단계는 타자들과의 다중적인 상호관계를 통해 구성된다. 이 단계의 필수적인 전략은 서로에 대한 상호인정과 책임을 통해 자율성과 연대를 강화시켜나가게 된다.

이런 논의는 랑시에르의 주체화 논의와 결합하여 그 정치적 함의를 더욱 구체화할 수 있다. 랑시에르는 정치(la politique)와 치안(la police)을 구분한다. 먼저, 치안은 사람들을 공동체로 결집하기 위해서 그들의 합의를 조직하는 것으로서 해당 사회를 위계적으로 자리와 기능, 몫을 나누고 정체성을 부여하는 통치의 과정이다. 단순하게 해석하자면, 기존의 위계질서와 그 유지를 위한 활동을 의미한다고 볼 수 있다. 이는 딘(Dean)의 모델로 보자면, 낮은 수준의 소수자 전략, 즉 동화단계와 조응한다고 볼 수 있다. 한편 랑시에르에게 정치는 사람들은 평등하다는 전제를 실천을 통해 입증하려는 해방(emancipation)의 과정이다(Ranciere 2008: 17). 이것은 기존의 위계질서를 문제 삼으면서 기존의 가치체계를 변화시키는 활동을 의미한다. 이 단계는 소수자를 타자로 배제하고 관리하는 치안을 극복하고 정치로 구성하는 해방의 기획이다. 그러므로 이 단계는 차이 단계에서 책임 단계로 넘어가는 과정과 대비될 수 있다.

랑시에르에 따르면, 정치적 주체화는 언제나 세 가지 의미에서 '타자의 담론'을 함축한다. 첫째, 정치적 주체화는 타자가 고정해놓은 정체성을 거부하는 것이고 이 정체성을 변조하고 자기와 단절하는 것이다. 둘째, 그것은 타자에게 (자신을) 전달하는 증명이자 (단일성에 대한) 어떤 방해로 정의되는 공동체를 구성하는 증명이다. 셋째, 그것은 언제나 불가능한 동일시, 즉 우리가 동시에 동일시할 수 없는 어떤 타자-'대지의 저주받은 자들' 혹은 그 외-와의 동일시이다(Ranciere 2008: 223-224).[31] 주류/다수집단이 규정하는 정체성에 대한 소수자의 거부는 소수자의 주체화에 가장 중요한 함의를 가진다. 그것은 스스로 자격이 없다는 생각으로부터 벗어나게 하는 것, 스스로 지능에서 열등하다고 믿는 자들을 일으켜 세우고 그들이 빠져 있던 늪으로부터 벗어나는 실천으로 해석할 수 있다. 그것은 소위 '정치의 종언'이 여전히 강력한 효과를 가지는 상황에서 정치를 요구하는 것이다. 진정한 소수자의 정치는 정치의 종언이 야기하는 무시와 침묵의 효과, 즉 정치적 해방을 포기하게 만들고 사회적, 정치적 갈등을 보이지 않게 만드는 치안적 정치에 대한 정치적 도전을 감행하게 만든다. 랑시에르는 가시적인 공동체에서 배제되고 셈해지지 않은 사람들의 목소리와 행위를 정치적 공론의 장으로 끌어들여서 서로 계쟁(係爭)하는 평등한 공동체를 제안하고 있다. 이러한 정치적 계쟁은 공동체가 공유하고 있는 세계에 불일치와 불화(不和)를 가져옴으로써 정치를 가능하게 한다.[32] 랑시에르에게 진정한 정치 변화는 권력의 소유자를 바꾸는 것이 아니라 배제된 주체가 새로운 장에 출현함으로써 새로운 틀이 짜이는 것이다. 그것은 일차적으로 사회 질서 속에서 각자에게 분배된 자리와 기능으로부터 벗어나는 '탈정체화'를 정치의 출발로 삼는다.

이런 관점에서 랑시에르는 노동운동의 궤적을 연구하면서, 1800년

---

31) 랑시에르는 이런 '불가능한 동일시'가 1968년 5월 파리 시위대의 "우리는 모두 독일의 유대인이다"라는 슬로건으로 상징화되었다고 평가한다.

32) 여기서 불화는 유가적 전통에서 소인배들의 소모적 분란과는 상반된 것으로 이해해야 한다. 획일적인 위계질서와 중심/주변, 보편/특수 사이의 구분에 대한 문제제기와 쟁투를 담고 있는 랑시에르의 불화는 차이와 다양성의 생산적인 결합을 통한 새로운 정치의 구성을 의미하며 어떤 맥락에서는 차라리 유가의 화이부동의 함의를 가진다고 평가할 수 있다(Ranciere 2008: 26).

대 열등하고 무지한 것으로 간주된 노동자들의 운동은 근본적으로 정해진 자리와 역할을 부여하는 공동체의 구성원리를 바꾸는 것이 었다고 강조한다. 즉 노동자들이 노동운동을 통해 말하고자 하는 것은 그들이 반란자나 희생자들이 아니라 노동이 어떻게 조직되고 보수를 받아야 하며 존중되어야 하는지를 '똑같이 상상할 수 있는 인간들'임을 내세우는 것이라고 강조한다(Ranciere 2008: 29-30). 정치적인 것의 역사적인 발전과정을 탐색해온 랑시에르는 1830년대 프랑스에서 일어난 파업 운동 당시 발간된 선언문들과 팸플릿들을 연구하면서 다음과 같은 의미를 부여하고 있다.[33]

노동자 파업은 새로운 유형의 형태(노동관계 혹은 정치적 장의 성격)를 정의했다. 그것은 제도의 형태가 아니라 집단적 행위의 형태, 그리고 이 행위가 구축하던 물질적, 상징적 공간의 형태를 정의했다. 이 공화주의 파업 노동자들은 논쟁적인 공적 공간을 창조했는데, 이는 그 공간이 단순히 갈등의 무대였기 때문이 아니라 이 공간을 긍정하는 것 자체가 하나의 갈등적 행위였기 때문이다. 그것은 미증유의 공적 공간에, 그곳에 포함되고 싶어 하지 않고, 행위의 공적 특성과 노동에 대한 협상의 공적 특성을 인정하지 않았던 사장들과 통치자들을 억지로 포함시켰다. 거꾸로 투표권이 없었고 시민이 아니라 그저 사적 개인으로 간주되었던 이 노동자들은 그럼으로써 공적 공간—지배 질서는 노동자들을 이 공적 공간에서 배제했다—의 구성원으로서 스스로를 긍정했다. 나는 불화(不化)를 정치의 원리로 정의함으로써 포함과 배제의 관계에 대한 이 이중의 전복을 이론화하려 했다. 불화란 계쟁적인 공통의 대상들을 그것들을 '보지 않는' 자들에게 부과하는 논쟁적인 공통 공간을 구성하는 것이다. 이는 지배 공간에서 말로 인정되지 않고

---

33) 1940년 프랑스의 식민지였던 알제리에서 태어난 랑시에르는 알튀세르의 제자로서 19세기 노동자들의 문서고를 고찰하면서 노동자들이 직접 내뱉는 말과 고유한 사유를 추적하여 민주주의 발전과 시민권의 확장을 연구했고 그런 문제틀을 역사연구를 통해 발전시키면서 「프롤레타리아의 밤」이라는 제목으로 국가 박사학위 논문을 받았으며 현재 파리 8대학 명예교수로 있다.

그저 고통이나 분노의 소음으로만 간주되던 말들을 그 지배 공간
에서 듣게 만든다(Ranciere 2008: 26).

이런 맥락에서 랑시에르는 역사적으로 노동해방은 탈정체화를 통
해 전개되었다고 분석한다. 즉 지배에 의해 구성된 행동방식과 사유
방식들에서 벗어나는 틈(cart)을 만드는 작업을 통해서 하나의 집단
적 주체가 구성될 수 있었다는 것이다. 노동자 해방은 지배자들이
자기들만의 특권으로 따로 정해둔 말하고 행위하는 방식을 노동자
들이 위반하고 침입함으로써 짜였는데 랑시에르는 바로 이 틈에 주
목한다(Ranciere 위의 책: 27).

이런 랑시에르의 논리에 따르자면, 진정한 정치는 '발명의 의미'
를 되찾음으로서만 가능하다. 즉 논쟁적이고 계쟁적인 주체들을 발
명하고, 중심과 주변, 보편과 특수 사이의 치안적 나눔을 다시 쪼갬
으로써 가능해지는 것이다(Ranciere 위의 책: 29). 그러므로 정치적
행위를 만든다는 것은 집단적 행위의 형태 공간과 시간을 발명하는
능력을 의미한다. 이 집단적 행위 속에서 지배질서가 고정시킨 역할
들은 변한다. 논쟁적 주체화로서 파악된 정치가 만들어내는 것은 차
이를 생성시킨다. 소수자의 정치는 정치적 역동성이 말과 이미지의
힘으로부터 가능하다는 것을 의미한다. 그러나 단순히 열등하고 가
난하고 못 배우고 배제된 자가 그 자체로 주체가 되는 것은 아니다.
랑시에르에게 새로운 정치적 주체는 지배적 언어를 해체하는 것의
이름이다. 그러므로 이주노동자, 불법체류자, 빈민, 소수자 등은 그 자
체로 정치적 주체가 될 수 없다.[34] 왜냐하면 정치적 주체는 단순히

---

34) 이주노동자가 출신국 국민이나 특정 종족 혹은 외국인이라는 정체성을 갖는 한, 최소한 랑시
에르의 관점에서, 그는 진정한 정치적 주체로 볼 수 없다. 어쩌면 그것은 마르크스적인 관점에

보편적 권리를 갖지 못한 사회경제적 희생자를 가리키는 것이 아니라 치안을 정치로 전환하는 전략과 효과를 발휘해야 하기 때문이다.

이 지점에서 소수자의 정치적 전략의 세 번째 단계가 강조될 수 있다. 즉 앞서 언급한 주체화 전략의 초기 단계를 극복해야 하는 것이다. 즉 지배적 다수자와 동화됨으로써 자신의 정체성을 인정받거나 지배적인 질서의 보편적 기준에 맞추고자 하는 정상화(normalization) 전략을 넘어서, 혹은 자신들만의 정체성 집단을 형성하고자 하는 배타적 공동체 구성을 넘어서, 지배적인 가치체계 및 위계적인 이분법을 해체하고 재구성하는 방향으로 나아가야 하는 것이다. 실제로 우리 사회의 민주화는 성별, 종교, 사회적 신분, 지역과 연령, 정치적 이념 등에 있어 소수자들의 요구와 권리를 포용하는 정의를 향한 진전이었다고 해석할 수 있다. 정치적인 관점에서 본다면 이는 공적인 것과 사적인 것의 이분법을 재구성하고 위계적인 질서의 변형을 가능하게 만들어왔다. 더구나 향후 본격적인 다문화 사회로 진입하게 된다면, 이전에는 존재하지 않거나 문제되지 않았던 인종과 문화 등의 다양성이 중요한 정치적 쟁점이 될 것이다.

예컨대 이주노동자들은 근대적 국민국가 체제가 생산해온 정치적 주체성과는 다른 성격의 주체성을 구성할 가능성을 가진 주체들로서 탈국가적 정치주체성(trans-national political subject)은 근대 국민국가의 단일한 정체성으로는 파악될 수 없는 생성적 주체성이다.[35]

서 노동자계급이 그 자체로서는 열등하고 수동적인 존재일 수 있다는 논리와 유사하다. 오히려 대중이 열등적 존재로부터 변혁의 주체로, 즉자적 계급에서 대자적 계급으로 정치적 자각을 통한 주체성의 변화가 중요한 것이다(Balibar 2007: 33).

35) 이 주제만을 집중적으로 연구한 탁월한 논문으로는 정정훈(2005)을 보라. 탈국가적 주체성은 네그리의 용어이며 가능성은 잠재적인 능력을 의미한다. 이 책의 맥락에서 이 개념의 핵심적인 함의는 근대 국민국가의 단일한 정체성으로는 파악될 수 없는 새로운 정체성이자 근대적

특히 아래로부터의 초국적주의(transnationalism from below)라는 개념을 사용한 스미스(Michel Smith 1998)에 의하면, 불법 이민자를 포함한 비엘리트들의 초국가적인 이동이 만들어내는 사회적인 변화에 주목할 필요가 있다. 즉 위로부터의 초국적주의(transnationalism from above)는 세계 금융경제에 의해 추동된 동질적인 표준화를 구조적으로 강제하지만 이와 반대 방향에서 진행되는 초국적주의는 좀 더 구체적이고 능동적으로 사회를 변화시키고 있다는 것이다. 아래로부터의 초국적주의는 이주민들이 송금, 편지, 전화, 친인척 초청, 위성방송 시청 등을 통해 여전히 본국과 깊이 연결되어 있으면서도 정착국에서의 자신들의 정체성을 재정의하면서 이에 따른 변화된 권력을 행사하는 것을 의미한다. 이런 관점에서 다문화주의 정책은 아래로부터의 초국적주의에 기반하여 이주민 등 문화적 소수자들이 정치적 의사결정에 참여할 수 있는 자원과 정치적 틀을 마련하는 것이다. 이주민과의 통합은 한국 문화에 대한 근접도가 기준이 아니라 실제적인 행위자들이 만들어내는 문화적 자원을 확장시키고 다양한 연결망이 작동할 때 비로소 성취될 수 있는 것이다(김현미 2008: 11-12). 실제로 우리 사회에서 일부 이주민들의 경우 자신들의 삶과 언어와 경험에 기반하여 아래로부터(bottom up)의 운동을 주장하면서 한국 정부뿐만 아니라 시민단체의 시혜와 온정의 자세를 비판하고 있다(심보선 2007). 이들은 자신들을 방글라데시인이나 네팔인이 아니라 같은 인간이자 노동자로 바라볼 것을 욕망하고 있다. 다수/주류집단이 부여하는 정체성에 대한 거부는 자존감의 표출이자 무

국민국가나 민족국가의 경계로 포섭할 수 없는 주체성이다.

시에 대한 반발이며 같은 인간으로서 대우해달라는 소박한 바람이지만 그 효과는 더욱 근본적이다. 이들의 욕구와 바람을 적극적으로 해석한다면, 국민/비국민 등의 경계를 의문에 부치는 것이며 이에 기반한 우월/열등, 주체와 객체, 주인과 노예 등 근대적 사유의 뿌리 깊은 이분법을 문제 삼고 있다고 볼 수 있다. 구체적인 현실 속에서 이들의 정치적 주체화는 정주민 사회와 상호 연동되어 공론장을 통해 기존의 정치적 성격을 변화시킬 수 있는 가능성(potential)과 연루되어 있다.

3) 소수자 '되기(becoming)'의 정치학

이러한 소수자의 주체성은 다문화주의의 재구성과 관련하여 중요한 함의를 가진다. 다문화주의를 명분으로 소수문화의 절대적 차이를 강조하는 것은 철학적으로도 정당화될 수 없으며 이는 문화상대주의의 한계를 그대로 반복하게 된다. 즉 절대적 차이를 주장하기 때문에 모든 문화의 정당성과 고유성에 대한 무제한적 용인으로 나아갈 수 있다. 이는 주류 집단의 문화와 소통 가능성을 차단하고 변화 가능성을 부정할 뿐만 아니라 특정 문화 내의 차별이나 억압의 문제를 정당화시키는 명분이 될 수 있다. 억압적 지배 문화에 대한 도전과 문화 간의 진정한 소통은 다양한 소수 문화의 연대를 통해 전개되어야 하며 지나치게 문화상대주의적 경향을 가진 조류의 다문화주의는 지양되어야 한다. 왜냐하면 이것은 결국 문화 간, 인종 간 차별과 억압을 개선할 수 있는 다양한 인종, 문화 간의 연대를 파괴하는 결과를 가져와 지배 문화의 영속에 기여하게 되기 때문이다 (Giroux 2006). 그렇다면 다문화주의에 핵심적인 소수자의 정치학이 가지는 함의는 무엇인가?

이런 관점에서 들뢰즈와 가타리의 '되기(becoming)'로서의 주체화는 각별한 중요성을 갖는다. 들뢰즈와 가타리(Deleuze and Guattari 2001: 76-78)에게 정치적 주체화는 불변의 고정성을 가지는 존재가 아니라, 어떤 척도(degree)가 되어버린 본질에 귀속되고 고정된 불변의 존재로부터 벗어나 그 척도가 지배하는 상태와는 다른 존재 혹은 새로운 존재로 변이, 생성(creating)되는 것이다. 그러므로 어떤 존재의 고정성에 속박된 상태로 머무는 것이 아니라 어떤 존재가 다른 존재와의 접속을 통해 양자 모두 제3의 존재가 변이되는 과정으로서 생성을 의미한다. 이들에게 존재는 언제나 생성이다(Being is Creating).

이정우(2008: 204-233)에 의하면, 들뢰즈와 가타리의 '되기'는 차이의 영속이 아니라 차이를 가로지르는 실천적 활동이다. 흑인과 백인의 차이, 남자와 여자의 차이에서 볼 수 있듯 차이가 차이로 남아 그 차이들의 관계가 굳어질 때, 이 차이를 가로지르는 저항과 창조의 행위가 '되기'이다. '되기'는 현재진행형이 의미하듯이 '되기'를 모색하'고 있는', 싸우'고 있는', 뚫고 나가'고 있는', 새로운 길을 찾아나서'고 있는' 소수자를 부각시킨다(이정우, 위의 책: 226). 이러한 '되기'는 동일성의 고착을 교란시킬 뿐만 아니라 차이조차 언제나 가변적이라는 것을 암시한다. 고착된 존재가 아니라 끊임없이 생성하는 존재라면 존재는 결코 고정되거나 불변의 속성이 아니다. 그러므로 생성을 본질로 하는 동일성과 차이는 대립자들이 아니다. 차이의 생성이 일정 국면에서 동일성의 형태를 띨 뿐이다. 들뢰즈의 사유에 있어 '차이'가 중요한 것이 아니라 '차이의 생성(differentiation)'이 중요하다(이정우, 위의 책: 205).

들뢰즈와 가타리는 '되기'가 진정한 윤리적 내용을 획득하려면 언제나 '소수자-되기'여야 한다고 강조한다(Deleuze and Guattari 2001: 550-553). 소수자-되기는 소수자가 직접 되라는 것이 아니다. 소수자적 속성들을 부정하지 않고 그것들과의 접속을 지향한다는 것을 의미한다. 예컨대 다수자로서 획일적인 정체성에 만족하는 것이 아니라 내면에 존재하는 '다름'을 표출하라는 것이다. 무엇보다도 현재의 지배적인 가치질서에 의문을 제기하는 것도 소수자 '되기'의 실천이라고 볼 수 있다. 소수자와의 관계 맺기에서 중심축을 소수자에 두는 실천적 자세도 소수자 '되기'라고 볼 수 있다. 이는 소수자의 특성을 특권화하는 것이 아니다. 지배적인 다수자 질서가 양산할 수 없는, 소수자만의 차이와 다양성의 자유로운 표출과 그 효과를 긍정한다는 것을 의미한다. 그러므로 장애인 집단 내부의 차이를 억누르는 장애인 권력이 있다면 그/그들은 이미 '다수자'가 된다. 정주민 입장에서 '이주민' 되기는 한글이나 한국문화를 이주민들에게 요구하는 것이 아니라 정주민이 스스로 이주민의 언어와 문화를 이해하는 노력을 의미할 것이다. 노처녀에게 시집가라고 강요할 때, 만일 그 노처녀가 어머니에게 "나 여성을 좋아해"라고 말하는 순간부터 그 어머니가 딸의 실존적 고민을 이해하려 노력한다면 그 어머니는 레즈비언의 정체성을 인정하는 '소수자-되기'를 할 수도 있다(윤수종 2009: 160).

들뢰즈는 가장 대표적인 동일자를 가리키는 말로 '남성'을 사용하고 그 때문에 여성-되기가 새로운 배치의 출발점이라고 생각한다. 그러나 이는 실재적인 규정이 아니라 명목적인 규정일 뿐이다. 여성-되기는 생물학적으로 여성이 되는 것을 의미하는 것이 아니라 무한한 생성을 강조하는 이름일 뿐이다. 현재의 질서에서 다수자의 이름은 남성이다. 남성은 세계를 고정시키는 다수적인 권력이기 때문에 대부분의 남녀 모두는 남성이다. 그러므로 남성-되기는 모순이다(Deleuze and Guattari 2001: 550-551).

들뢰즈에게 '되기'는 한 인간이 몸과 마음을 바쳐 자신의 기(氣)를 바꾸는 행위이다. 때문에 동성애(호모의 형태이든 레즈비언의 형태이든) 역시 진정한 '되기'는 아니다. 그것은 오히려 자연적으로 주어진 동일성이라고 봐야 한다. 이성애와 동성애 모두 '되기'의 측면에서 보았을 때 주어진 자연적 성향이지 노력을 통한 '되기'는 아니다(이정우, 앞의 책: 214). 물론 그런 '되기'들도 윤리적, 정치적 맥락에서 특정한 지배적인 배치를 바꾸어낼 수 있다면 진정한 '되기'가 될 수 있을 것이다. 끊임없는 '되기'를 통해 차이의 생성과 동일성을 극복하는 과정이 중요하고 그것이 상징하는 것이 '여성-되기'라면 여성조차 당연히 동일성을 극복하는 '여성-되기'를 실천에 옮겨야 한다. 물론 여기서 여성성을 실체적/본질적으로 고착시키는 것은 어리석은 일이다. 페미니즘 운동조차 남녀 간 차이를 영속화하고 자신의 기득권을 챙길 때 그것은 남성-되기와 동형적이다. 이들은 자신들의 동일성을 재생산하고 있을 뿐 소수자-되기를 실천하는 것이 아니다. 그렇다면 소수자-여성-되기는 사회를 개혁하고 재구조화하는 힘을 발휘할 수 있는가? 소수자들이 오로지 배타적 소수자일 경우 그들은 외부적 힘의 한계 때문이든 내부적 분열 때문이든 실질적 변혁을 가져오지 못한다. 또 내부적으로 단합할 경우에도 바깥을 향해서는 적대적이게 마련이다. 이들은 단지 소수자일 뿐 소수자-되기를 실천하는 것이 아니다. 다양성을 결여한 소수자 운동이 기득권을 형성할 경우(예컨대 배타적 여성운동) 역시 마찬가지이다. 이들은 자신의 상대방(여성운동의 경우에는 남성)을 적대시하고 파괴해야 할 대상으로만 생각할 뿐이다. 그런 집단 동일성을 통해서는 비록 진보적이고 정의로운 명분을 내걸지라도, 다른 운동에 대해 배타적이고 내부적으로도 갈등을 일으킬 뿐만 아니라 자신들이 타도하고자 했던 적의 모습을 닮아간다(이정우, 앞의 책: 221-222).

이것은 다문화주의와 관련해서 중요한 함의를 가진다. 문화적 차이에 대한 강조는 특정 문화의 전통에 대한 맹목적 옹호로 치닫게 될 경우 문화 국수주의의 발흥으로도 나타난다. 백인 중심 문화의 억압과 차별을 전복시키려는 전략으로서 흑인 문화의 가치를 절대적으로 옹호한다면, 이는 지배 문화가 소수 문화에 작동시켜온 억압 기제를 전도시킨 방식일 뿐이다. 문화 국수주의와 같은 특정 문화의 강조는 그 자체를 보편으로 상정하는 기준의 설정으로 서구 지배 문화의 방식을 역전시켜 그 타자들을 역차별하게 된다. 그렇다면 문화 국수주의는 인종 간, 문화 간의 차별과 배제를 반복시키는 상황을 초래할 것이다. 자신들의 우월성을 찬양하면서 지배집단 중심의 통합을 고착화시키는 지배 메커니즘을 해체하는 것이 진정한 다문화주의의 도전이라는 것이다. 그러므로 소수자의 정치학은 특정한 정체성을 부정하지는 않지만 자신의 고정성을 극복하고 새로운 정체성의 재구성으로 나아갈 때만, 또한 그것을 통한 통합으로 나아갈 때만 진정한 다문화주의를 실현할 수 있는 것이다.[36]

---

36) 필자는 이러한 아이디어를 급진화시킨다면, 공화주의적 애국주의의 생산적인 모색이 가능하다고 주장한다. 즉 동일한 정치공동체에 속해 있으면서 소속감의 대상은 기존의 민족국가나 인

또한 진정한 소수자－되기는 다수자가 소수자에게 무엇인가를 베
푸는 것이 아니다. 그것은 오히려 다수자와 소수자의 집단적 동일성
을 더욱 공고히 할 뿐이다. 소수자－되기는 다수자－소수자의 이항
구조 자체를 해체하는 데 초점을 두어야 한다. 또한 소수자－되기는
어떤 목적으로서 소수자를 상정하는 것이 아니며 본질을 가정하는
것도 아니다. 소수자－되기는 일정한 동일성의 공고화가 아니라 운
동/변화로서 정치학의 보편적 지평을 가져야 한다. 이처럼 '소수자
－되기'는 모든 '되기'의 보편적 지평이며, 정치적 실천의 윤리적 토
대다. 소수자－되기를 통해, 자기 내부의 '다수자'를 극복하고 기존
의 지배질서를 바꿔 새로운 배치를 창조할 수 있기 때문이다. 윤리
와 정치의 핵심적인 문제는 주어진 정체성과 질서를 의미하는 배치
를 어떻게 바꾸어나가고 어떻게 새로운 배치를 창조해낼 것인가이
다(이정우, 위의 책: 207). 여기서 정치학은 지배적인 질서에 대한 저
항의 학문이며 나아가 새로운 사회질서, 새로운 주체를 구성하고자
하는 창조의 학문이다. 중요한 것은 이러한 소수자 운동은 다양체
(heterogeneity),[37] 즉 이질적이면서도 다질적(多質的)인 열린 장을 만
들어나갈 때 비로소 여러 형태의 고정적 동일성들, 본질주의적 동일
성을 극복할 수 있다.

이와 같은 논리를 적용한다면, 예컨대 이주민을 포함하여 소수집

종집단 혹은 그 외의 하위집단 등에 머무는 것이 아니라 정치적 실천을 통해 구성해가는 공동
세계이며 이에 기반해 기존의 정체성과 다른 지반 위에서 유대와 통합이 성취될 수 있다는 것
이다. 이런 유대와 통합은 공동체를 더욱 민주적으로 만들려는 해방의 심리적 동인으로 작용
할 수 있을 것이다. 물론 이런 사건이 수월하게 전개되는 것도 아니며 반드시 소수자－되기로 해
석해야 하는 것은 아니다.

37) 다양체는 이질적인 요소들로 구성된 장이며 하나의 척도로 환원될 수 없는 다양성과 끊임없는
생성 자체이다. 다양체는 개방적이기에 외부적인 것과 접속하면 그 성질이나 본질이 달라진다.

단이 주체로서 자신들의 고정된 정체성을 벗어나, 특정한 상황을 강제하는 구조의 변화를 적극적으로 추진할 때, 그것이 촉발하는 변화는 그들 자신들뿐만 아니라 주류 사회의 구성원들까지 영향을 줄 것이다(self-effectuation). 소수자의 정치는 지배적인 다수자의 헤게모니와 배타적인 동일성에 균열을 일으키고 그 몫을 피지배적 소수자에게 수정, 확대하는 과정인 동시에 기존의 중심부−주변부의 위계적인 구조를 변형시키는 과정임을 다시 한 번 강조한다. 이 과정에서 새로운 가치들이 창조되고 새로운 영역들이 확장될 수 있을 것이다. 스피박은 새로운 자유와 새로운 평등을 추구할 때 우리의 존재와 사회는 달라질 수 있다고 주장한다(Butler and Spivak 2008: 66).

물론 지배적인 틀을 벗어난 새로운 실천방식을 모색하는 것 자체가 쉬운 일이 아니며 또한 소수자 '되기'가 수월하게 전개되는 것은 아니다. 그것이 용이한 것이었다면 역사의 변화가 그렇게 오랜 기간을 필요로 하지 않았을 것이다. 때문에 소수자의 주체화는 언제나 잠재적인 것으로 간주되어야 하며 그 기획이 아직 실현되거나 보장된 것은 아니다. 때문에 소수자의 주체화 과정을 목적론적으로 묘사하기보다는 실천을 통해 구성되는 진행형으로서 사고하는 것이 중요한 것이다. 물론 이 책은 그런 주체화 과정의 궤적을 그려볼 것이지만 그 구성 과정은 균열이나 갈등이 없는 상황에서 순조롭게 진행되지 않는다는 점을 강조한다. 새로운 주체의 형성은 다양한 권력관계가 교차하는 맥락에서 많은 모순과 한계를 드러낼 것이다. 그럼에도 불구하고, 포스트모더니즘과 세계화 시대 새로운 정치적 공간과 가능성을 만들어나가는 소수자 주체로서 잠재적 가능성을 간과하거나 포기할 수는 없다. 왜냐하면 억압받는 자의 시각에서 사회를 바라보는 타자성으로서 '소수자-되기'야말로 새로운 사회에 대한 비전 가능성을 추구하는 것이며 소수자들이 만들어내는 차이가 다른 풍경을 가진 세계의 출현을 가능하게 만들기 때문이다.

보다 현실적이고 규범적인 차원에서, 이런 모든 논의의 기반에는 보편적 입법의 원리이자 지향으로서 인권을 보다 근본적으로 추구해야 한다는 제도적 당위가 요청된다는 점을 강조한다. 왜냐하면 소수자-되기의 궁극적인 목적은 타자의 존재와 목소리를 부정하지 않는 것이며 그 출발점은 분명 인간됨(personhood)의 승인에 있기 때문이다. 그리고 그것은 특히 이주민과 관련하여 국가/국민의 경계를 의문에 부치면서 실현 가능한 인권의 급진화를 사고하는 것이다. 실제로 소수자들이 시민권을 확보하는 과정, 즉 성원권을 둘러싼 갈등과 조정의 과정은 그런 성원권을 부여한 주체의 정체성을 재정의하는 과정이자 아울러 그런 공동체의 정치적 성격을 변화시키는 이중의 과정이었으며 실현 가능한 수준에서 정치를 확장하는 결과를 창출해 왔다. 다수자화하지 않고 지배장치화하지 않으면서 다양한 주체되기와 소수자-되기를 통해 새로운 공간을 만들어나가는 동시에 대안적인 공동체를 만들어나가는 유대와 결합하는 것이다(윤수종 2005: 14-16, 29-30). 이런 문제의식에 기반하여 이제 우리는 다문화 시대의 인권의 정치학을 살펴볼 것이다.

3. 소결

오래전부터 국제이주민의 증가에 따라 형성된 다인종·다문화 사회(multi-ethic, multi-cultural social)의 정책유형을 다문화주의로 부르지만 근본적으로 다문화주의는 포스트모더니즘의 등장에 따른 문화의 다양성, 복합성, 이질성의 혼재와 연관된 개념이다. 그러므로 다문화주의는 근본적으로 소수자의 문제를 중심으로 사고할 때 폭넓은 접근이 가능해진다. 소수자는 넓은 의미에서 위계적인 이분법과 지배적인 가치체계를 중심으로 주변화된 집단을 의미한다. 세계적 차원에서 다문화 시대를 상징하는 가장 대표적인 소수자는 소수의 인종 및 민족집단, 이주민 등일 것이다. 특히 세계화 시대의 소수자는 선천적이거나 신분적이라기보다는 자발적이고 후천적인 경우가 많다. 아울러 소수자/다수자의 기준점을 절대적인 것으로 간주해서는 안 된다. 예컨대 주류집단 중심의 지배적인 가치체계에 동화되어 있는 소수자의 본질은 다수적인 것으로 분류될 수 있다. 아울러 소수자이든 다수자이든 그들의 정체성은 언제나 변화의 과정 속에 있으며 주변화된 소수자 역시 단순히 사회적 약자라기보다는 자신의 주체성을 끊임없이 변화시키고 주어진 조건에 능동적으로 대처하는 행위자로 파악해야 한다. 소수자의 주체화 전략에서 중요한 단계는 기존의 위계질서와 지배적인 가치체계를 문제 삼으면서 새로운 정치적, 윤리적 가능성을 창출하는 '소수자 – 되기'이다. 그러므로 우리나라의 경우에도 다문화주의의 지향점은 단순히 결혼이주여성이나 이주노동자를 온정주의적 관점에서 동화시키는 것이 아니라 소수자로서 그들의 주체성이 적극적으로 발현될 수 있는 가능성과 조건을 마련하는 것이다. 이처럼 억압적이거나 배제적인 지배문화에 대한 도전은 다양한 문화 간의 소통과 연대에 기반하여 주류집단의 정체성을 변화시킬 수 있는 가능성으로 나아갈 수 있다. 그러므로 이 책의 맥락에서 소수자 '되기(becoming)'는 공동체의 고정되고 본질적인 정체성을 극복하고 잠재적인 정치적 공간과 역량을 실현하도록 사건을 촉발하고 촉진하는 것이다. 이는 단순히 '차이'를 강조하거나 소수자의 특권화를 지지하는 것이 아니라 차이의 생성(differentiation)과 차이의 정치화를 강조하는 것이다. 소수자가 자신들의 정체성을 배타적으로 강조할 때 그것은 다수자의 논리와 크게 다르지 않다. 결론적으로 다문화주의가 지향하는 소수자 정치는 지배적인 다수자의 헤게모니와 배타적인 동일성에 균열을 가져오고 기존의 위계적인 구조에 변화를 창출하는 유대와 통합을 지향해야 한다. 물론 이런 소수자—되기의 제도적 출발점은 인권 담론과 불가분의 관계에 있다.

05

이주민의 정치적
주체화 전략

1. 인권담론의 급진화와 성원권[38]

1) 인권담론의 확장

다문화 시대의 대표적인 소수자 집단으로서 이주민들은 수용국에서 자기상실을 강요받거나 소외된 문화적 타자로 전락할 수 있다는 사실을 예견하지만 경제적인 이유이든 실존적인 이유이든 더 나은 삶의 희망을 찾기 위해 기꺼이 이주를 선택한다. 아울러 그들은 문화적 자기상실을 극복할 수 있다는 자존감을 가지고 있다고 볼 수 있다. 인간 존재로서 이주노동자나 이주민의 주체성 역시 실존적 지평 속에서 이해되어야 하며 이는 구성 중인 것으로 파악해야 한다. 이주노동자의 정체성은 그들이 본국에서 가져온 원형적 기억과 문

---

38) 이하의 내용 중 일부는 심승우(2013)의 글에 부분적으로 실려 있음을 밝혀 둔다.

화의 유지를 통해 재생산된다고 할 수 없다. 또한 이질적인 문화와 언어를 소유하고 한국 사회에서 구조적이고 제도적인 계급차별과 인종차별을 겪고 있다는 사실만으로 자명하게 주어지지 않는다. 이주노동자의 주체성, 정체성의 정치는 '지금 여기' 한국 사회에서 경험하는 정부와 사회단체들과의 관계 및 사회적 대화, 제도적 틀, 주류 구성원들과의 정서적 유대, 사용 가능한 자원 등의 영향하에서 형성되고 전개되는 것이다(심보선 2006: 226). 때문에 이주노동자의 정체성은 실천 속에서 복수적이고 가변적인 것이다.

한국의 다문화주의를 상징하는 이주노동자 운동이 한국 노동운동 진영뿐만 아니라 한국 사회에 던진 문제는 근본적인 것이다. 이주노동자는 이민국의 '기한이 정해진 노동력 상품'이라는 일방적인 입장에 동의하지 않으며 또 인간 존재로서 자신들을 간주할 것을 욕구한다. 때문에 자신들을 통제하기 쉬운 저비용 노동력으로 고정시키려는 통제체제에 저항하기도 하며 자신들에 대한 값싼 노동력이라는 시선, 불합리한 법적 제도, 식민화된 인종주의의 낙인[39] 등에 저항한다(이란주 2010; 정세진 2007). 이러한 이주노동자의 존재 및 운동은 노동자의 권리라는 문제가 더 이상 국가에 귀속된 국민적 권리에 국한되지 않는다는 것을 부각시키고 있다. 국민국가 중심의 경제체제에서 노동자의 권리는 국민국가의 법률 체계에 의해서 보장되

---

[39] 주지하듯이 우리의 경우 식민 지배를 거치면서 '민족'이라는 관념이 만들어졌고 독립된 근대적 국민국가라는 형태 속에서 혈연적 동일성이 포함되어 강력한 효과를 발휘하게 되었다. 그런데 국민이라는 동일자에 대한 타자를 생산함으로써 구성되는 한국인의 국민적 정체성은 외국인이라고 할지라도 백인과 비백인 사이에 엄격한 위계를 설정한다. 한국 사회에서 국민적 동일성과 정체성을 형성하기 위해 분리되고 배제되어야 하는 타자에 서구는 속하지 않는다. 차라리 대한민국의 동일성을 형성하는 준거이자 척도는 서구적인 국민성인 것이다. 그러므로 서양이라는 척도로부터 멀어질수록 그것은 열등한 것으로 인식되기 때문에 비서양으로서 아시아는 국민적 정체성에서 강하게 거부되고 배제되어야 할 대상으로 간주된다. 권혁범은 이를 '식민주의적 욕망'이라고 불렀다(권혁범 2004).

는 국민적 권리였다. 그러나 자본과 노동력의 전 지구적 이동은 이런 자명한 사실에 의문을 던지게 만들고 있는 것이다(김홍진 2008; 정정훈 2005). 이주노동자는 일반 대중뿐만 아니라 노동운동 진영이 무의식적으로 유지해온 '노동계급＝대한민국 국민'이라는 등식에 이의를 제기하고 있으며 노동자로서의 권리가 국민으로서의 권리에 기반하지 않을 수 있다는 인식을 부각시킨다. 이러한 이주노동자들의 존재 및 운동은 국민국가의 경계에 기반한 시민권뿐만 아니라 인권에 대해서도 새로운 사유를 촉발하고 있는 것이다.

주지하듯이 한국의 이주노동 정책의 차별배제모형에서 이주노동자들, 특히 체류 기간이 지나거나 직장을 여러 번 옮겨 합법적인 자격을 잃은 이주노동자들은 어떤 법적인 권리도 갖지 못하며 임금체불을 요구할 권리도 원천적으로 봉쇄당한다. 법의 사각 지대에서 자신의 권리를 주장할 권리를 가지지 못한 것이다. 사실 합법적인 이주노동자의 경우에도 상황은 근본적으로 다르지 않다. 과거 '산업연수생' 제도나 '고용허가제'에 불합리한 조항이 너무도 많지만 이주노동자는 한국의 '국민' 내지 '시민'이 아니기 때문에 그것을 고치라고 말할 권리를 갖지 못한다. 그들은 그런 제도와 관련해 몫을 가지지 못한 자인 것이다. 그러나 그런 그들이 자신의 권리에 대해, 권리를 가질 권리(the right have rights)에 대해, 주어지지 않았던 자신의 몫을 요구하는 것, 바로 그것이 랑시에르가 말한 '정치'인 것이다(Ranciere 2008: 239-240).

때문에 외국인 노동자의 주체성과 정치 참여의 권리에 대한 배제의 논리는, 근본적인 수준에서 판단할 때, 마치 조선 시대의 양반 정치나 혹은 빈민이나 여성, 외국인을 배제했던 그리스의 폴리스의 논리와 유사한 폭력으로 기능한다고 비판할 수 있다. 또한 그것은 근대 초기 여성이나 노동자들을 정치할 자격이 없는 자들 혹은 그럴 능력이 없는 자들로 치부한 것과 동일한 논리이다. 더구나 정치의 장에서 배제하는 것은 그들의 고통을 영속적인 영역 안에 가둔다는 것을 의미한다. 분명히 이 사회의 공식적인 구성원이자 경제 시스템의 한 축을 담당하고 있는 이주노동자의 권리문제를 공적인 영역에서 적극적으로 논하지 않고 현장의 영세한 업체 사장님과 논하라고만 한다면, 그것은 정치의 직무 유기이자 지배의 정당화이다. 그것은 평등과 분배의 문제 이전에 인권의 문제로서 단순히 법규 조항에 명시되어 있는 추상적인 인권의 문제가 아니라는 것이다. 어떤 면에서 정치는 현재의 위계질서 즉 주어진 자리와 지위와 역할에 문제제기할 수 있는 것을 본질로 한다. 그러므로 그러한 배제의 타당성과 자신들에게 부여된 위치, 자신들의 자격 없음에 대해 질문하고 문제제기할 수 있는 인권에 대한 사고가 중요한 것이다.

이주노동자의 주체화 및 인권과 관련하여 벤하비브의 다문화주의 시대의 지구적 정의(global justice) 이론은 시사하는 바가 크다. 그녀는 국제적 이주가 낳은 다문화적 상황 속에서, 국경을 넘어서는 인구 이동을 다루는 헌법적이고 정책적인 문제들이 국가 간 관계 규정에 핵심적인 의제가 되고 있다고 주장한다. 따라서 이주의 문제는 지구촌의 규범적인 정의이론의 중심적인 의제이며 국가와 국민 중심의 발상을 넘어서는 문제로 급부상하고 있다는 것이다(Benhabib 2008: 24). 과거에도 정치공동체 내에서 '배제된 자'의 인권 문제가 정의이론의 핵심이었지만 그것은 국민이면서 온전한 권리를 가지지 못한 계급이나 계층 혹은 정치적 저항세력 등에 대한 것이었다. 그러나 다문화주의는 이미 공민권(national membership)을 획득한 자는 물론 '국민이 아닌 자'의 권리에 대한 관심을 촉구하고 있다. 공동체의 성원 이전에 단지 인간 그 자체라는 이유로 발생하는 개인의 권리문제를 전면에 제기하고 있는 것이다(Benhabib, 위의 책: 33). 더구나 벤하비브가 민주적 반추에 기반한 심의민주주의를 주장하면서도 공적 인식과 공적 논의가 일종의 집단행동으로 이끌 수 있을 것이라고 인정했을 때(Benhabib 2002: 121), 그녀는 정치적 실천의 효과까지 적극적으로 고려하고 있다.

2) 권리를 가질 권리

이주민과 관련하여 중요한 개념이 아렌트의 '권리를 가질 권리'이며 벤하비브 역시 이 개념을 확장시킨다. 아렌트 주장의 핵심은 공동체에 속할 권리를 확보할 때에만 비로소 인권 역시 실현될 수 있다는 것이다. 이런 맥락에서 통상 시민권을 정초하는 것으로 여겨졌던 인권과 시민권의 관계는 전도된다.[40] 즉 구체적인 정치현실 수준에서 인권은 결코 시민권으로부터 독립적이지 못할 뿐만 아니라 오히려 시민권에 의존한다. 아렌트는 정치현실 속에서 작동하지 못하

---

40) 아렌트의 관련 논의 및 해석은 Benhabib(2008)의 3장에 잘 정리되어 있다. 한편 인권의 기원과 관련하여 세계적으로 모범이 되고 있는 그 유명한 인권선언에서도 여성이나 아이들, 외국인은 그런 권리를 갖는 존재로 보이지 않았다. 여성들이 그런 권리를 갖게 된 것은 정치적 발언권을 가지지 못한 그들이 그런 권리를 갖겠다고, 정치에서 배제된 그들이 정치에 참여하겠다고 지속적으로 투쟁한 결과이다. 그것이 '정치'의 고유한 영역이라는 것은 역사의 경험을 통해 무수히 발견할 수 있다. 프랑스 혁명조차도 인간으로서의 권리를 가지지 못했던 하층민들이, 정치의 장에서 배제되었던 자들이 자신이 갖지 못했던 권리를 갖기 위해 봉기한 사건이었고 그 결과로서 인간이라면 누구나 동등한 권리가 있다는 법으로, 선언으로 귀착되었던 것이다. 이런 점에서 정치란 권리를 갖지 못한 자의 권리를 다투는 것이고, '인간'으로 혹은 '주체'로 간주되지 않는 자들, '자격 없는 자'의 자격을 다투는 것이다.

는 소위 인권의 허구성을 날카롭게 폭로하면서 인권 담론을 확장한다. 특히 제1차 세계대전과 제2차 세계대전 사이에 발생한 거대한 '무국적(stateless)' 난민들의 비참한 상태를 관찰하면서, 근대 국민 국가의 이데올로기적 기초인 인권 이념이 근본적으로 진실이 아니라는 결론을 내린다. 시민권은 인권에 기초하지 않는다는 것이다. 그녀가 볼 때 시민의 권리가 제거되거나 역사적으로 파괴되면 인권 역시 파괴되었다. 왜냐하면 인권이 시민권을 기초하는 것이 아니라 시민권이 인권을 기초하며, 따라서 국가나 제도가 보장하지 않는 자연적 권리란 존재하지 않기 때문이다. 이런 의미에서 아렌트가 제시하는 '권리들을 가질 권리'는 추상적 인권 개념에 대한 반박이며 그것의 전도라고 할 수 있다. 이런 논의는 영토적 주권국가 질서의 성립 이후 오히려 수백 수만 명의 난민, 추방된 외국인, 무국적자가 양산되는 현실을 배경으로 전개된다.[41] 근대 국가의 완성 이후 개인들은 국가를 떠나서는 존재할 수 없기 때문에 무국적(statelessness: 국가 없음) 내지 국민 지위의 상실은 단지 시민권뿐만 아니라 인간의 모든 권리를 잃은 것을 의미한다. 인권에 관한 모든 규범적 선언과 달리 시민권의 상실은 정치적으로 인권을 박탈당하고 상실하는 것을 의미하는 것이다. 그러므로 천부적 자연권으로서의 인권 개념은 공동체에 속할 권리를 기반으로 재구성되어야 한다.

이런 아렌트의 주장이 갖는 정치적 함의를 보다 적극적으로 해석

---

41) Benhabib 2008: 80-81. 경계 지어진 영토를 갖는 민족국가 체계, 즉 '국가 중심적' 국제질서 속에서는 한 인간의 법적 지위가 최고 당국의 보호에 종속되며 이 최고 당국은 그들이 사는 영토를 관할하고 또한 그들에게 각종 증명서를 발부한다. 소수민족이 되는 것은, 한 체제 내에서 정치적 다수를 차지하는 자들이 어떤 그룹을 '같은' 민족에 속하지 않는다고 선언함으로써 만들어진다. 무국적자가 되는 것은, 지금까지 보호막을 쳐주던 국가가 그 보호를 철회하고 부여했던 각종의 증명을 무효화함으로써 발생한다.

해보자. 벤하비브에 의하면, '권리를 가질 권리'에서 두 권리 개념은 똑같은 수준이 아니다. 권리 일반을 가질 자격이 있는 인격으로서 타인에 의해 인정받을 권리와, 그와 같은 승인 이후에 수반되는 권리들과 같은 지위의 것은 아닐 것이다. 전자의 권리는 정치적 공동체 및 법적 공동체에서 이미 성원으로서 가지는 일종의 법률적, 시민적 권리를 의미한다. 법적 공동체의 성원으로서 이미 인정받고 있는 사람들 사이에서 상호적인 의무를 발생시키는 그와 같은 권리들은 통상 '시민적·정치적' 권리 내지 시민의 권리라고 불린다. 이러한 법률적–시민적 용례(juridico-civil usage)에서 '권리'는 삼각관계를 형성한다. 즉 권리를 가진 사람들과, 이런 권리에 화답하여 의무를 지게 되는 타자, 그리고 이런 권리 요구를 보호하고 그 실행을 담당하는 일정한 법적 기구, 보통은 국가 및 국가 기구가 될 것이다 (Benhabib 2008: 84).

두 번째 권리는 위와 같은 담론적 구조가 아니다.[42] 왜냐하면 권리 담지자가 승인을 요청하는 타자의 존재가 언급되지 않은 채 미결정적으로 남아있기 때문이다. 권리 담지자로 승인된다는 말은 우선적으로 '성원권'에 대한 승인, 즉 어떤 인류 공동체에 '속함'에 대한 승인을 의미한다. 이런 권리는 전자의 권리가 부정당할 때 즉 법적으로 어떤 보호도 받지 못할 때조차 특정한 인간공동체의 구성원으로 속할 권리를 의미한다. 즉 앞서 언급한 성원권을 요청할 수 있는 기반이 되는 권리 즉 일종의 도덕적 요청(a moral claim to membership) 같은 것이다.

그렇다면 성원권(political membership)은 누가 어떤 근거로 인정

---

42) 아렌트의 '권리를 가질 권리'에서 후자의 권리의 상실은 공동체의 상실이며 그들이 법 앞에 평등하지 않아서가 아니라 그들을 위한 어떤 법도 존재하지 않기 때문이라고 볼 수 있다.

하거나 취소하는가? 아렌트는 인류임(personhood: 인류됨, 인간지위)으로부터 비롯된다고 단호하게 주장한다. 더구나 아렌트는 이러한 인류임으로부터 발생하는 '권리를 가질 권리'에는 어떠한 이론의 여지가 없어야 한다고 주장한다(Benhabib 2008: 84). 아렌트의 관점에서 '권리를 가질 권리'는 우리와 타자를 차별하고 구분하는 계기를 이루는 출생의 우연성 혹은 문화, 종교, 언어 및 모든 차이점을 초월한다. 즉 일정한 정치적 공동체 속에서만 실현 가능하며 그 정치적 공동체 속에서 우리는 타고난 특성에 의해서가 아니라 실천하고 말하고 사고하는 우리 자신의 행위와 생각에 따라 처우받아야 한다는 것이다. 강조할 것은, 아렌트에게 인류됨(personhood)이라는 것은 공동세계 즉 정치공동체에 대한 참여를 통해서만 가능하다는 점이다. 즉 평등하게 태어나지 않은 인간들이 평등하게 되는 것은 우리 모두의 평등한 권리를 상호 보증하려는 강력한 정치적 결단을 공유하는 공동체에 소속될 때 가능한 것이다(Benhabib 2008: 87). 그러므로 '권리를 가질 권리'는 칸트적인 정언명령이나 도덕법칙에 의해 확보되지 않는다. 그것은 공동의 세계를 만들고 변화시키며 또한 그 공동의 세계 속에서 행위하며 살아갈 때 확보될 수 있다. 이것이 아렌트가 특수한 민족국가로서 근대국가 역시 인권과 모순적 관계임을 피력한 이유이다. 즉 민족국가는 전(前) 정치적 영역인 유기체, 가족 단위, 혈연공동체 등으로부터 정치를 규정하기 때문에 그만큼 공동세계는 파괴되고 인권의 배제와 억압 가능성이 높기 때문이다.43) 그러므로 중요한 것은 그것이 일국적 차원이든 세계적

---

43) 한편 아렌트는 세계정부라는 발상 역시 공동세계라는 정치적 공간을 위축시킨다며 부정적으로 바라보았다. 이것은 사해동포주의 및 지구적 정치의 가능성을 과소평가한 것이지만 그러나 그만큼 공통의 공론장을 지키는 것이 개인의 인권에 절대적으로 중요하다는 것을 강조한 것으로

차원이든, 권리를 가질 권리, 달리 말해 소속을 지닐 인권은 인간의 정치적 공동체를 구성하는 모든 이들에게 요구할 수 있는 권력을 필요로 한다. 아울러 보먼이 강조하듯이, 권리를 가질 권리로서 인권은 국가들이 더욱 민주적으로 심화될 것을 요구하는 동시에 정치 공동체의 성원으로서 시민들의 능력과 권력이 증대될 것을 요구하게 된다(Bohman 2008: 205).

한편 벤하비브는 자유주의 틀 내에서 가장 급진적이고 이상적일 수 있는 성원권의 윤곽을 제시한다. 그녀에게 정의로운 성원권(just membership)은 난민과 임시입국(first admittance)에 대한 도덕적 요청을 인정하고 이민자들에 대한 수용적(porous) 국경 정책이 마련되어야 하며 국적 박탈(denationalization)과 시민권의 강제적 몰수를 금해야 하고 또한 모든 사람들이 '권리를 가질' 권리가 있음을 보장해야 한다. 즉 어떤 지위의 정치적 성원과는 무관하게, 인간으로서 양도할 수 없는 확실한 권리를 소지하는 법적 인격(legal person)임을 보장해야 한다. 외국인이라는 신분이 기본권 가운데 하나를 박탈하는 이유가 되어서는 안 된다. 더 나아가서 정의로운 성원권은 또한 일정한 조건을 충족시키는 외국인의 경우 시민권을 인정해줄 것을 요청한다. 이러한 등속의 주장은 현재로서는 당장 실현되기 어려운 과제일 것이다. 그러나 분명한 것은 신자유주의적 세계화가 상당 기간 동안 세계 정치, 경제 질서를 지배하고 또한 그 이후에 도래할 세계질서 원리도 국제적 이동을 가속화시킬 수밖에 없다면, '권리를 가질 권리'는 분명히 현실화될 수 있는 미래 지향적 인권 선언이 될 것이다.

이해할 수 있다. 아렌트는 민족국가 체제 또한 항상 그 자체로 내부적으로는 배타적 부정의, 그리고 대외적으로는 침략의 싹을 간직하고 있다고 보았다(Benhabib 2008: 88).

2. 이주노동자의 시민권

다문화주의 시대를 맞은 현재, 많은 배제의 장벽들이 철폐되어왔지만 현재 많은 국가에서 문제되는 것이 국적에 의한 배제일 것이다. 민주주의는 단적으로 말해 누구의 발언권(voice)도 박탈하지 않는 것이고 이것은 '권리를 가질 권리'로서 인권의 핵심이다. 그리고 이것은 이주노동자를 치안의 대상이 아니라 정치의 대상으로 간주하는 것을 의미한다. 제도적으로 권리화할 수 없다는 이유로 이주노동자의 목소리를 공적 공간에서 완벽하게 배제하는 것은 이주노동자의 공적 삶의 가능성을 봉쇄/박탈당하는 것에 다름 아니다.[44] 이런 관점에서 보자면, 우리 사회의 이주노동자들은 우리와 물리적으로 같은 공간에 거주하지만 권리 면에서는 우리 사회의 내부에서 배제된 자들이자 언제나 항상 추방당하는 자들이다. 이들은 공동세계에 참여하거나 공적 공간에 자신의 목소리를 낼 자격과 가능성을 박탈당한 인간들이기 때문이다. 특히 미등록 노동자들은 법의 보호를 받지 못할 뿐만 아니라 불법적 상황에서 저항조차 하지 못하는 상태로, 내부에 있으면서 내부에서 제거된 자들이며, 내부의 외부로 추방당한 존재들로서 자신을 드러내지 못한다. 차라리 국외로의 추방보다 이들은 일상 속에서 '권리를 가질 권리'를 박탈당한 것으로 봐야 한다. 아감벤이 생생하게 묘사했듯이, 이들은 '날것의 삶(bare life)'

---

44) 이런 관점에서 이주노동자의 인권은 인권 규범의 경험적, 역사적 기원을 강조하는 최근의 정치사회적 이론들이 중요한 관점을 제공한다. 이런 이론들에 의하면, 인권 규범은 특수한 역사적 국면에서 억압받아온 피지배층 혹은 체제변혁 세력들의 저항과 투쟁에 의해 인정·확립된 것으로 간주된다. 즉 정치적, 사회적, 경제적 억압과 착취에 대한 저항과 투쟁, 빈곤과 질병과 같은 사회악들의 완화에 대한 요구, 환경오염과 같은 새로운 공동악(common evil) 해결의 절박한 요구 등이 인권 규범의 원천을 이룬다는 것이다(Bobbio 1996).

으로서 정치공동체 밖으로 내던져져서 아무런 보호도 받지 못한 채 국가권력에 노출되어 있는 인간이다(Agamben 2008: 48). 이런 상황에서 '권리를 가질 권리'에서 후자의 권리는 불법과 합법의 경계를 교란시키면서 법적 정당화를 새롭게 사고할 것을 요구한다.

그러므로 이주노동자의 권리문제가 공공적으로 대응할 의제로서 선택하도록 만들기 위해 이주노동자는 자신들을 정치적인 존재자로 취급해주고 자신들의 욕구 및 필요를 정치적 공간에서 논의되도록 전략을 구성해야 한다. 기본적으로 이주노동자들처럼 공동체의 규범이 논의되고 토론되는 공적 영역에 참여할 권리는 박탈당한 채, 그러므로 철저하게 배제된 채, 결정된 규범의 준수만을 강요당하는 특정한 부류의 사람들이 같은 공간에 존재하는 한, 민주주의의 정당성은 상당히 훼손될 수밖에 없다. 이런 맥락에서 이주노동자에게 부여하는 참정권의 범위와 수준이 어떠하든 다양한 공적 심의 과정에 참여할 수 있는 시민적 권리를 부여하는 것은 중요한 정치적 함의를 가진다. 그리고 일단 '권리를 가질 권리'를 부여한다는 측면이 동의된다면 이주노동자 혹은 이주민들의 구체적인 시민권의 종류 및 범위는 공적인 논쟁과 치열한 쟁투를 통해 잠정적인 합의를 도출해낼 수 있을 것이다.

이런 관점에서 소이살(Soysal)의 탈국가적 시민권(postnational citizenship) 개념이 중요하다(Soysal 1994: 2-3). 소이살은 이주노동자들의 제반 권리문제는 전통적인 시민권 담론에 있어 변종적인 경험이라고 평가한다. 정치적, 사회적, 경제적 행위자로서 이들이 광범위하게 참여하는 것은 국적에 기반하여 배타적 경계를 규정하는 전통적인 국민국가적 시민권 개념과 배치되는 것이기 때문이다. 소이살은 시민권을 국적과 별도로 간주하여 국적과 상관없이 인간지위(personhood)라는 사실에 기초하여 모든 이주민들에게도 시민권을 부여해야 한다고 주장한다. 탈국가적 시민권(postnational citizenship) 개념은 소이살의 문제의식을 압축하는 개념이다. 이런 맥락에서 이주민의 시민권 문제와 연관된 다문화주의는 근본적으로 인권을 급진화하면서 민주주의를 확장시키는 계기로 작용할 것이다.

그러나 이주민들은 당장 목소리를 내거나 공론장에 참여할 수 있는 담론적, 비담론적 자원을 결여하고 있다. 때문에 공적 공간에서 배제된 자들의 목소리가 나오기 위해서는 공동세계의 역할이 중요하다. 소속의 권리를 상실한 사람들, 그러므로 가장 기본적인 지위를 상실한 사람들이 청원할 수 있는 제도적 장치를 마련하는 것이 중요한 것이다. 사회적 논의를 거쳐 가감될 수 있겠지만, 아렌트의 공동세계와 관련하여 이주노동자의 시민권을 모색하는 중요한 원칙은 공화주의적 시민권 개념일 것이다. 이 시민권 개념은 인종, 민족, 종교, 성적 차이를 가리지 않고 헌정에 대한 공동의 지지와 헌신의 태도 그리고 능동적인 정치참여의 중요성을 전제하기 때문에 다양한 영역과 층위에서 이주민을 포함하여 다양한 소수집단 및 대표들이 공적 심의에 참여할 자격을 강조한다(김비환 2007: 338).

그러므로 자신이 속한 공동체의 운명을 결정하는 의사결정과정에서 사회적 소수자가 시민으로서 참여하는 정치적 권리는 다문화주의를 지향하는 정치공동체의 필수불가결한 권리가 될 것이다. 나아가 이러한 정치적 권리는 상호존중과 합리적인 대화라는 절차적인 규칙들에 일정한 방향성을 부여한다. 즉 정치적 권리를 통해 잠정적으로 도달하는 의사의 결집은 공화주의적 공동선에 대한 관심이나 혹은 다른 절차에 대한 관심이 될 수도 있을 것이다(김남국 2005: 116). 정치적 권리는 자신과 자신이 속한 집단의 운명에 대한 자결권을 의미하기 때문에 그 정치적 내용에 상관없이 사회적 소수자가 대표된다는 의미에서 민주주의의 심화라고 볼 수 있다. 강조할 것은, 공화주의적 맥락에서 권리는 자연권처럼 선험적인 것이 아니라 공동체 구성원들의 참여적 심의를 통해 권리 체계가 형성·변경되는 것으로 간주된다는 점이다. 어떤 권리가 권리로서 인정되고 정당화되는 것은 공동체 구성원들의 심의를 통한 합의의 결과이며 모든 구성원들의 공동의 참여와 심의야말로 정당성의 근원임을 강조한다(김비환 2009: 14-15).

이러한 공화주의적 문제의식은 그런 합의에 정당성을 부여하는 참여와 심의의 주체가 누구인지에 대한 다양하고 갈등적인 논쟁을 요구한다. 그러므로 이주노동자를 포함하여 소수인종 및 문화집단 등 장기 체류 외국인들을 포용하는 능력과 진정성의 정도는 우리 사회의 민주화의 질과 다문화주의의 수준을 파악할 수 있는 동시에 한국 민주주의 발전의 궤적을 가늠해볼 수 있는 중요한 기준이 될 것이다(김비환 2007: 318-321).[45]

이주민의 주체성 및 주체화를 단순한 권리 보장이나 혹은 제도적 측면에 한정하지 않는 이 책의 문제의식은 보다 넓은 차원의 논의

---

45) 물론 이주노동자의 시민권 항목과 관련해서는 현실 가능성과 규범성 등을 고려하여 종합적인 사고가 필요하며 무엇보다도 시민사회의 공론화가 절대적으로 중요할 것이다. 이런 공론화의 핵심 원칙은 인종적, 문화적 다양성에 영향을 미칠 수 있는 한국 사회의 여러 가지 요인들을 적극적으로 고려하는 동시에 다양한 시민권 모델의 장단점을 취사선택함으로써 한국 사회에 적실한 시민권 개념을 새롭게 구성하는 것이다. 이 시민권 개념은 한국 사회에서 실천 가능한 다문화주의와 생산적인 관계를 이루는 동시에 문화적 다원성과 인권규범에 모두 충족되는 내용이어야 할 것이다. 한국 사회에서 이주노동자의 시민권의 윤곽에 대해서는 김비환(2007) 참조. 사실 많은 연구 논문들이 길고 장황하게 이주민의 시민권의 구체적인 항목을 논하고 있지만, 어떤 면에서는 그것을 실현할 수 있는 방안과 전략을 논하지 않은 상황에서는 허무할 수 있다.

를 요구한다. 예컨대 이주노동자의 시민권이 단지 '그들'의 문제만이 아니라 우리 사회의 정치적 원리와 연동되는 것으로 파악해야 한다는 것이다. 이러한 문제의식은 논의를 확장할 것을 요구한다. 즉 다문화 사회의 핵심적인 주체로서 이주민의 정치적 실천이 우리 사회의 변화에 대한 함의를 보다 적극적으로 부여할 필요가 있다는 것이다.

3. 이주민의 소수자 – 되기와 연대

1) 이주민의 소수자 – 되기

'권리를 가질 권리'를 적극적으로 해석한다면, 이 논리는 합법과 불법의 경계를 교란하는 모순된 자유로서 새롭게 사고될 수 있다. 즉 '권리를 가질 권리'에서 전자는 적극적 권리로서 합법적 차원에서 요구된다. 후자는 전자의 권리를 부정당한 자들이 그 불법성 자체를 문제 삼을 수 있고 삼아야만 하는 권리이다. 즉 후자의 권리는 권리를 요구하는 순간 불법이 되고 말지만 그 권리의 요구가 인간 존재의 조건이므로 요구하지 않을 수 없는 상황 속에서 요구되는 권리이다. 그러므로 아렌트가 강조한 것처럼 후자의 권리 즉 권리를 가질 권리는 인권이 보장되는 상황에서는 드러나지 않고 인권이 무시당하는 순간에 비로소 자신의 존재를 드러내는 그런 인간적 삶의 근본 바탕을 이루는 권리인 것이다. 인간으로서 권리를 가질 권리를 보장해줄 공동체를 요청하는 것이 불법이 되는 상황, 그리고 그런 상황을 정당한 것으로 간주하게 만드는 규칙과 의식에 대한 강력한 비판으로 작용하는 것이다. 그러므로 어떤 이유로든 자신의 땅을 떠나지 않을 수 없었던 이주자들은 법률적, 시민적 권리가 부정당하는 순간, 체류와 노동의 권리로 구체화되는 '권리를 가질 권리'를 주장해왔다고 볼 수 있다. 불법과 합법의 경계를 교란시키는 '권리를 가질 권리'는 미국의 '불법' 이주노동자들이 스페인어로 부른 미국국가에 대한 논의에서 확연하게 드러난다. 버틀러와 스피박이 주목한 이 사건은 "누가 민족국가를 노래하는가(Who Sings the Nation-State)?"[46]라는 문제의식으로 발전한다(Butler and Spivak 2008). 2006년 4월, 캘리포니아주에서 이른바 '불법체류자'들뿐만 아니라 이들을 돕거나 고용하는 사람들까지 처벌하는 법안이 발의되었을 때, 이 법안을 규탄하는 시위가 미국 전역에서 벌어졌는데, 캘리포니아에서는 수십만 명의 라틴계 '불법' 이민자들이 거리로 뛰쳐나와 미국 국가를 스페인어로 불렀다. 이는 분명 다수자의 관점으로서는 상상할 수 없는 행위이며 다수자의 성찰을 요구하고 자신들의 정체성을 극복한다는 점에서 소수자-되기이자 정치적 주체화의 실천이라고 볼 수 있다.

불법 노동자의 불법적 시위는 특정 권리를 요구하는 것이 불법이 되는 순간에도 그런 권리를 요구하는 것이 무조건 불법일 수 없음을 부각시키는 모순적 자유(contradictional freedom)의 실천이다. 이들은

---

46) 이 사태의 배경에는 2005년 겨울 미국 하원을 통과한 '센센브레너 법안'이 있었는데 이 법안은 미등록 이주자(소위 '불법 이민자')들을 범죄자이자 잠재적인 테러리스트로 간주하는 내용을 담고 있다.

있다는 점이다. 나아가 이러한 불법적 자유의 실천이 긍정적으로 전개된다면 타자와 공존하는 탈근대적인 공동체의 시초가 될 수 있을 것이다. 그리고 이것이야말로 공동세계를 통해서만 '권리를 가질 권리'를 가질 수 있다는 아렌트적 실천이 세계화 시대에 새롭게 적용된 형태로서 다문화적 공동세계를 만들어보려는 전략이다. 이 책의 맥락으로 해석한다면, 소수자의 정치적 발언권은 다문화 민주주의를 추진하는 실천으로 이해할 수 있다.

　이런 관점에서 신자유주의적 세계화의 '의도하지 않은 결과'에 주목할 필요가 있다. 즉 노동의 이주를 강제하는 자유주의적 세계화는 세계 곳곳에서 이주민과 문화적 소수집단의 담론적, 비담론적 실천과 저항을 촉발하고 있다는 점에서 현실의 지배적인 규범과 정치적 원리에 끊임없는 문제제기를 통해 정치적 실체에 변화를 가져온다고 볼 수도 있다(Bohman 2008: 190-214). 가장 속도가 빠른 유럽연합의 경우, 비록 지금도 진행 중인 내외적인 진통들－헌장에 대한 프랑스와 독일의 거부, 아일랜드의 리스본 조약에 대한 국민투표 등－과 난점들이 있지만, 이것이 유럽연합 및 유럽헌장의 실패라기보다는 긍정적으로 생각해보면 더 큰 확대와 포괄을 위한 전주곡일 수도 있으며 더 많은 목소리를 듣게 만들려는 진통이자 더욱 다양한 수준의 목소리를 듣게 만들 수 있는 것이다.[47]

---

47) 대표적으로 유럽 인권 협약은 유럽연합 회원국의 국적이 없다고 하더라도 유럽 인권 법원과 유럽 법원, 심지어 회원국들의 헌정적 전통에 기초하여 비시민들의 인권을 포함하는 사법제도를 창설하려 하고 있다. 유럽 연합 내에서 인권을 귀화하지 않은 비시민에게까지 확대한 것은 인류라는 시각을 통합한 분화된 제도들 내에서 인권을 실현하는 다양한 경로의 이점들을 보여준다. 물론 이런 흐름들은 정치적 사건 및 시대적 제약으로 인해 많은 한계와 역경을 맞이하겠지만 말이다.

2) 소수자 연대: 불가능한 동일시

그렇다면 국가라는 관념 혹은 국가의 경계가 야기하는 이러한 모순은 미등록 노동자들처럼 이주자들에게만 예외적으로 발생하는 현상인가? 버틀러에 의하면, '국가 없음(statelessness)'을 단지 이주민의 추방이나 난민 같은 국가 외부적 현상으로 국한하는 것은 오늘날의 상황에서는 부족하다. 즉 이주를 단지 정치적 박해로 인한 현상으로 국한해서는 안 된다. 이주에 대한 논의는 한 국가의 내부에서 이루어지는 광범위한 추방이라는 문제틀로 접근해야 한다는 것이다(Butler and Spivak 2008: 77). 아감벤이 인상적으로 주장했던 호모 사케르(Homo-sacre), 즉 '날것인 삶(bare life)'은 근본적으로 주권국가의 산물일 수 있다. 왜냐하면 내부에 존재하는 외부를 통해 내부를 경계 짓고, 이에 대한 배제를 통해 작동하고 자신을 현시하는 규칙이 바로 주권국가의 논리이기 때문이다.[48] 주권은 배제를 동반하는 것이다. 그리고 이것은 내부로의 추방을 다르게 표현한 것이다. 비유하자면 근대 민주국가 내에서 체류권을 얻었지만 미등록 이주노동자와 같은 삶으로 환원될지 모른다는 공포와 두려움, 인간 존재로서 존엄성과 삶의 역사성 등을 상실한 '날것의 삶'으로만 존재할 수 있다는 두려움은 이미 우리의 삶 속에서 일관되게 작용하는 심리적 기제이기 때문이다. 또한 빈곤한 국가의 국민 혹은 선진국의 소외계층 등은 모두 지구적 차원의 '날것의 삶'에 포함될 것이다. 그들은 '권

---

48) 국가의 법적 주권은 근본적으로 폭력의 형식과 예외공간을 필요로 하며 예외공간에 존재하는 사람들이 바로 '날것인 삶'이다. 아감벤은 "예외란 일종의 배제를 의미하지만, 예외의 가장 고유한 특징은, 배제된 것은 바로 그 배제되었다는 사실 때문에 규칙과 완전히 무관해지지 않으며 반대로 규칙의 저지라는 형태로 규칙과의 관계를 유지한다"(Agamben 2008: 60)고 주장한다.

리를 가질 권리'를 박탈당하지는 않았지만 그러나 이미 차별과 배제 및 그로 인한 고통을 일상적으로 경험하고 있는 것이다. 그렇다면 이런 상황에서 저항과 연대는 어떻게 가능한가?

그것은 일단 모순적 자유의 확장과 연대가 될 것이다. '권리에 대한 권리'를 주창하는 아렌트의 논의를 좀 더 적극적으로 해석한다면, 정치의 영역에서 배제된 이들이 추방된 자, 국가가 없는 자가 된다고 볼 수 있다. 지구화된 현재의 조건에서, 나아가 자본이 국가의 경계를 무너뜨리는 사회에서 우리는 그 누구도 그 국가의 외부에서든 내부에서든 현실적으로 혹은 잠재적으로 추방의 상황에 처할 수 있는 것이다. 그러므로 스피박은 민족국가의 문제를 고민할 때 이제 단순하게 계급 문제 혹은 공간적 추방자들의 인권을 넘어서 인종·민족·계급을 포괄하는 자본의 작동에 더욱 관심을 가져야 하며 논의의 차원을 전 지구적인 자본의 문제로 확장해야 한다고 주장한다 (Butler and Spivak 2008: 74-77). 이런 관점에서 불법체류자들이 스페인어로 미국 국가를 다시 부르는 것은 국가에 소속되고자 하는 바람의 표현이지만 그 바람이 맹목적으로 자본주의 국가의 일원이 되려는 것보다는 오히려 고삐 풀린 자본주의에 대항하는 방식이어야 한다(Butler and Spivak 2008: 76). 그리고 이것은 일국적 차원에서도 '날것의 삶'들의 광범위한 연대를 가능하게 만들 수 있을 것이다. 이러한 소수자 연대는 초국적 자본이 만들어내는 국가 없음의 보편적 상황에 대항하려는 대안적 기획이다. 물론 이 기획의 최종적인 목표는 기존 국가로의 포섭이나 단일한 국가의 강화가 아니라 국가의 밖에 버려진 국가 없는 존재들이 연대할 수 있는 대안적인 공동체의 구축에 있을 것이다. 이것이야말로 들뢰즈가 말한 소수자-되기, 즉 다른 운동을 배척하는 것이 아니라 다양체를 만드는 생성으로서 연대를 의미한다는 주장과 정확히 일치하는 것이다. 랑시에르는 이런 연대의 가능성을 정체성과 주체화의 관점에서 '불가능한 동일시'라고 설명한다.

> 나는 정체성과 주체화 사이의 틈, 즉 정체성, 정해진 자리와 기능의 공동체로 정의된 '치안(la police)' 공동체와 이 자리와 정체성의 분배를 해체하는 주체화 과정으로 정의된 정치 공동체 사이의 틈을 개념화하려고 했다. 그 기회를 통해 나는 프랑스에서 내 또래에게 정치적 행위를 알려준 경험들을 재검토할 수 있었다. 그것은 알제리 전쟁과 1968년 5월이다. 알제리 전쟁-그리고 나중에 미국의 젊은이들과 대부분의 '서구' 젊은이들에게는 베트남 전쟁-은 식민지에서 벗어나려는 투쟁들을 억압하는 데 착수한 국민 정체성에서 이탈하는 대규모 탈정체화의 경험이었다. 1968년 운동은 투사적 결집에 새로운 이름을 지어주고, 불가능한 동일시를 발명함으로써 이 작업을 이어갔다. 그 불가능한 동일시는 특히 1968년 5월 파리 시위대의 "우리는 모두 독일의 유대인이다"라는 슬로건으로 상징화되었다. (…) 그것은(이러한 연대는-인용자) 정치적 발명의 의미를 되찾음으로써 가능해진다. 논쟁적이고 계쟁적인 주체들을 발명하고, 중심과 주변, 보편과 특수 사이의 치안과 나눔을 다시 쪼갬으로써 가능해진다(Ranciere 2008: 28-29).

그러므로 미등록 이주노동자나 비정규직 노동자·장애인·빈민 등 가장 적나라한 '날것의 생명'조차 동일성과 배타적인 정체성에 매몰될 때, 진정한 소수자-되기로서 생성적 연대는 형성되기 힘들 것이다. 이주노동자를 포함하여 다양하고 이질적인 흐름의 소수자 집단이 새로운 정체성과 사유방식을 구성해내지 못할 때 '다문화' 역시 글자 그대로 '다양한 문화의 병립'에 다름 아니다. 그러므로 예컨대 이주노동자들이 권리를 가질 권리를 주창하기 위해서는 스스로를 노동력 상품으로 인식하거나 혹은 일국적 정체성에 매몰되는 것이 아니라 다른 소수자 운동과 연대하여 새로운 정체성을 구성할 때, 그러므로 한국 정부가 부여한 '노동력'으로서의 정체성을 거부하고 '노동자'가 되고자 할 때, 나아가 단순한 노동자임을 넘어서 또다시 새로운 정체성을 획득할 때 비로소 '권리를 가질 권리'를 위한 창조적 연대가 시작될 수 있을 것이다. 그럴 때 비로소 '다문화주의'는 여러 문화의 공존을 넘어서 새로운 창조적 역동성을 얻게 될 것이다.

실제로 일하는 수입기계로 간주되어 쓸모가 없어질 경우에 본국 소환과 추방을 당연시 여겼던 대한민국 법치의 위협 속에서도 이주노동자들은 나가라고 해서 고분고분하게 나가는 노동기계가 아니었다. 그들은 오랫동안 자신의 생존을 이어오고 일터와 같은 생활현장에서 형성한 인간적, 사회적 관계를 행정의 요구에 따라 단칼에 끊고 나갈 비인간이 아닌 것이다. 1990년대 초반 이후 한국 사회에 들어온 이주노동자들의 절대 다수가 3년 이상—그러므로 불법체류자가 되어—한국 사회에 정주하고 있다는 사실은 정부의 이주노동자 대책이 현장과 동떨어져 있다는 것을 반증하는 것이다. 이주노동자의 정주화 현상은 비단 우리만의 특징이 아니라 유럽의 이민 선진국에서도 공통적으로 나타나는 경험적 현상이다. 이주민들은 나름대로 자신들의 생활세계를 구축하는 주체성을 실천하는 동시에 정주민 사회와 상호작용하면서 한국 사회를 만들어가는 '주체'들로 간주되어야 한다.[49]

---

49) 심지어 돈을 벌겠다고 들어왔지만 이주노동자들에 대한 착취와 억압을 고발하고 한국 사회의 각성을 촉구하는 이주노동운동 '활동가'도 적지 않게 존재한다. 대표적으로 비영리 민간단체

4. 소수자의 주체화와 통치성

단순하게 말해, 저항을 하는 이주노동자는 국가에 의해서 그 정치적 권리가 보장되지 않지만 정치적 활동을 하는 주체들이다. 그런 정치적 활동을 통해 근대 국민국가에 속박되어 있는 정치적 권리와 정치적 주체 개념조차도 상당한 변이를 겪는다. 이들은 한국 사회에서 비국민이며 비시민이지만 한국의 정치 문제와 연루되어 있거나 혹은 개입하고 있으며 다양한 형태의 사회운동들과 접속하면서 정치활동을 해나가는 특이성(singularity)을 가지고 있다.[50] 이들의 주체화는 궁극적으로 권리담론의 변화를 넘어서 보다 넓은 차원에서, 이주노동자 및 결혼이주여성 등 소수집단은 주류/다수집단으로서는 사고할 수 없는 기존 질서와 가치를 문제화(problamatizing)하고 재구성하는 가능성을 가진다는 점을 강조해야 한다. 아울러 그와 연관된 실천들이 미치는 제도적 담론의 변화에 보다 적극적인 의미를 부여할 때 정치의 외연을 확장하고 정치의 성격을 새롭게 만드는 계기로서 소수자의 주체화가 적극적인 의미를 부여받게 된다.

소수자 정치학이 가지는 의의가 바로 여기에 있다. 즉 이주노동자 혹은 결혼이주여성뿐만 아니라 주류 집단 내부의 다양한 소수자의

'MWTV(Migrant Worker's TV, 이하 MWTV)'의 이주민 미디어 활동가들은 과거 미등록 이주노동자로서 살아왔으나, 현재는 이주노동을 하지 않고 자신들이 미디어 단체를 직접 설립하여 PD, 기자, 앵커, 다큐멘터리 감독, 영화배우 등의 미디어 활동을 펼쳐나가면서, 이를 통해 한국 사회에서 드러나는 이주노동자와 관련된 사회적 문제를 부각시키고 한국 사회의 공공영역으로의 진입을 끊임없이 시도하는 특수한 집단이다. 이들에 대한 가장 최근의 논문으로는 정성신(2012) 참조.

50) 이주노동자의 특이성으로 인한 탈국가적 주체성 형성의 문제에 대해서는 정정훈(2005)을 보라.

운동은 기존의 지배적인 사회 정치적 정체성과 고정된 사고를을 해체하면서 새로운 가능성을 만들고, 나아가 주변을 강조하고 중심을 해체하며 전체적 지형을 전환시킴으로써 소수자 집단 자체의 자율성뿐만 아니라 인민 대중 전체의 다문화적 능력을 촉발시키는 동시에 사회 전체적인 민주주의를 확장해나갈 수 있다는 것이다. 그러므로 다양하고 이질적인 세력들의 만남과 소통, 그리고 연대를 위한 출발점이자 새로운 가치를 촉발하는 실천이 중요한 것이다.

이런 정치적 실천이 전개된다면 이주민뿐만 아니라 넓은 의미에서 소수자 운동은 상호연대를 구성하는 동시에 주류 사회의 구성원들과의 다중적인 상호관계 및 상호작용을 통해 새로운 '우리', 진정으로 '다문화적인' 주체를 창출해나갈 수 있을 것이다. 이런 관점에서 소수자의 주체성 및 주체화는 다수·주류·지배집단의 주체성과 적극적으로 조우해야 한다. 소수자뿐만 아니라 다수자 또한 시간의 지평 속에서 타자들과 마주침을 통해 주체성을 생성해가며 그로써 자신의 동일성을 변화하거나 해체하고 재구성하게 된다. 이런 일련의 과정은 주체의 자기 변형을 요구하며 이런 반복을 통해 주체는 스스로를 재구성해나간다. 해체는 부정적인 것이 아니라 타자와의 마주침을 통해 새로운 동일성을 만들어가는 능력이 함양된다. 주체는 차이생성과 동일성의 교차로/전장(戰場)에 존재한다(이정우 2009: 12-13).

이러한 모색은 기존의 다문화주의의 한계를 극복하는 전략으로 나아갈 수 있다. 즉 다문화주의가 행위 주체 간의 긴밀한 관계나 연대를 사고하지 못하고 그저 용인되는 다양성으로 존재하는 상황의 고정되고 동질적인 정체성의 특수성을 극복해야 한다는 것이다. 그러므로 이제 우리는 공동체에 소속된 구성원들이 지속적인 상호작용을 통해 정체성을 새롭게 구성하고 변형시키면서도 연대의식을 가질 수 있고 이러한 연대의식이 사회정의의 실현과 민주적 심의의 안정성에 긍정적으로 기여할 수 있는 방안을 적극적이고 심층적으로 모색할 것이다.[51] 이는 궁극적으로 아렌트의 공동세계를 새롭게 조명하는 것을 의미하며 나아가 공동세계의 활성화를 위해 어떤 실천과 전략이 필요한지를 보다 다양하게 논의한다는 것을 함의한다. 물론 현실 속에서 시급한 것은, 이주노동자의 주체성을 인정하지 못하는 혹은 실현하지 못하게 만드는 현재의 정치 원리에 대한 비판이며 이는 불평등과 억압을 지속시키는 구조 내지 제도의 변화와 연동될 것이다.

이러한 주체성의 변화는 소수자-되기의 관점에서 본다면 억압적이거나 고착화된 관계를 변혁하는 동시에 좋은 관계를 창조하는 것이다. 타자와의 부딪침을 통해 어떻게 새로운 내가 될 것인지를 고민하는 '타자-되기'이다. 이는 다수자가 규정한 질서와 통념에서

---

51) '대한민국은 민주공화국'이라는 보편적인 그래서 지배적인 이데올로기가 정치적 레토릭을 넘어서 저항 집단의 실천과 운동을 통해 복원될 때 그것이 얼마나 강력한 정치적 효과와 역동적인 파급력을 가지는지를 우리는 지난 2008년의 촛불 시위에서 두 눈으로 확인했다. 마찬가지 논리가 이주노동자의 주체화에도 적용된다. 즉 '인권', '시민권', '민주주의' 같은 보편적인 이데올로기를 매개로 발생하는 이주노동자 및 연대 집단의 저항과 불만의 표출은 그 자체가 권력의 생성이며 맹아적 형태에서 헤게모니가 가지는 잠재적 힘(모든 사람의 자기 해방을 향한 잠재적 경향)을 정당하게 평가하는 것이다. 더 나아가 맹아적 헤게모니가 대안적 전망으로 발전하도록 지원하는 방법을 찾는 것이다. 또한 무수히 많은 저항의 지점이 구조적 문제를 변화시키지 않으면 해결될 수 없다는 점, 그래서 서로 다른 관점으로부터 인식되는 불만과 저항이 서로 대립되기보다는 공통의 목표를 가진다는 사실에 합의될 수 있을 것이다.

벗어나 새로운 가치와 차이를 만들어내는 것이며 이것은 결국 다수자의 능력과 가능성을 최대한 실현할 수 있는 전략이다. 그러므로 소수자-되기는 새로운 가치를 발굴하려는 노력이며 그런 차이만큼 세상이 정의로워질 것이다. 획일적인 방식이 아니라 스스로의 잠재적인 가치를 활성화시키는 것, 그것은 보편적인 것을 거부하는 것이 아니라 외연을 확장하는 정치를 의미한다. 순수한 의미에서 서로 다른 두 세계의 소통은 차이를 통한 풍요를 만들어낸다.

이 지점에서 통치성(governmentality)의 중요성이 부각된다(Foucault 2008). 통치성은 '특정한 행동을 구성하거나 가능하게 만드는 통치의 성격과 유형, 합리성'으로 해석할 수 있을 것이다. 한편 통치성을 'govern'과 'mentality'의 합성어로 볼 수도 있다. 이런 관점에서 보자면, 통치성은 '통치'와 '사고양식'이 결합된 개념으로서 '통치행위의 속성' 혹은 '통치행위의 사고양식' 등으로 해석이 가능할 것이다(Brown 2010: 139; 서동진 2009: 320-321).

통치성은 큰 틀에서 보자면 지식과 권력관계 그리고 주체화의 원리와 밀접한 관계를 가진다. 통치성은 규범적 정당화를 통해 주체를 포섭하려는 지식/권력의 작용을 의미하는 동시에 이러한 논리를 비판하면서 능동적으로 판단하고 행위하려는 주체성의 부딪침이 만들어내는 전략의 장으로 이해할 수 있다. 예컨대 인종이나 민족이라는 경계의 정당성(지배권력의 통치성) 역시 끊임없이 의문에 부치는(problamatizing) 활동도 자기통치의 일환으로 볼 수 있다. 즉 지배적인 통치성의 근본적인 가정들과 전제들을 지속적으로 비판하는 활동을 통해 새로운 주체화의 가능성을 모색할 수 있다는 것이다.

이처럼 권력의 통치방식 혹은 통치 유형을 의미하는 통치성은 단순히 국가나 제도의 영역을 넘어서 국가와 시민사회 그리고 시민들 사이에서 순환하면서 주체를 생산해내고 그 주체가 스스로를 통치하는 데 활용된다. 통치성의 실천을 통해 새로운 주체성이 형성될 수 있다. 통치성은 일종의 전략이자 목표이며 효과라고 볼 수 있다. 그렇다면 다문화 시대를 맞아 바람직한 통치성의 방향 및 효과에 대한 고민과 모색이 필요하다고 볼 수 있다. 확실한 것은, 주변화된 다양한 소수자들의 자기주체성 찾기, 아울러 새로운 자유의 공간을 만들어가는 방향은 다수자 사회의 변형과 적극적으로 연루되며 소수자 집단뿐만 아니라 다수자의 소수자−되기를 위한 통치성의 전략도 중요하는 것이다. 그리고 이것은 통치성과 연관된 정치의 확장을 의미한다.

"정치란 보이지 않던 것을 보이게 만드는 것, 그저 소음으로만 들릴 뿐이었던 것을 말로서 듣게 만드는 것"(Ranciere 2008: 253)이라는 랑시에르의 말을 적극적으로 차용한다면, 결국 다문화 시대의 새로운 정치는 선거나 대의에 매몰되어 있던 우리의 익숙한 감성을, 그런 감성의 체계를 바꾸는 것이라고 말할 수 있을 것이다. 다문화주의가 시대적 현상이자 과제로서 부상하고 있는 현실 속에서, 새로운 통치성은 바로 다문화적 감성을 함양하는 것이고 공화주의적 능력을 함양하는 것이며 정치의 영역을 확장하면서 온전하게 작동하고 실현될 수 있을 것이다.[52] 추상적인 정의이기는 하지만, 정치적 능력이나 발언권, 현재의 자원이나 재화의 분배 상황을 문제 삼으면서 새로운 변화의 가능성을 제기하는 정치적 행위를 포함하는 '능동적이고 활력 있는 시민사회'는 자기 통치로서 자치의 실천, 즉 정치적 자유를 실천하는 다양한 시도를 가져올 것이다. 여기에는 공적 공간의 의미 확장 및 공공선을 어떻게 정의하고 그것을 어떻게 실현해나가는가 하는 작업이 핵심적인 원리로 포함된다. 이와 함께 자아의 정체성과 인격을 수양하는 자율적 능력이 중요하고 그것을 위한 조건과 환경을 구성하는 공동체 권력의 성격과 능력이 중요하다는 주장으로 확대된다(박승규 2002: 301-303). 정리한다면, 이런 작업은 자아의 주체성과 국가의 통치성이 발전적으로 상호작용할 수 있는 시스템과 정치철학의 방향을 마련하는 것이다.

5. 소결

다문화 시대의 대표적인 소수자로서 이주노동자의 주체화는 우리 사회에서 인권 담론의 급진화를 요구하고 있다. 이들의 존재 및 운동은 국민국가 경계에 기반한 시민권 담론을 넘어서, '국민이 아닌 자' 역시 인간으로서 '권리를 가질 권리'에 대한 적극적인 사유를 요청하고 있기 때문이다. 우리나라 경제의 한 축을 담당하면서 이미

---

52) 실제로 이런 정치의 감성 원리 및 형식은 역사적, 사회적으로 가변적인 것이다. 우리는 불과 이십년 전까지만 해도 사상의 자유가 억압받는 현실을, 생존권을 요구하는 인민들의 인권을 짓밟는 독재정권의 억압적 '통치성'을 당연하게 받아들이고 또 충분히 종속적인 주체로서 적응한 적이 있다.

공식적인 구성원으로서 기능하고 있는 이주노동자를 공적 영역에서 배제하는 것은 사실상 소수자에 대한 노골적인 배제이자 그들의 온전한 삶을 부정하는 정치적 폭력에 다름 아니다. 그러므로 추상적인 인권 이념을 실질적인 토대로 확장하려는 노력은 그 자체가 모든 불평등과 부자유와 억압에 대한 비판과 저항을 의미한다.

그러므로 다문화 시대를 맞아 세계적 차원에서 급증하는 이주민들이 공적 세계에 자신을 현시하고 타자를 대상으로 자신의 목소리를 낼 자격과 가능성을 제공하는 인권의 부여가 중요한 과제이다. 이주노동자들의 발언권을 핵심으로 하는 인권을 보장한다면, 시민사회의 논의를 통해 이들의 시민권 문제 역시 치열한 쟁투를 통해 잠정적인 합의를 도출할 수 있을 것이다. 중요한 것은 인권을 요구하는 이주민들의 정치적 실천은 공동세계에 대한 정주집단의 관심을 자극하는 동시에 공동세계의 활성화를 가능하게 만들면서 새로운 주체화와 정체성의 변화를 촉발시키는 사건으로 기능할 수 있다는 것이다. 아울러 이는 동시에 이주민 등 소수자의 주체성 함양을 가능하게 만들 것이다. 이 과정에서 다양한 영역에서 다양한 소수집단의 다층적인 연대가 형성될 수 있을 것이다. 왜냐하면 이주민의 문제는 단순히 문화적 정체성의 문제뿐만 아니라 정치경제학적 관점에서 계급·계층의 문제와도 연동되기 때문이다. 특히 우리 사회에서 이주민의 문제는 단순히 서구적 수준의 인종적 정체성의 문제라기보다는 그와 연동되는 사회적, 정치적, 경제적 차별이 중요한 쟁점이기 때문에 이들의 인권을 중심으로 다양한 시민적 연대가 모색될 수 있을 것이다. 결국 다문화 사회의 핵심적인 주체로서 이주민들의 정치적 실천은 우리 사회의 변화와 직간접적으로 연동되어 정치의 외연과 내용을 확장하는 계기가 될 수 있다. 이는 다수집단, 정주민 집단의 다문화적 능력을 촉발시키는 동시에 사회 전체의 민주적 포용 능력을 함양하는 계기가 될 수 있다. 그렇다면 이제 다문화 시대를 살아가는 다수자의 변화를 적극적으로 사고할 수 있는 통치성의 문제가 중요해진다.

06

다문화 정치통합의
전략: 쟁투적 공동세계

1. 자유주의적 관용을 넘어서

현재 지배적인 자유주의적 다문화주의의 가장 큰 한계는 탈정치적 경향(depoliticization)으로서, 무엇보다도 다수집단/소수집단 사이의 지배와 불평등 같은 문제를 개인적 차원의 편견이나 증오의 문제로 환원해버리는 것이다. 서구에서 다수집단에 속하는 백인 남성인 내가 흑인 여성의 주체성을 폄하하는 것이 순전히 개인적 인성의 문제일 뿐이며 남미 출신의 이주민 가정들이 대부분 빈곤층에 속하는 것이 과연 그들의 나태함 때문인가? 이는 정치적인 문제를 개인화하고 그 원인을 특정한 태도의 문제로 돌려버리는 탈정치적 접근이다 (Brown 2010: ch. 1). 개인과 그 태도가 갈등의 중심으로 제기될 경우, 권력의 문제는 포착할 수 없게 된다. 이런 관점에 따르면, 다양한 사회적, 경제적, 정치적 문제의 원인은 편견을 가진 개인이 되어버린다. 예컨대 소수문화 및 소수집단에 대한 차별 및 편견을 재생산하는 복합적인 권력관계가 드러나지 않는다는 것이다. 차이와 정체성이 본질적으로는 사회적, 역사적으로 형성된 것이며 그 자체로 권력과 헤게모니적 규범, 그리고 특정 담론들의 산물이라는 중요한 특징이 제거되고 갈등의 원인이 은폐되는 것이다.

이 지점에서 지배적인 다문화 담론으로서 자유주의적 관용의 문제가 제기된다(Brown 2010: 22).[53] 무엇보다도 관용은 유동적 의미를 가지고 있을 뿐만 아니라 그 속성 자체가 담론적임을 이해할 필요가 있다. 즉 관용은 흔히 생각하듯이, 초월적이고 보편적인 개념 원리나 원칙, 미덕이라기보다는 목적과 내용, 행위 주체와 대상에 따라 다양한 역사적, 지리적 형태를 가지는 정치적 담론이자 통치성의 실천으로 이해되어야 한다. 관용은 법률에 기반한 명령이나 금지 조항을 통해 강요되지 않는다는 점에서, 달리 말해 공식적인 정치 영역에 한정되지 않는 다양한 장소에서 작동한다는 점에서 통치성의 전형이라고 볼 수 있다. 그러나 관용은 주체를 생산하고 주체-위치를 배분하며, 정체성과 관련된 의미와 실천을 조율하고 정치적 주체성을 조건 짓는다. 오늘날 관용의 이런 작업은 권력의 집중이나 지배를 통해서가 아니라 국가 기구 바깥, 즉 학교·교회·지역단체와 같은 시민사회의 영역들, 각종 사회 집단들, 그리고 국제기구나

---

53) 물론 여기서 관용에 대한 광범위한 논의를 전개하지는 않는다. 다만 다문화주의와 관련하여 담론구성체로서 관용은 통치성이 실천 기제로서 작용하는 대표적인 사례임을 강조하는 것이다. 아울러 관용에 대한 비판적 고찰이 자유주의적 관용 담론의 가치를 부정하는 것으로 이해되어서는 안 된다. 특히 개인의 윤리로서의 관용과 정치적 담론이자 통치성으로서의 관용은 구분되어야 한다. 물론 정치적 담론으로서의 관용이 개인의 윤리에 영향을 미치며 그 역도 충분히 가능하다. 브라운의 주장처럼, 관용과 권력이 맺고 있는 관계에 대한 분석은 관용의 지위를 초월적 덕목에서 끌어내려 자유주의적 통치를 구성하는 역사적인 요소로 재조정해야 한다는 것을 의미하며 그 부정적인 측면을 부각시켜야 한다는 것이다.

학술단체들을 가로지르는 관용 담론의 분산을 통해 이루어지고 있다.

이처럼 명백한 정치적 효과를 가지는 관용 담론의 확산은 통치성의 형태를 띠면서 갈등의 조절과 사회통합을 위한 다문화주의 기획과 결합했다는 것이다. 소수집단의 정체성 및 시민권, 다문화주의 공존의 문제에 초점을 맞춘 관용 담론은 국가에서 사회적인 영역과 지역적인 차원으로 확장되며 각종 출판물과 슬로건 그리고 시민단체의 선전문구를 통해 퍼져나갔으며 편견에 대한 반대이자 사회적 이상을 담은 문구가 되었다. 미국의 보수 대통령부터 유엔의 사무총장, 남미의 좌파 활동가까지도 상식적인 것으로 수용한다. 그렇다면 우리는 푸코적 시각에서 다음과 같은 질문을 던질 수 있어야 한다.

> 관용 담론이 현대 자유민주주의 민족/국가에서 수행하는 통치적, 조절적 역할은 무엇인가? 관용이 그리는 이상적인 사회 질서는 어떤 것인가? 관용 담론이 생산하는 사회적 주체는 어떤 존재인가? 관용 담론이 제시하는 바람직한 시민의 모습은 무엇이며, 이러한 시민은 정치와 국가 그리고 동료 시민에게 어떤 태도를 가져야 하는가? (…) 관용 담론이 약속하는 정의란 어떤 종류의 것이며 반대로 관용 담론은 어떤 종류의 정의에 눈감고 있는가?(Brown, 위의 책: 24).

통치성의 실천으로서 관용은 갈등을 줄이고 소수자와 약자를 보호한다는 공식적인 목표를 가지고 있으며 강력한 수사적 효과를 가진 역사적, 문화적인 담론 구성으로 분석할 수 있다(Brown, 위의 책: 31-44). 그 결과로서 정치적 주체의 형성에 관여하고, 정치적인 것, 사회적인 것, 시민권, 정의, 국가, 그리고 문명의 절합(articulation)[54]

---

54) 분절되어있으면서도 결합된 상태를 의미하는 '분절'은 여기에서 관용 능력이 있는 민족/국민과 그렇지 못한 민족/국민을 나눔으로써 우월/열등, 인정/불인정의 문명 위계를 구성하는 것으로 해석된다. 아니, 차라리 관용은 문명과 동일시된다. 여기서 자유주의 및 자유주의적 개인의 배

에 기여하고 있다. 이 책이 주목하는 자유주의적 관용의 가장 큰 한계는 비정치화이다. 이것은 차라리 자유주의의 본질적인 한계라고 볼 수 있다. 주지하듯이 자유주의는 공식적인 정치적 문제 이외의 문화적이고 사적인 문제들을 자연적이거나 개인적인 것—권력 혹은 정치와 상관없는 것—으로 간주한다. 또한 자유주의는 개인 주체에게 행위의 책임을 강조함으로써 정치적인 갈등과 불평등의 문제를 개인화시키고 그 결과 자유민주주의에서 주체를 구성하는 다양한 규범과 사회적 관계들—계급, 인종, 젠더, 섹슈얼리티 등등의 문제—은 비가시화된다. 법 앞의 자유와 평등 앞에서 종속과 불평등의 다양한 근원들은 무시된다. 때문에 자유주의에 기반한 관용 담론 역시 차이와 갈등을 사회구조적인 측면에서, 사회적 평등의 측면에서 파악하고 공적 공간의 중심에서 전면화시키는 것이 아니라 개인이나 권력의 관용을 호소하는 것에 머물게 만든다.

사실 관용 담론은 우월/열등에 기반한 계몽주의적 문화보편주의가 문화상대주의의 공격을 받으면서 나온 가치이자 대응 전략이다. 때문에 관용 담론은 보편성에 대항하는 특수한 것들의 분출을 관리하기 위해서, 주류의 입장에서 주변인들을 통제하기 위해서 내부에 대항하는 외부를 제어하기 위해서 만들어진 것으로 볼 수 있다 (Brown 2010: 147). 이런 관점에서 관용은 정체성 간의 갈등을 중재하거나 이미 선행하는 차이에 기반한 갈등을 완화하는 온건한 해결책으로만 제시된다. 그러나 브라운의 질문처럼, 오늘날 산재하는 다양한 갈등들이 다른 분석틀이 아닌 관용/불관용의 문제로 이해되어

타적 지위를 이해하는 것은 어렵지 않다.

야 하는지에 대해서는 답하지 못하고 있다. 무엇보다도 "왜 오늘날 갈등에 대한 해결책은 해방이나 평등 혹은 자치나 무력투쟁, 억압이나 처벌이 아닌 관용이어야 하는가"에 대한 근본적인 질문이 중요하다(Brown, 위의 책: 148). 이처럼 자유주의적 관용은 의도하지 않은 결과일지라도 평등과 연대의 가치에 기반한 정치적 도전을 무력화시키면서 그저 주어진 정체성과 차이의 '사이좋은' 공존에만 만족하라고 유혹하는 것이다. 이는 차이를 정치적으로 변화시킬 가능성을 막는 동시에 차이에 기반한 지배와 불평등의 문제를 보지 못하게 만든다. 또한 차이를 통해 타자를 이해하고 이러한 이해를 바탕으로 차이에 대한 거부나 혹은 차이에 기반한 연대를 사고할 수 없게 만들며 결과적으로 고립과 무관심을 필연적이고 좋은 것으로 만든다(Phillips 1999: 152).

발생 가능한 정치적 적대와 모순을 공적 공간에서 배제시키고 통치성으로서 관용을 확산하는 것은, 결국 기존 사회의 우월/열등의 이분법적 구조 및 지배적인 규범과 이미지—미국 사회의 경우에는 백인·부르주아·남성·기독교도—를 재생산하는 데 일조하리라는 것은 어려운 예상이 아니다. 이 과정에서 본질화된 차이와 정체성에 특수성을 부여하고 관용받는 자리를 부여함으로써 소수자 집단은 관용을 통해 주변부적 위상에 머무르게 된다. 이는 동시에 기존의 지배적인 규범들을 중립화시킨다는 것을 의미한다(Brown, 앞의 책: 23).

그러나 이러한 자유주의적 관용 담론을 부정적으로만 바라보는 것은 또 다른 오류이다. 자유주의는 지금까지 스스로의 한계를 극복할 수 있는 잠재력을 보여준 것처럼 관용 역시 자신에 대한 성찰 혹은 외부로부터의 비판을 통해 보다 적극적인 공존의 원리로 변화될 수 있을 것이다. 더구나 이 책이 지금 당장 관용을 다른 실천으로 대체하자는 것도 아니다. 다만 지배적인 관용 담론에 뿌리 깊은 '우리'와 '그들'이라는 절대적 이분법을 극복할 수 있는 실천이 가능하며, 대안적인 정치적 발언과 실천을 통해 관용의 한계를 보완할 수 있는 것이다. 아마도 그 전략은 관용 담론의 비정치화에 맞서 정의나 권력, 평등과 배제, 종속 같은 정치적 용어에 기반해 새로운 대항담론(counterdiscourse)을 형성하려는 노력이 될 것이다. 그럴 때 비로소 관용조차도 원래의 이상을 온전하게 실현할 수 있을 것이다. 지배적인 담론의 역사적인 변화는 현재 영원할 것으로 간주되는 정치적, 사회적, 경제적 담론들이나 그런 영역의 지배적인 가치와 논리들이 변화에 개방되어 있다는 것을 암시한다. 특정한 영역에서조차 모든 공간을 남김없이 지배하는 담론은 존재하지 않는다면, 변화는 필연적이다. 이런 관점에서 다문화 민주주의는 공적 영역에서 차이를 배제하거나 단순히 용인하는 자유주의적 관용이 아니라 오히려 쟁투적 다원주의(agonistic democracy) 혹은 쟁투적 민주주의와 결합해야 하며 이것은 아렌트의 공동세계의 확장이라는 전략과 접속된다.

이런 맥락에서 다문화주의와 민주주의의 결합이 다시 적극적으로 모색될 수 있다. 그리고 이는 사회적 정체성들 간의 차이를 조정하는 개입의 실천으로서 관용을 비판적으로 볼 것을 요구한다. 일반적으로 다문화주의가 강조하는 관용의 모습은 정치적 삶에 참여하는 시민의 모습과 근본적으로 다르다. 후자는 연대의 가치를 내걸고 자신의 생각을 발언하며, 인종·성·계급을 초월한 평등한 사회를 꿈꾼다. 반면에 관용은 우리로 하여금 차이로 인한 증오와 분노를 억제할 것만을 요구한다. 마치 이기심을 불변의 본성으로 간주하는 홉

스적 개인들처럼, 나와 그들의 차이는 달라지지 않는다. 이런 세계에서 차이는 증오의 기반이며 차이의 소통과 상호인정에 기반한 유대는 사고될 수 없다(Brown 2010: 151). 차이의 공적인 해결을 가로막는 것, 차이가 가진 공적인 속성을 축소시키는 것, 차이를 '문화'와 '본성'의 문제로 환원시켜 차이의 원인과 해결책을 탈정치화하는 것은 결코 생산적인 대안이 될 수 없다. 그리고 이것은 차이를 정치적으로 변화시키고 타자에 대한 이해를 바탕으로 새로운 '우리'의 창출 가능성을 배제하는 것이다. 그러므로 대안적인 다문화주의는 평등의 기획을 거부하는 보수적 관용을 거부하며, 차이를 가로지르는 접속의 기획, 다시 말해 연대나 공통성의 문제를 적극적으로 사고하고 실천해야 한다.

2. 쟁투적 공동세계(agonistic common world)의 활성화

그러므로 다문화 민주주의를 지향하는 대안적인 전략은 기존의 담론에 담긴 지배와 배제의 동학을 비판하고 지배적인 담론에 의해 은폐되고 억압된 것들을 드러내는 담론적 실천을 일차적인 과제로 삼아야 한다. 무엇보다도 이것은 배제를 작동시키는 지배담론의 진리효과를 문제 삼는 것이며 이런 실천은 정치를 새롭게 사유할 수 있는 가능성을 제시한다.

랑시에르에 따르면, 정치에 대한 자격 있는 자들만의 참여를 허용하고, 자격 없는 자들의 배제를 정당화하면서 위계적인 자리와 자격을 당연시 여기는 것은 정치에 대한 사유를 차단하는 것이다(Ranciere 2008: ch. 1). 그것은 '자유'를 말하지만 사실은 자유에서 배제된 자들을 억압하는 것이고 '평등'을 말하는 경우에도 사실은 자격 없는 자들의 불평등을 강제하는 것이며 그런 배제와 억압, 불평등으로부터 자신을 해방하려는 모든 종류의 정치를 정치의 영역에서 제거하려는 것이다. 그러므로 정치는 대의정치로 요약되는 지배적인 담론과 달리, 그것은 공동체 안에 존재하는 '불일치'를 적극적으로 드러내는 것이고 상이한 세계가 '하나의 세계' 안에 공존하고 있음을 드러내는 것이다(Ranciere 2008: 249). 합의로 위장된 공동체의 균열과 불일치를 전면에 부각시키는 것, 그것은 주어지지 않은 몫을 요구하고, 주어지지 않은 권리를 획득하려는 자를 보이지 않게 만드는 배제의 방법을 폭로하고 극복하려는 것이다. 그러므로 무엇보다도 소수자 및 배제된 자들은 자신들에게 강요된 침묵과 복종을 의문시하고 그런 식으로 설정된 사회적 위계의 정당성을 문제 삼아야 하는 것이다. 그러나 현재의 이주정책과 관련된 지배적인 담론구조는 외국인 노동자를 선험적이고 원천적으로 배제하는 것에 대한 문제화 (problmatizing) 가능성을 배제시킨다. 즉 그것은 정치에 참여할 권리 여부를 의문에 부치는 것을, 현재의 조건을 바꾸려는 행위를 정치로부터 선험적으로 배제한다. 정치가 모든 문제와 모든 사람을 항상－이미 포함할 수 없는 '현실'을 인정한다고 하더라도, 그런 배제를 가동시키는 경계 자체를 문제화할 수 있다면 정치는 배제된 자들에게도 가능성의 장으로 남아있을 수 있을 것이다. 그러나 문제화 가능성 자체가 배제된다면 배제된 자들은 정치에 대해 어떤 가능성이나 희망을 가질 수 없다. 그 경우 정치란 본질적으로 배제와 억압의 장일 뿐이다. 단순화시킨다면, 민주주의 확장은 이렇게 반복되고 재생산되어온 배제와 포함의 논리를 변형하고 극복해온 과정이며 민주주의 담론에는 이런 경험과 기억들이 아로새겨져 있다.

이런 랑시에르의 비판이 이 책의 맥락에서 갖는 함의는 중요하다. 왜냐하면 랑시에르의 '정치'는 궁극적으로 사적 영역에 매몰되거나 갇히어 공적 세계의 상실을 당연시 여기는 근대정치 혹은 배제의 정치에 문제를 제기하고 공동세계를 복원하자는 아렌트의 주장으로 연결될 수 있기 때문이며 이 책이 지향하는 다문화 민주주의를 위한 이론적, 실천적 토대를 제공하기 때문이다.

> 어떤 공동체 안에서 자기 자리를, 시대의 투쟁 속에서 자신의 정치적 지위를 잃어버린 인간은 (…) 사생활의 영역 안에서만 명확하게 표현되는 특성만 가지게 되고 공적인 모든 사안에는 아무런 자격이 없는 단순한 존재로 남을 수밖에 없다(Arendt 2006: 539).

이것은 가장 근본적인 배제이며 사적 영역에 매몰되게 만드는 이러한 정치적 폭력은 아리스토텔레스의 의도하지 않은 주장처럼 그들을 인간으로 간주하지 않는다는 것을 의미한다. 비록 아리스토텔레스의 경우는 노예를 의미하고, 아렌트의 논의는 그녀 자신의 경험에서 비롯된 '정치적 난민'을 의미했지만 어떤 의미에서 '경제적 난민'으로 볼 수 있는 이주노동자에게 정치적 지위를 부여하지 않는 것은 사실상 인간으로서의 권리를 박탈하는 것과 마찬가지이다.[55]

---

55) 공적인 것과 사적인 것을 구분하는 데 있어 아렌트는 그리스인들과 달리 사적인 것의 가치를 일방적으로 경멸한 것이 아니라 로마인들처럼 사랑, 동정, 연민 등 인간적 가치와 공적 영역의 상호보완성을 중시한 것으로 보인다. 아렌트가 경멸한 것은 사유 재산으로 상징되는 부의 축

왜냐하면 "노예제가 인권에 근본적으로 위배되는 것은 자유를 빼앗기 때문이 아니라(자유의 박탈은 많은 상황에서 일어날 수 있다), 특정한 범주의 사람들에게 자유를 위해 싸울 수 있는 가능성 (…) 을 배제했다는 데 있"기 때문이다(Arendt 2006: 533-534). 아렌트가 단언하듯이, 정치조직의 상실이야말로 노예를 인류로부터 추방한 것이다.

이런 문제제기로부터 도출되는 이론적, 실천적 결론은 명료하다. 정치적 영역에서 담론적 권리를 형성하기 어려운 조건에 있는 사람들, 아렌트의 표현을 빌리자면, '타자에게 보여지고 들려지는 경험'을 상실한 사람들, 타자의 부재라는 견디기 힘든 상황을 강요받는 사람들, 소수자로서 자신들을 이해하고 자신들의 공적 권리를 만들어내기 위한 최소한의 자원, 즉 타자의 존재가 결여된 사람들, 그런 문제가 무시되기 이전에 문제가 존재한다는 것조차 잊힐 수 있는 사람들을 양산하는 현재의 불충분한 공론장을 의문에 부쳐야 한다는 것이다. 이것은 가장 근본적이면서도 절실한 담론적 실천을 요구하고 있다. 그러한 담론적 실천은 사실상 수많은 사람들을 배제시키고 주변화시키는 지배적인 공적 담론의 가치의 편향을 부각시킨다. 여기서 다시 들리지 않는 것을 들리게 만들고, 보이지 않는 것을 보이게 만드는 담론적 실천이 중요해진다. 배제를 정당화하는 진리의지를 문제 삼는 것은 다문화 민주주의에 기반한 중요한 실천명제라고 볼 수 있다. 왜냐하면 진리의지가 가장 직접적으로 작동하는 공간이 공적 영역이며 또한 진리의지는 공적 영역을 지배함으로써 사적 영역에 대한 지배까지도 동시에 성취하기 때문이다. 그러므로 개인과

적이 근대를 지배하는 대중사회, 사적 영역을 최고의 가치이자 권리로 간주하는 근대적 관념이었다.

시민 사회의 차원에서 전개되는 담론적 실천이 순환되고 확산되면서, 발언권을 차단하는 지배담론을 약화시키면서 쟁투적 공동세계가 활성화될 수 있다.

좀 더 논의를 밀고 나간다면, 이런 논의는 아렌트의 현상의 공간으로서 정치와 접속될 수 있다. 아렌트에게 사적 소유와 구별되는 공동의 것으로서 '현상의 공간(the space of appearance)'은 사람들이 서로 관계하는 시점에서 창출되는 공간이다. 그것은 내가 타자와 대면해서 나타나고 타자가 나와 대면해서 나타나는 정체 현시성 속성(identity revealing quality)을 가진다. 이런 현상의 공간은 사람들이 함께 모이는 곳에는 어디에서나 잠재적으로 존재한다(Arendt 1996: 261-262). 공개적인 행위와 발언을 통해 사람들은 그/그들이 누구(who)인가를 보여주고 독특한 개인적 정체를 적극적으로 드러냄으로써 인간적 세계에 출현하게 되며 이런 실천의 과정이자 결과물이 바로 폴리스이다.

> 정확하게 말한다면, 폴리스는 지리적으로 자리 잡은 도시국가가 아니다. 폴리스는 사람들이 함께 행위하고 말함으로써 발생하는 사람들의 조직체이다. 그리고 폴리스의 참된 공간은, 그들이 어디에 있든지 간에, 이 목적을 위해 함께 살아가는 사람들 사이에 존재한다. "네가 어디로 가든지 간에 너는 폴리스가 될 것이다." 이 유명한 말은 그리스의 식민지화의 모토가 아니다. 행위와 말은 사람들 사이의 공간, 즉 언제 어디서든지 자신의 적당한 위치를 발견할 수 있는 공간을 창조할 수 있다는 확신을 표현하고 있다. 폴리스는 가장 폭넓은 의미에서 현상의 공간이다. (…) 현상의 공간은 말과 행위의 방식으로 사람들이 함께 사는 곳이면 어디서나 존재한다(Arendt 1996: 260-261).

이런 현상의 공간은 우리가 타자가 아니기 때문에 타자의 말과 행위를 보고 들으려는, 타자성에 대한 관심이라는 측면에서 실존적인 성격을 갖는 동시에 아렌트적 인간이 되기 위한 조건이기도 하다. 노예 같은 비시민은 공적 공간에 자신을 현시할 기회와 욕망을 가지지 않기 때문에 인간으로 간주되지 않는다. 타자와의 소통과 인정이야말로 인간의 조건인 것이다. 이것은 다문화 시대를 살아가는 우리에게 타자에 대한 실존적 포용을 요구할 뿐만 아니라 우리의 주체성의 변화를 요청한다. 인간이 본질적으로 공적 존재(public being)로서 공적 공간에 출현하고 발언을 통해 자신의 정체를 드러내고 공동세계의 현실감(feeling for reality)을 구성해가는 존재라면 소수자들의 발언권을 차단하거나 박탈하는 것은 인간성을 파괴하는 것이며, 그것은 궁극적으로 공동세계가 파괴될 수 있는 조짐을 나타내는 것이기도 하다. 다수와 소수의 관계 속에서 세계를 한 측면에서만 이해하게 될 때 공동세계가 파괴될 가능성은 더욱 높아진다.

나아가 이 책의 맥락에서 아렌트의 행위는 다문화 민주주의를 촉발시키는 담론적 실천으로 해석될 수 있다. 아렌트는 인간이 자신의 행위나 말로 공적 공간에 '현상'하는 용기, 관례적인 도덕규범을 비판하고 새로운 차이를 발생시킬 수 있는 발언의 용기를 정치적 덕성으로 중시하는 바(Arendt 1996: 282-283; 김비환 2001: 138-139), 이것은 어떤 부정이나 낙인, 멸시도 두려워하지 않는 덕성을 필요로 한다. 때문에 이런 덕성을 촉발하고 고무하는 공동세계의 역할이 중요하며 서로 순수한 관계를 맺음으로써 새로운 가능성을 모색하는 관계맺기의 실천도 중요할 것이다.

지금까지 배제되어왔던 혹은 사유의 대상이 되지 못했던 타자의 출현과 발언은 지배적인 이해관계에 따른 정치와 도덕에 균열을 가져온다. 외부가 아닌 내부에서 내부의 견고한 논리가 혼란에 빠지는 것이다. 불법적인 이주노동자들이 스페인어로 미국 국가를 부를 때,[56] 설사 그들이 의도하지 않았을지라도 그 사건은 기존 국민국가의 범위와 경계, 아울러 그와 연관된 기존의 질서와 가치를 문제화하고 재구성하는 계기가 될 수 있다고 주장한다(Butler and Spivak 2008: 60-64). 또한 프랑스의 경우에도, 예컨대 방리유 같은 사태나 사르코지 대통령의 연금개혁에 대한 대규모 시위는, 비록 직접적으로 지배적인 담론을 공격하기보다는 정치인이나 특정 정책을 공격할지라도, 배제된 자들의 실천 자체가 이미 기존의 지배적인 담론의 질서에 개입하고 있는 것이다. 무페의 주장처럼 근본적으로 치열하고 쟁투적인 현실 속에서 정당성을 가지는 요구들과 그렇지 못한 요구들의 경계가 정치적으로 구성되는 헤게모니의 효과를 가진다면(안병진 2006: 97), 설사 의도하지 않았을지라도 배제된 자들의 요구는 다문화 정책의 변화를 촉발하는 사건으로 기입되기 마련이다.

우리의 다문화주의와 관련하여 담론구성체의 변화 및 재구성을 가능하게 만드는 새로운 담론적 공간의 극적인 출현으로서 특히 2003년 미등록 및 등록노동자들의 명동성당 투쟁을 예로 들 수 있다. 2003년 11월부터 강제 추방 반대를 주요 요구사항으로 삼아 380일간 지속된 농성투쟁은 다문화주의 담론을 폭발적으로 증가시키는

---

56) 2006년 봄 캘리포니아의 주요 도시에서 불법 거주자의 권리 보장을 요구하는 시위가 열렸는데 불법거주자들은 거리에서 미국 국가를 불렀다. Nuestro hymno라 불리는 스페인어로 된 미국 국가가 갖는 상징에 대해 버틀러와 스피박은 국가, 국민, 민족이라는 단단한 표층에 균열이 일어나는 징후로 해석했다. 한편 이 사태의 배경에는 2005년 겨울 미국 하원을 통과한 '센센브레너 법안'이 있었는데 이 법안은 미등록 이주자(소위 '불법 이민자')들을 범죄자이자 잠재적인 테러리스트로 간주하는 내용을 담고 있다.

동시에 기존의 인권 및 시민권 담론의 획기적인 변화를 가져온 것이다. 명동성당 농성투쟁에 참여했던 '미누'라는 네팔 젊은이와 일부 이주노동자들은 이 과정에서 '스톱크랙다운'이라는 밴드를 결성해 농성 현장뿐만 아니라 민주노총 등 명동성당 '밖' 시민단체 집회에서 노래를 부르고 공연을 한다. 이들에게 있어 밴드 활동은 불법단속, 강제 추방 반대라는 정치적 구호를 전달하는 수단이었을 뿐만 아니라 이주노동자라는 집합적 정체성을 형성하는, 그러므로 기존의 국적/국민이라는 정체성을 깨뜨리고 민족/인종을 초월한 한국의 이주노동자로서 정체성을 구성해가는 과정이었다. 농성이라는 사건이 없었다면, 즉 이주노동자들이 내부적인 민족적 차이를 극복하고 하나의 정치적 그룹으로서 비담론적인 집단적인 실천을 공유하지 못했다면 다양한 국적 출신으로 구성된 이 밴드 역시 불가능했을 것이다. 이들은 실천을 통해 그런 사건이 이주노동자들의 공동체뿐만 아니라 한국의 담론 지형에도 큰 영향을 미칠 수 있다는 것을 깨닫고 있었다. 이들의 비담론적 투쟁은 이주노동자 사회뿐만 아니라 정주민 사회에서 지금도 큰 파급력을 가지고 있으며 연대의 중요한 매개가 되고 있다.

이러한 '역사적인' 사건을 통해 우리나라의 학문적, 정치적 담론 지형에서 다문화주의 담론은 급부상하게 된다.[57] 이후 벌어진 일련의 사태들은 새로운 다문화주의 담론을 촉발시켰을 뿐만 아니라 다

---

57) 그러나 이런 전환이 긍정적인 측면만 있는 것은 아니다. 이후 이주노동자의 노동권 및 시민권을 중심으로 전개되던 다문화주의 담론은 결혼이주자 등의 급증으로 소위 '다문화 가정'의 문제로 전환하게 된다. 이 역시 사건의 효과로 볼 수 있다. 특히 이주노동자의 노동권 및 시민권 논의가 채 성숙하기도 전에 담론의 과잉은 방향성을 상실하게 되고 갑작스럽게 '다문화 가정'을 중심으로 하는 정부의 동화정책으로 급변하게 된다(오경석 2007: 22-56). 푸코의 언급처럼, 지배적인 담론구성체가 이질적일 수 있는 사건을 포섭하면서 이주노동자의 시민권 문제를 배제시킨 '치안'의 효과를 야기한 것이다.

문화주의 담론 자체의 성격을 변화시킨 대표적인 사례라고 볼 수 있다. 이러한 사건을 통해 이주노동자의 존재가 국적/국경에 기반한 인간의 권리문제를 촉발하면서 그 전에는 상상할 수도 없었던 이방인들의 정치적 권리문제가 정치공동체에서 중요한 의제로 등장한 것이 소위 이민 선진국의 공통된 경험이다. 그런 공론화를 통해 이주노동자의 주체성뿐만 아니라 '내부의 시민들'조차도 권리에 대해, 정치에 대해, 나아가 민주주의에 대해 새롭게 사고하게 만들면서 주체성의 변화를 가능하게 만들 수 있다는 것이다. 그리고 이것은 결과적으로 정치를 풍부하게 만들고 다문화 민주주의를 보다 심화시키는 계기가 될 수 있을 것이다.

쟁투적인 공동세계의 구성과 관련하여 필수적인 제도는 다문화 시대에서 시민으로서 이주민의 정치적 권리에 대한 문제이다. 특히 한국의 경우에 정부의 지원이 집중되는 결혼이주여성과 달리 외국인 이주노동자는 이러한 권리의 사각 지대에 놓여 있다. 물론 외국인의 참정권의 문제가 우리만의 문제는 아니다. 벤하비브는 현대의 모든 국가는 자신의 외부뿐만 아니라 자신의 내부에도 타자를 갖고 있다고 단언한다(Benhabib 2008: intro). 이때의 타자는 배제의 대상으로 타자이다. 벤하비브는 다문화주의 시대를 맞아 공동 세계에서 말할 자격과 권리를 놓고 새로운 규칙과 투쟁이 그 어느 시대보다도 더욱 극명하게 표출되고 있다고 분석한다. "지금 우리는 정치적 경계의 문제가 또 한 번 가시적으로 드러나는 그런 역사적 국면을 맞고 있다"(Benhabib 2008: 41). 이는 아렌트의 '권리를 가질 권리'로 상징되는 공화주의적 인권과 평등의 가치가 부각된다는 의미이다.[58]

사회적 논의를 거쳐 가감될 수 있겠지만, 이주노동자의 시민권을 모색하는 중요한 원칙은 공화주의적 시민권 개념일 것이다.[59] 이 시민권 개념은 인종, 민족, 종교, 성적 차이를 가리지 않고 헌정에 대한 공동의 지지와 헌신의 태도 그리고 능동적인 정치참여의 중요성을 전제하기 때문에 다양한 영역과 층위에서 이주민을 포함하여 다양한 소수집단 및 대표들이 공적 심의에 참여할 자격을 강조한다(김비환 2007: 338).

좀 더 구체적인 수준에서, 공화주의적 시민권의 제도적 장치로서 제한된 참정권을 포함해야 한다. 이 권리는 먼저 이들이 거주하는 자치단체 차원에서 인정·행사될 필요가 있는데, 자치단체의 중요한 결정들이 거주 외국인들의 생활에 큰 영향을 미칠 수 있는 만큼, 일정한 조건이 충족될 경우 이들의 참정권은 당연히 인정되어야 할 것이다. 만일 일정한 기준을 충족시킨다면 전 국가적 차원에서의 참정권도 전향적으로 검토해볼 수 있을 것이다. 그리고 절대적인 수적인 열세로 인한 대표성 제약을 고려해서 소수집단의 대표들이 지자체 회의에 참석하는 집단적 권리를 고려하는 것도 신중히 고려해볼 수 있다. 다문화주의가 차이와 다양성의 소통을 본질로 한다면, 소수자

---

58) '권리를 가질 권리(the right to have rights)'는 아렌트의 개념으로서 단순하게 말해 여타의 권리를 요구할 수 있는 성원권(membership)을 의미하며 사실상 정치적 발언권을 의미한다. '권리를 가질 권리'를 박탈당한다는 것은 공동체를 상실한다는 것이며 공적 인간으로서 인정받지 못한다는 것을 함의한다. 아렌트는 출생이나 문화, 종교, 언어 등 모든 차이점을 초월하여 '권리를 가질 권리'를 존중해야 한다고 주장한다. 아렌트의 권리를 가질 권리 개념에 대한 자세한 설명은 Benhabib(2008), pp. 81-85 참조.

59) 공화주의적 시민권에 대해서는 앞에서 잠깐 언급한 바 있다. 공화주의적 시민권 모델은 아리스토텔레스와 시민적 공화주의(civic republicanism)의 전통이 지지하는 모델로서 공적 영역에서 동료 시민들과 함께 심의하고 행위하는 가운데 인간의 진정한 본성을 실현할 수 있다고 주장한다. 평등한 시민들 사이의 자유로운 논쟁과 심의를 뒷받침하는 민주적 권리의 보장이 공화주의적 시민권의 핵심적 요소이다. 개인은 정치공동체의 시민으로서 공동 활동에의 적극적인 참여를 통해 자신의 자유를 완성시킬 수 있으며 공화주의적 시민은 동료시민들과 함께 사회의 공동선에 대해 토의하고 공동체에 대한 책임을 공유해야 한다. Sandel, M., Democracy's Discontent(Cambridge: Harvard University Press, 1998), p. 7.

들이 다양한 공청회나 별도의 심의 위원회에 참여하여 발언할 수 있는 권리를 부여하는 것은 매우 중요하다. 공식적인 공간뿐만 아니라 삶과 사회의 다양한 층위에서 이러한 소통공간은 주류사회 구성원들의 의식 변화에도 효과적이다.

이러한 공화주의적 시민권과 유기적으로 연관되어 있는 시민권이 문화적 시민권이라고 볼 수 있다. 유네스코가 제정한 문화다양성 선언에 의하면, "문화 다양성에 대한 방어는 인간 존엄성의 존중인 동시에 인류가 수행해야 할 의무"이며 "문화권은 보편적으로 분리할 수 없으며 상호의존적인 인권의 절대 구성 요소"라고 강조하고 있다. 또한 "모든 인간은 자신이 선택한 언어, 즉 모국어로 자신의 작품을 창조하고 보급할 자유를 누릴 수 있어야 하고 문화 다양성을 존중하는 양질의 교육과 훈련을 받을 권리가 있으며 인간과 기본 자유권을 보장받으면서 자신의 선택하에 문화적 생활에 참여하고 문화적 활동을 영위할 수 있어야 한다"고 명시하고 있다(홍기원 2008: 920). 사실 '소속될 권리'를 강조하는 인권 개념의 적극적인 확장은 정치적 권리와 문화적 권리 모두를 요구한다고 볼 수 있다. 문화 시민권의 개념은 '문화적으로 다를 수 있는 권리'를 인정하고 소수자들의 권익과 사회정의를 문화 사회 속에서 실천하고 통합하는 것을 의미한다. 물론 문화적 시민권은 다른 정체성과 소통과 쟁투를 통해 달라질 수 있는 권리까지 자동적으로 포함하는 것이다.

또한 현실 속에서 이러한 시민권의 범주와 방식은 다양하고 갈등적인 논쟁을 요구한다. 물론 공화주의적 시민권이라는 대원칙하에서 어느 정도까지 시민적 권리와 의무를 허용할지의 여부는 공적인 논쟁과 치열한 쟁투를 통해 잠정적인 합의를 도출해낼 수 있을 것이다. 여기에는 진보와 보수, 자유주의와 공동체주의, 민족주의의 강도, 민주주의의 발전 수준 등 국내의 다양한 사회적 변수들이 연루되어 있을 뿐만 아니라 이주민들의 권리의식과 조직화 정도, 저항의 방법, 국제적인 차원의 지원과 압력까지 많은 사항들이 개입될 것이다. 공화주의적 맥락에서 권리는 자연권처럼 선험적인 것이 아니라 공동체 구성원들의 참여적 심의를 통해 권리 체계가 형성·변경되는 것으로 간주된다. 어떤 권리가 권리로서 인정되고 정당화되는 것은 공동체 구성원들의 심의를 통한 합의의 결과이며 모든 구성원들의 공동의 참여와 심의야말로 정당성의 근원임을 강조한다(김남국 2005: 116). 그러므로 이주노동자를 포함하여 소수인종 및 문화집단 등 장기 체류 외국인들을 포용하는 능력과 진정성의 정도는 우리 사회의 민주화의 질과 다문화주의 수준을 파악할 수 있는 동시에 한국 민주주의 발전의 궤적을 가늠해볼 수 있는 중요한 기준이 될 것이다(김비환 2007: 318-321).

중요한 것은 이주노동자의 시민권이 단지 '그들'의 문제만이 아니라 우리 사회의 정치적 원리와 연동되는 것으로 파악해야 한다는 것이다. 이러한 문제의식은 논의를 확장할 것을 요구한다. 즉 다문화 사회의 핵심적인 주체로서 이주민의 정치적 실천이 우리 사회의 변화를 촉발시킬 가능성을 적극적으로 모색할 필요가 있다는 것이다. 그런 변화는 정주민 집단의 시민교육과 분리시켜 전개될 수 없는 것이다.

3. 다문화적 시민성의 함양

　이주민의 문화적 정체성의 표출 혹은 소수문화의 존재는 주류문화의 틀에서는 사고되지 못했거나 적극적으로 의미를 부여받지 못했던 특정한 가치나 영역들을 발견하거나 창출한다는 함의를 가지고 있다. 예컨대 음악의 발전 역시 기존 음악계 내부의 작사·작곡의 주류적인 코드로는 만족할 수 없는 음악인들이 새롭고 독창적인 코드를 생성함으로써 인디 음악(independent music)이라는 새로운 장르를 창출한다. 물론 소수문화 혹은 새로운 흐름과 세력의 발언권은 일시적으로 혼란과 갈등을 가져올 수 있다. 그러나 장기적으로 그들의 존재 및 수용은 한 사회의 문화적 풍요로움뿐만 아니라 공동체에 정치적 활력을 불어넣을 것이다. 설사 부정적 징후가 일시적인 현상으로 나타난다고 할지라도 진정한 의미에서 견고한 유대에 기반한 공동체의 형성은 그러한 혼란을 넘어서는 통합을 성취해야 하는 것이다. 차이와 다양성의 조화를 통한 통합은 강제적이고 기계적인 통합이 가져올 수 있는 창조성에 대한 억압 나아가 사회 퇴보의 위험성을 경계할 수 있다. 오히려 문화적 다양성과 차이의 공존과 발언권의 보장은 한 사회의 통합능력을 증대시키고 질적으로 승화된 사회의 가능성을 지향하는 것일 수 있다. 문제는 이러한 차이와 다양성을 긍정적인 측면으로 유도할 수 있는 시민의식의 성숙이라고 볼수 있다.

　물론 이주민의 증가에 대한 부정적인 현상에 대한 경계와 극복 노력도 절실하다. 한국 사회는 다문화 사회로 이행하는 초기 단계에 있는데, 대개 이 단계에서는 종래 상식적으로 통용되던 민족국가 구성원에 대한 혼란이 초래되고 다수집단이 소수집단을 타자화하면서 그들과 더불어 사는 것에 대해 심리적 저항과 차별적 태도를 보인다. 특히 한국처럼 순혈주의에 입각한 단일민족의식이 강한 사회에서는 이 같은 관용의 결핍으로 인한 위험요인이 보다 심각하게 표출될 개연성이 높다. 이처럼 타문화와 이주자에 대해 관용이 부족한 사회에서는 소수집단이 자신감이나 자존감이 결여되어 열등감에 가득 찬 불안정한 정체성을 갖게 되는 문제가 발생한다.[60] 물론 다문화 시민의 감성과 능력을 개인적 차원의 문제로만 환원해서는 안 될 것이다. 그럼에도 불구하고 일차적으로 다문화 갈등을 해소하고 통합 위기를 슬기롭게 극복할 수 있는 시민의 역량 강화의 중요성은 강조되어야 한다.

특별히 다문화 사회로의 이행 초기에는 교육정책의 목표로서 다수집단의 개방성과 관용성을 제고하는 것이 무엇보다도 중요한 바, 소수집단에 대한 인식의 변화에는 교육효과 측면에서 다양한 노력이 중요하다. 여성가족부가 GH코리아에 의뢰해 조사한 바에 따르면, 우리 국민이 어느 국가든 다양한 인종, 종교, 문화가 공존하는 것이 좋다고 생각하는 '문화공존'에 대해 찬성하는 비율은 36%에 불과한 반면 프랑스, 독일 등 유럽 18개국은 찬성 비율이 75%로 판명되었다.

실제로 공교육체제 밖에서도 일반 국민을 대상으로 하는 다문화교육 정책은 상당히 부족한 실정인데, 일반 국민의 다문화의식은 자녀에게 상당 부분 전이될 가능성이 크다는 점에서 이에 대한 응분의

---

60) 이러한 시민문화의 전반적인 문제점에 대해서는 장미혜 외(2008)를 참조하라.

대책이 강구되어야 한다. 전반적으로 교육연한이 길수록 다문화 수용성도 높아지는 경향이 있지만, 이러한 교육의 긍정적 효과가 연령이 높은 집단에서는 약화되므로 이 집단은 평생교육 차원에서 다문화 시민교육에 지속적으로 노출되도록 하는 것이 중요하다(이자형·김경근 2012: 163-192).

다문화 시대 속에서 이러한 시민의식의 강화는 문화적 의식(cultural consciousness)의 함양으로 특징지을 수 있을 것이다. 이것은 자기 자신의 민족, 국가를 포함하여 다양한 국가, 민족집단의 유산과 공헌에 대한 이해를 함양하는 것을 의미한다. 이는 다양한 문화 속에서 발견되는 삶의 방식과 사고방식, 관행들의 특징들을 인식하는 것을 의미하는 가장 기본적인 다문화 감성과 능력으로서 인류의 존엄과 인간의 보편적인 권리에 존경, 편견의 감소, 다양한 관점의 확보, 책임 있는 사회적 행동, 공정하고 비판적인 사고의 함양과 밀접한 관계를 가지고 있다.[61] 다문화와 관련된 시민교육의 핵심 내용을 간략히 살펴본다면,

첫째, 간문화적 역량(intercultural competence)의 강화이다. 간문화적 역량은 언어, 표시, 몸짓과 같이 의도된 의사소통방식, 신체언어와 같이 무의식적인 표시, 자신의 것과는 다른 문화에서 나타나는 관례 등을 해석할 수 있는 능력을 의미한다. 여기서 중요한 것은 감정이입과 의사소통이다. 간문화적 능력의 개발 목적은 서로 다른 문화적 배경을 가진 사람들 간의 의사소통을 통해 서로의 도덕적, 문화적 정체성을 이해하고 심의를 통해 공동의 지반과 공동의 가치를

---

61) 이하의 논의는 Bennett, Christine I., Comprehensive Multicultural Education: Theory and Practice, Pearson Education, 2007, ch. 9를 요약, 정리한 것이다.

형성해내는 역량을 의미한다.

둘째, 인종차별주의, 성차별주의 및 모든 형태의 편견과 차별에 맞서 싸우는 용기와 실천 능력을 함양해야 한다. 이는 성, 다른 인종, 소수인종 집단과 연계된 사회적 통념과 고정관념을 없애는 것이다. 이는 하나의 국가 내부뿐만 아니라 다른 국가 및 국가 간 경계를 넘어 인종차별주의, 성차별주의 및 인종 편견과 차별의 존재 및 부정적인 영향력에 맞서 싸울 수 있는 지식과 헌신으로 변화해야 한다. 이는 편견에 빠진 동료 시민들에 대한 비판과 저항을 포함하는 것이다.

셋째, 정치적 실천 및 사회적 행동 능력을 함양하도록 해야 한다. 이는 모든 시민들이 사회적 정치적 변화를 일으킬 수 있는 공평한 기회와 능력을 가진다는 것을 인식하면서 모든 시민들의 정치적 접근과 참여를 실현하는 기술을 개발하는 것을 의미한다. 이는 대의정치에 대한 비판과 한계의 극복을 의미한다.

이러한 문화적 역량을 지지하고 격려하는 시민교육이 활성화된다면 우리는 감성적이고 지적이면서도 도덕적인 유대와 연대에 기반한 새로운 공존의 양식을 추구할 수 있다. 이처럼 이질적이고 외부적인 것의 포용을 통한 다문화 공동체의 구성은 그것을 실천할 수 있는 주체의 형성을 수반하지 않는다면 그 목표를 온전하게 실현할 수 없을 뿐만 아니라 기만과 억압의 역효과를 낳을 수 있을 것이다. 이런 점에서 다문화 정책은 단순히 이주민이나 소수 인종 및 민족집단만을 대상으로 하는 시혜적이고 온정주의적인 정책이 아니다. 즉 지금까지의 협소한 의미의 다문화 정책을 넘어서 진정한 다문화주의 정책은 다문화 사회에 적합한 정주집단의 감성과 문화역량을 개발하는 정책이 되어야 한다는 것이다.

07

다문화 정치통합의
전략: 공화주의적
애국주의

1. 공화주의적 애국주의의 원리

이제 우리는 다문화 시대를 맞아 계급, 인종, 종교 등 다양한 영역의 차이가 심화되는 상황 속에서 새로운 공존과 통합의 원리를 모색한다. 이를 위한 제일의 원칙은 민족국가 혹은 국민국가의 단일한 정체성을 극복할 수 있는 전략이어야 한다는 점이다. 특히 민족적, 문화적 동질성에 기초하지 않은 새로운 정체성과 연대를 위해서는 그것을 가능하게 만드는 공론장에 대한 시민들의 정치적 참여를 촉발하고 지지하며 격려하는 탈근대적인 애국심이 필요하다고 강조한다.62) 그리고 이것은 자유주의적 다문화주의가 전제하는 특수한 인종적, 문화적 정체성을 새롭게 사고할 것을 요구한다. 즉 설사 격렬

---

62) 여기서 '탈근대적'이라는 것은 애국심이 민족국가의 지반을 벗어나야 한다는 것, 국민국가 단위의 정체성 변화를 적극적으로 사고해야 한다는 것, 시민의 경계를 의문에 부쳐야 한다는 것, 아울러 현재의 공동선 역시 언제나 구성 중인 것으로 사고해야 한다는 것을 강조하는 맥락이다. 그러므로 '탈'의 접두사는 '-로부터 벗어난다'는 의미가 강조된 'ex-'로 바꿔 써도 무방할 것이지만, 국민국가의 전략적 활용을 여전히 강조한다는 점에서 '연속성'의 의미가 담긴 'post-' 내지 'late-'의 함의도 강하게 가지고 있다.

한 쟁투로 전개될지라도, 차이의 맞부딪침 속에서 정체성은 언제나 구성이고 재구성되는 것이며 그런 새로운 정체성의 연대와 통합의 실천과 전략이 중요하다는 것이다.

이런 국가 전략은 정치공동체 전체의 다문화 감성 역량을 증가시키는 시대적 과제로서 단일민족국가에 기반한 통합의 에토스를 극복하고 새로운 문화적 역량을 함양해야 하는 실천이다. 이런 실천은 시대적 과제에 대한 적극적인 대응인 동시에 대한민국이라는 정치공동체의 형성을 가능하게 만드는 근본적인 토대이다. 이런 관점에서 다문화주의는 단순히 이민자 정책이나 소수자의 문제가 아니라 국가의 비전과 관련된 문제이다. 우리 내부로부터 비롯된 다문화적 관점과 가치를 세계화 시대가 요구하는 새로운 문화적 패러다임으로 승화시킬 때 비로소 한국은 진정한 인권공화국으로서 국제사회에서 적극적인 역할을 수행할 수 있을 것이다. 상식적인 주장이지만, 교류와 협력, 공존으로 상징되는 다문화 정책을 보다 적극적으로 창출하고 실행해나가는 과정에서 한국은 보다 행복하고 정의로운 정치공동체가 될 것이며 이는 '우리'의 변화를 전제로 하는 것이다. 이런 맥락에서 이제 우리는 향후 세계시민주의로 나아갈 수 있는 기반으로서 공화주의적 애국주의를 진지하게 고민해야 한다. 공화주의적 애국주의는 우리가 발 딛고 살아가는 공화국에 대한 자부심을 가진 사람만이 사회의 불평등과 부정의를 비판하고 미래의 공화국이 어떤 비전과 이상을 가지고 나아가야 하는가를 중요한 정치적 의제로 제기한다.

비유적인 표현이기는 하지만, "네가 어디로 가든지 간에 너는 폴리스가 될 것"이라는 모토는 폴리스가 지리적으로 자리 잡은 도시국가가 아니라 공적인 의제에 대해 함께 행위하고 말하는 사람들 사이에서 발생하는 조직체임을 분명히 밝히고 있다.[63] 폴리스의 참된 공간은, 우리들이 어디에 있든지 간에, 사적인 이해관계에 매몰되는 것이 아니라 공동의 문제에 함께 하는 사람들 사이에 존재하는 것이다. 만일 내가 나의 이익이나 부의 축적, 출세에만 관심을 갖는다면 나에게 폴리스는 존재하지 않는 것이며 나는 폴리스의 구성원이라고도 볼 수 없다. 폴리스에 대한 충성은 땅에 대한 충성도 아니고 '인종적 동질성'에 기반한 동료에 대한 사랑도 아니었다. 애국주의는 명예혁명 당시에 왕당파에 저항한 휘그파처럼 공동의 자유와 공동의 이익을 위해 기꺼이 순교할 수 있는 사람들의 정치적 구호이자 심리적인 에토스였다. 이런 맥락에서 '아버지의 땅'을 의미하는 'patria'는 휘그당의 지도자였던 샤프츠 백작이 그 의미의 협소함을 한탄했던 것처럼 단순히 자기가 살고 있는 지역(country)을 의미하는 것이 아니라 군주의 지배에 맞서 공동의 자유와 자유로운 공화국과 새로운 정치체제, 헌법적 권리 등 공동의 정의를 위해 싸우는 사람들의 공동체를 의미했다. 그러므로 시대적 맥락 속에서 애국주의는 변혁 또는 혁명을 위한 정치적 구호였고 그런 맥락에서 '급진적 애국주의(radical patriotism)'로 평가할 수 있을 것이다(Primoratz 2008: 205-209).

이러한 기본적인 입론은 다문화 시대를 맞이하여 대한민국의 공화주의적 애국주의가 나아가야 할 방향을 정확히 가리키고 있다. 인

---

63) Arendt, H., The Human Condition(Chicago: University of Chicago Press, 1958); 이진우 외 옮김, 『인간의 조건』(서울: 한길사, 1996), pp. 160-161. 'patriotism'의 어원을 고려한다면 애국주의는 종교적 충성심과 같은 국가에 대한 맹목적이고 무조건적인 사랑을 의미하지 않았다. 이 책의 맥락에서 중요한 것은 자기의 이해관계를 넘어서 자신이 속한 정치공동체를 정의롭게 만들려는 시민의 의지가 중요한 것이며 그런 정의로운 공동체에 대한 이주민의 충성심의 형성과 요구가 중요하다.

권과 민주주의를 더욱 심화시키는 동시에 대한민국을 자존감과 충성심의 대상으로 만들기 위해 시민들의 다문화적 감성과 시민성을 지지하고 격려하는 기획을 추진해야 하는 것이다. 그런 실천들은 공동체에 대한 내적인 자존감과 인권공화국이자 다문화 공동체로서 세계적으로 자랑스러운 대한민국을 만든다는 자부심을 자극하면서 궁극적으로 정주집단의 정체성과 주체성의 변화를 유도할 수 있게 될 것이다. 무엇보다도 애국심의 대상으로서 대한민국은 어느 누구도 배제하지 않는 보편적인 입법 원칙에 따라 '이방인'까지 포함하고 다양한 영역의 소수자를 포함하여 모든 사람의 존엄성을 보호하고 실현해줄 수 있는 인권의 이상을 실현하는 공화국이어야 할 것이다(장은주 2009). 특히 인간지위(personhood)에 기반하여 이주민의 정치적 발언권과 문화적 정체성을 인정하는 공화국이라면 대한민국은 자존감과 충성심의 대상으로서 충분한 자격을 부여받을 것이다. 또한 그런 공동체를 향한 우리의 애국심 역시 보편적으로 규범적 정당성을 부여받게 될 것이다.

이처럼 공화주의적 애국주의는 자신이 살아가는 공동체의 억압이나 불평등 같은 부정의를 개선하고 개혁하려는 실천적 동력을 의미한다. 공화주의적 애국주의는 인권과 평등 같은 정치적 가치를 증진하는 정의를 지향하며 현재의 국가적 삶 자체에 대한 무조건적인 긍정적 순응이 아니라 공화국의 이상을 만들어나가고 공화국이 구현해야 할 공동체의 도덕적 가치에 대한 열정과 사랑에 있다. 그러므로 공화주의적 애국주의는 정의롭지 못한 나라에 대한 강력한 비판 담론으로 작용할 수 있으며 억압적인 국가에 대한 반역조차 정당화시킬 수 있다. 공화주의적 애국주의는 '국기에 대한 맹세'를 무조건

외우는 맹목적인 충성을 요구하지 않으며 국익을 위해서 개인이나 소수의 희생을 정당화하는 국가주의, 전체주의에 단호히 반대한다. 특히 공화주의적 애국주의는 치열한 쟁투를 기본적인 원리로 설정한다. 그러므로 만인에게 좋은 삶과 공동체의 특징은 무엇인가라는 공동선을 구성하는 공론장의 쟁투에 참여하고 '지금, 여기'에서 현실에 대한 비판적 참여와 개입을 통해 좀 더 자유롭고 평등한 만인의 공화국을 만들어가는 심리적 기제로 작용해야 한다(장은주 2009: 269). 서로 다른 견해를 가지고 있지만, 정치적 행동을 분출할 수 있는 자유로운 개인으로서 상호 소통할 때 비로소 동료로서 공동 행동을 할 수 있는 공통감을 가질 수 있다고 강조한 아렌트의 논의도 이런 맥락에서 이해할 수 있다.

다문화 현상이 심화되고 있는 우리의 상황에서 분열과 배제를 최소화하기 위해서라도 공화주의적 애국주의는 적극적으로 지지될 필요가 있다. 공화주의적 애국주의는 기본적으로 다문화주의 속에서 발생 가능한 적대감을 자유주의처럼 비정치화시키는 것이 아니라 갈등적이지만 공존 가능한 반감(agonism)으로 전환시켜야 한다는 점에서 정당화될 수 있다. 즉 공화주의적 애국심은 집단적 적대감을 유발하기 쉬운 동질적인 집단 정체성으로부터 공존이 가능한 다층적이고 다원적인 정체성에 기반한 '쟁투적 다원주의(agonistic pluralism)', '쟁투적 민주주의(agonistic democracy)'로 전환시키는 심리적 기제로서 작동할 수 있다는 것이다. 이처럼 다문화주의 시대를 맞아 공화주의적 애국심은 다양한 대립 지형에서 형성되는 반감들의 접합을 가능하게 만들 수 있다. 비록 공화주의적 애국주의라는 용어를 사용한 것은 아니지만, 무페는 다음과 같이 주장하고 있다.

우리는 제도의 목적이 이성적 합의가 아니며 공공선에 대한 완전히 공유된 관념을 만들어낸다는 것이 개별이익들 간의 타협을 말하는 것이 아니라는 점을 반드시 인식해야 합니다. 왜냐하면 정치영역에서는 제가 적대감(antagonism)의 차원이라고 부르는 불일치가 항상 존재한다는 점을 인정할 필요가 있기 때문입니다. 현대민주주의 사회에 존재하는 다원주의는 조화로운 전체로 파악될 수 없는 다원주의입니다. 따라서 다원성이란 갈등을 필연적으로 함축해야 하고 우리는 불일치의 여지를 남겨둔 형태의 합의를 도출할 필요가 있습니다. 이것이 제가 쟁투(agonism)의 차원이라고 부르는 것입니다. 자유민주주의 제도는 사실 갈등이 생길 때 이러한 갈등이 적대가 아닌 쟁투의 형태를 취하도록 돕는 방식입니다. 즉 적과 친구라는 구분에 기초한 갈등이 아니라 '정당한 상대자들(legitimate adversaries)' 간의 갈등이 되도록 말입니다. 쟁투적 갈등내에는 다양한 입장들이 존재할 것입니다. 급진적 민주주의도 이러한 쟁투적 갈등 내의 한 가지 입장입니다. 왜냐하면 당신이 쟁투적 갈등을 염두에 둔다면, 상이한 집단들 간의 갈등은 곧 공유되는 윤리적, 정치적 원칙에 대한 상이한 해석에 기초한다는 사실을 받아들여야 하기 때문입니다(Mouffe 2009: 157).

이러한 무페의 논의는 공화주의 애국심의 구성 원리 및 내용에 시사하는 바가 크다. 무엇보다도 공화주의적 애국심에 기반한 정치투쟁은, 정치적 공통성에 대한 감각을 유지하면서도, 일체감을 느끼는 집단의 경계를 설정, 재설정하는 과정에서 획득된 새로운 사회적 실체를 구성하는 것까지 포괄할 수 있기 때문이다. 공화주의적 애국주의는 사회적 일체감 및 공공선에 대해 특정한 관점만이 존재하는 것이 아니며 다양한 갈등적 해석을 강조한다. 그러므로 공화주의적 애국주의는 고정되고 특정한 공공선을 필요로 하지 않는다. 오히려 그런 공공선이 무엇인지를 논쟁하고 또 어떤 공공선을 의문에 부치고 적대적인 쟁투를 벌이는 것을 가능하게 만드는 기제가 바로 공화주의적 애국주의여야 한다. 심지어 국민의 경계와 자격, 주권국가의 정당성조차 쟁투의 대상이 될 수 있다.[64] 만약 이런 쟁투 가능성이 배제된다면 애국주의는 배타적인 민족주의를 강화시키는 수사적 담론이 될 것이다. 즉 이주노동자뿐만 아니라 다양한 소수자 집단 및 지배적 가치에 도전하는 저항집단 등에 대한 지속적인 억압을 정당화하는 부정적인 포퓰리즘으로 확산될 것이다. 특히 갈등이 격화될 경우, 이주노동자 및 소수자를 정당한 상대자가 아니라 제거해야 할 대상으로 간주할 위험성도 크다고 볼 수 있다. 그리고 이것은 결과적으로 정주민 집단 혹은 다수자에게도 궁극적으로 억압적인 기제로서 회귀하게 될 것이다. 이주민에 대한 정주민 집단의 억압과 배제, 폭력이 가시화된 시기는 민주주의가 퇴보하고 사회가 우경화되던 시기라는 서구 이민 선진국의 경험이 이를 반증한다.

보다 철학적인 수준에서 공화주의적 애국주의는 언제나 '소수자-되기'를 지지한다. 소수자-되기는 정치적 실천의 윤리적 토대로서 영속적이고 지속적인 동일성과 위계질서를 거부하고 새로운 질서를 창출해나간다. 다수자의 입장에서 소수자-되기는 자기 내면의 '다수자'를 극복하고 자신의 정체성을 극복하면서 생성과 변화로서 공동체를 혁신시켜나가는 에토스이다. 이런 기획을 지극히 단순화시켜 설명한다면, 강자의 이익에 저항하는 소수자의 실천을 통해 정의로운 사회를 만들어가기 위해서 가장 절실한 것은 소수자의 정치적 실천 못지않게 정주집단의 정의감 형성이 중요하다는 것이다. 소수

---

64) 이 점에서 자유주의의 한계를 비판하며 등장한 공동체주의의 한계를 극복할 수 있는 계기가 될 수 있다. 반사회적 개인주의를 비판하면서 공공선과 미덕을 강조하는 공동체주의는 그 긍정적인 역할에도 불구하고 공공선 같은 가치들이 어떻게 구성되는지는 설명하고 있지 못하며 아울러 공동체 내부의 다양하고 이질적인 목소리들을 적극적으로 담아내려는 장치가 상당히 빈약하기에 결과적으로 구체적인 갈등을 외면하는 탈정치적 효과뿐만 아니라 배제와 억압을 정당화하는 역효과를 가질 수 있다.

자들의 저항과 그 저항을 연대할 수 있는 대중의 정의감이 결합해야만 비로소 진정한 다문화 사회, 다문화주의가 성취될 수 있을 것이다. 이것이야말로 공화주의적 애국주의의 핵심적인 원리이자 이 책이 기획하는 다문화 민주주의의 궁극적인 목표이다. 그러므로 이주집단이든 정주집단이든 혹은 다문화 사회의 어떤 소수자 주체이든 진정한 주체화는 현실의 억압과 불평등 같은 부정의를 비판할 때 가능해진다. 이런 점에서 진정한 다문화주의는, 들뢰즈의 용어를 빌린다면, 소수자−되기이며 이것은 타자−되기라고 볼 수 있으며 이런 관계를 창출하면서 자신과 타자의 동시적인 변이를 도모한다(이정우 2009: 87-88).

물론 애국주의는 본질적으로 보수적이고 폐쇄적이며 맹목적이기에 이론적 정당화를 결여하고 있다는 비판과 우려가 제기되며 나름대로의 설득력을 갖는다. 예컨대 헌정주의적 원칙들에 대한 일방적인 강조는 인종적, 문화적 차이를 무시해버리는 공화주의적 동화주의로 경도될 위험성이 있으며 또한 지배적인 집단이나 주류 문화를 중심으로 동질적인 사회로 경도되거나 민주적 다수에 의한 억압으로 전락할 수 있다는 비판이다(김비환 2007). 호노한(Honnohan 2008: 422-426) 역시 시민적이고 헌정적인 애국주의 제도들이 잘 구비되어 있다고 하더라도 애국주의의 본질이 인종적, 문화적 상징들에 의존하고 특정한 충성심에 연루되는 이상, 언제든지 다시 인종적 특수주의로 전락할 가능성 역시 경고한다. 이를 방지하기 위해서라도 애국주의에 기반한 시민들의 민주적 속성과 도덕적 정서의 배양이 중요한 것이다. 특히 호노한은 구성주의적 관점에서 애국주의의 변형적 잠재력을 강조한다.

사실 애국주의는 그 자체를 가지고 가치판단할 수 없는 개념으로 볼 수 있다. 물론 애국주의가 민족이나 국가, 특정한 범위와 경계를 가진 공동체에 결합할 경우 외부에 배타적일 가능성이 높은 것은 사실이다. 그러나 애국주의가 다른 논리와 접속하게 된다면 그것은 세계적 차원의 정의를 위한 투쟁일 수 있으며 국가주의나 불평등에 저항하는 혁명적인 투쟁이 될 수도 있다. 예컨대 인민주의(populism) 역시 다른 담론구성체와 어떻게 교차하느냐에 따라 현실의 부정의를 극복하는 혁명적 마르크시즘이 될 수도 있을 것이며 혹은 파시즘적 포퓰리즘으로 전락할 수도 있을 것이다. 민족주의 역시 그것이 극우적 집단의 헤게모니와 결합할 경우, 대외적으로는 호전적이고 대내적으로는 전체주의적인 성향을 보인다는 것이 동서양을 막론한 역사의 비극적인 경험이다. 애국주의 역시 마찬가지일 것이다. 중요한 것은 이런 난점을 극복할 수 있도록 애국주의를 재구성하는 전략이다.

그러므로 애국주의와 관련해 생산적인 논쟁을 위해 중요한 것은 일방적인 거부나 비난이 아니라 그런 애국심의 정당한 목적과 성격, 전략에 대한 고민과 모색일 것이다. 물론 애국주의가 보수적 폐쇄적 성향이 강한 것은 사실이지만 그런 경향을 이유로 그것이 갖는 실천적 동력을 원천적으로 포기할 이유는 전혀 없다. 중요한 것은 다문화 시대를 맞아 기존 주류집단의 시민들 사이에서 민주주의의 정체에 대한 애국심을 확산시킬 뿐만 아니라 새로운 이주자 집단에게도 그런 애국심을 요구할 수 있는 도덕적 정당화, 이론적 정당화의 여부이다. 당연히 이러한 애국주의는 기존의 배타적이고 퇴행적이며 이념적으로는 적대적이고 감정적으로는 군국주의적인 형태가 아니어야 하며 인종적 지반을 탈피해야 한다는 원칙을 강조한다(Honohan 2008: 422). 당연한 이야기이지만 부정적인 맥락에서 애국주의는 보통의 경우 민족주의와 결합할 때 발생할 가능성이 커진다.

이러한 공화주의적 애국주의는 보다 근본적으로 오크샷의 소키에타스(societas) 개념과 밀접한 연관을 가진다. 무페에 의하면, 현대국가는 하나의 실체적 공동선의 존재를 전제하지는 않지만 공통성, 즉 정치적 유대의 관념을 함축하는 정치적 결사체를 모색해야 한다(Mouffe 2007: 109). 이런 공동체를 유지하는 데 기여하는 가장 큰 덕목은 공동의 이익이나 목표가 아니라 서로에 대한 충성심(loyalty)이자 서로에 대한 인정이며 시민성의 실천(a practice of civility)이다(이동수 2008: 15-16).

모든 구성원이 함께하는 공적 공간이나 공적인 일을 뜻하는 레스 푸블리카는 동일한 목표 혹은 같은 민족이나 인종 같은 태생에 기반하지 않는다. 오직 공동의 관심사를 논한다는 실천의 결합 자체가 중요한 것이다. 그러므로 다양한 결사체에 소속된 사람들이 그들이 소속된 공동체에 대한 충성심과 시민적 결사에의 소속감 사이에서 갈등을 느끼지 않도록 해주는 결사의 형태라고 볼 수 있다(Mouffe 2007: 111).[65] 소키에타스는 공동의 관심사에 대한 논의를 삶의 형식에 대한 개개인의 동의로부터 이끌어내는 시민 결사를 의미하며, 이 책의 맥락에서 말한다면, 이런 소키에타스의 형성과 유지와 변화를 가능하게 만드는 심리적 기제가 공화주의적 애국주의가 될 것이

---

65) 이러한 소키에타스의 개념은 자유주의와 공동체주의의 한계를 극복할 수 있는 자원을 제공한다. 즉 개개인의 이익을 증진시키기 위한 수단으로서 정치공동체를 간주함으로써 공공선이 갖는 규범적 성격을 간과하는 자유주의, 한편으로는 동질적인 정체성과 단일한 공공선의 개념에 기초한 적극적인 정치참여를 목표로 제시하는 공동체주의의 대안으로서 등장하는 것이다.

다. 다시 한 번 강조하지만, 이러한 정치공동체는 공동선(common good)이라는 실체적 관념이 아니라 공동의 유대(common bond), 공동의 관심사에 의해 결합되어 있다. 따라서 그것은 규정된 형태나 고정된 유대감 없이 끊임없이 새롭게 제정되는 공동체인 것이다.

결국 정치적, 문화적, 종교적, 종족적 차이와 다양성의 공존을 형성하게 만드는 공통의 윤리적, 정치적 원칙들에 대한 해석은 언제나 갈등을 수반한다는 사실을 인정하면서, 무페는 '모두를 위한 자유와 평등'에 대한 공동의 원칙에 대한 쟁투를 강조하는 것이다. 그러므로 이러한 무페의 논의에 기대어, 이 책이 지향하는 공화주의적 애국주의는 공공선의 내용을 미리 규정하지 않는다. 즉 공공선의 중요성을 강조하지만 그 공공선의 내용과 실체를 비워둠으로써 개인들에게 특정한 공동선을 강제하지 않기 때문에 개인의 자유와 양립 가능한 것이다. 공동선의 실체가 아니라 공동의 연대 즉 공적인 관심을 강조하는 무페의 논의는, 당연한 이야기이지만, 정치의 목적 및 존립 자체를 공동 세계(common world)의 구성으로 규정하는 아렌트의 논의와 유사하다고 볼 수 있다. 공동세계 역시 그 구성원이 공동의 성질(common nature)을 가진 자들의 모임이 아니라 다양한 입장과 관점의 차이에도 불구하고 어떤 문제에 대해 공동의 관심(common concern)을 갖는 자들의 모임을 의미한다. 시민들이 공식적/비공식적인 다양한 영역의 민주적 심의에 참여하고 공화국의 미래에 대해 적극적인 관심을 갖는 것은 루소적인 일반의지나 어떤 초월적 가치가 있기 때문이 아니라 인간의 존재론적 조건으로 인해 그렇다. 즉 인간이 그 속에서 살아갈 수밖에 없는 공동세계(common world)로서 그런 공적 공간에 거주하고 공동의 관심사를 공유하면서 연대하고 서로의 귀속감을 느끼는 것이다.

특별히 다원화된 사회에서 안정적이고 지속가능한 공동의 세계를 공고히 하기 위해서는 지금까지 익숙하지 않았던 타자나 소수자들의 대화가 더욱 적극적으로 전개되어야 한다. 이주노동자들을 포함하여 이방인 혹은 소수자의 목소리가 적극적으로 경청되는 공동의 세계를 구성해야 하는 것이다. 이것이 다문화 시대를 맞아 공화주의적 애국주의가 의미하는 최소한의 내용이다. 더구나 이런 정치공동체 역시 규정된 모양이나 규정된 정체성을 갖는 것이 아니라 공동의 관심을 중심으로 계속되는 재구성의 과정으로 간주된다. 기든스적인 개념으로 말한다면, 공동세계는 끊임없이 구조화되면서 재생산되고 동시에 변화하는 것이다. 이러한 재구성을 보다 적극적으로 추진하게 만드는 심리적 기제가 바로 공화주의적 애국주의이며 그것이 비록 잠정적인 귀속감과 충성심을 촉발한다고 할지라도 그것은 경계를 확장하고 배제를 최소화하는 방향으로 전개될 것이다. 달리 말해 모든 이의 평등과 참여를 목표로 하지 않는 애국주의는, 최소한 이 책의 맥락 속에서, 애국이 아니라 국가주의일 뿐이다. 이러한 공화주의적 애국주의는 차이에 대한 존중과 다문화적 가치를 적극적으로 실현하려는 시민의 쟁투적 실천과 불가분의 관계에 있을 뿐만 아니라 그런 가치들을 실현시키려는 노력 속에서 작동한다.

물론 공화주의적 애국주의는 영토에 기반한 주권국가라는 현실적 제약을 분명히 인정하면서 그 고유한 논리를 변화시키는 점진주의를 주장한다. 공화주의적 애국주의는 더불어 살아가고 있는 사람들이 실천을 통해 만드는 민주적 삶의 구성적, 변형적(transformative) 개념을 핵심으로 삼으며, 이것은 기존의 국가와 기존의 국경으로부터 출발하지만 이런 차원을 넘어설 수 있는 자원을 가지고 있으며 미래적으로는 이런 한계를 초월할 수 있는 비전을 가지고 있다.

2. 공화주의적 애국주의의 재구성[66]

지금까지의 논의를 정리한다면, 공화주의적 애국주의는 계급, 인종, 민족, 종교 등 사회적 균열 구조와 차이에도 불구하고 사람들을 통합시킬 수 있고 정치적으로 협력하도록 만드는 원동력을 구성해내는(Miller 2008: 417) 정치적 기획과 프로젝트가 중요하다고 강조한다. 또한 공화주의적 애국주의는 정의와 공정(fairness)에 대해 심층적인 도덕적 논쟁과 집단적 이해를 가능하게 만드는 원리이자 심리적 기제로 작용해야 하며 단순히 정주집단의 관용 전통에 의지해서는 안 된다. 그리고 이것은 국민의 경계나 기존의 정체성 나아가 지배적인 규범의 자명성 등 기존의 모든 합의에 대한 비판적 해체 가능성을 열어놓는다는 것을 의미한다. 이러한 공화주의적 애국주의의 원리는 현재의 규범을 비판적으로 검토하고 미리 준비된 동의나 합의를 해체할 기회를 제공한다. 이것은 기존의 권력관계를 성찰하는 공동의 학습효과를 발생시키면서 동시에 개인이나 집단이 지금까지 당연시 여겨온 도덕적 확신, 정치적 판단, 가치 기준이 타자의 비판에 노출되는 과정이다. 공화주의적 애국주의는 타자와의 현실적인 대화를 가능하게 만드는 원리를 지향한다.

---

66) 이 장의 일부 내용은 「이주민의 포용과 다문화 정치통합의 전략」, 『디아스포라 연구』(제6권 제2호), 세계한상문화연구단(2012)에 실린 바 있다.

1) 사해동포주의 비판

공화주의적 애국주의는 그 규범적 친화력에도 불구하고 실천적 맥락에서 사해동포주의(cosmopolitanism)를 비판한다. 물론 이 책에서 강조하는 애국주의는 사해동포주의의 규범적 타당성과 이상을 거부한다기보다는 그것의 현실성을 문제 삼는 경우가 일반적이다. 전 인류에 대한 애정과 관심과 의무라는 보편주의적 윤리관이 규범적으로 타당하지만, 현실을 살아가는 이기적 개인들의 습속을 변화시키기는 힘들다고 판단하기 때문이다. 무엇보다도 자신이 살아가는 공동체의 억압이나 불평등 같은 부정의를 개선하고 개혁하려는 실천적 동력으로서 사해동포주의는 적절하지 못하다. 자신의 이해관계나 특수한 애착을 넘어서 공동체의 큰 가치나 의제에 관심을 갖고 참여하는 도덕적 정서를 배양하기 위해서는 현실적인 매개체가 필요한 바, 그것은 공화주의적 애국주의가 될 것이다.[67]

이러한 논의는 무페의 공화주의적 문제의식과 정확히 일치하는 것이다. 무페는 시민권 논의를 전개하는 과정에서 지구적 시민권의 가능성을 부정한 것은 아니지만 오히려 정치적 환경으로서 국가 혹은 도시 같은 정치적 단위의 중요성을 강조한다. 즉 세계화 시대를 맞아 다중적, 다층적 차원의 정체성을 강조할 수는 있지만 공화주의의 핵심적인 개념으로서 시민적 책임성과 연대를 위해서는 그가 속한 정치적 공동체의 존재와 역할이 그 무엇보다도 중요하다고 강조한다. 즉 다문화 시대가 요구하는 새로운 형태의 집합적 연대감조차

---

67) 장은주는 극단적인 보수우파의 애국심에 대항해 진보 진영도 '순화된 애국주의(purified patriotism)' 담론을 적극적으로 고민해야 한다고 주장해 진보학계에서 논란을 촉발한 바 있다(장은주 2009).

여전히 정치적이고 규범적인 의무를 요구하는 최소한의 경계를 필요로 한다는 것이다. 그녀는 전통적인 시민성(citizenship) 개념에 대한 대안으로서 세계공동체에 기반한 다중(multitude)의 실현 가능성을 묻는 질문에, 반드시 민족국가에 기반한 시민권 혹은 시민성을 전제할 필요는 없다고 강조하면서도, 무페는 다음과 같이 주장한다.

> 제가 강조하고 싶은 것은 전 인류가 하나의 주권자로서 인민이 될 수 없다는 것입니다. 이것이 제가 사해동포적인 시민권 개념에 비판적인 이유입니다. 전 사해동포적인 시민권이라는 말은 모순어법(oxymoron)이라고 생각합니다. 어떤 지역의 시민은 될 수 있어도 사해동포적인 시민은 될 수 없기 때문입니다. 전 인류적 시민이라는 시민성의 개념은 존재할 수 없으며 시민은 항상 영토화되어야 합니다. 민족국가뿐만 아니라 하위 단위나 상위 단위도 어떤 지역에 기초한 집단으로서 인민을 필요로 합니다. 그래서 저는 사해동포적인 시민권 개념뿐만 아니라 네그리가 발전시킨 '다중' 개념에 대해서도 매우 비판적입니다. 제겐 이 개념이 사해동포적인 시민권의 극좌파적 해석으로 여겨지기 때문입니다. 네그리와 하트는 다중이 탈영토화되어 있다고 생각하고 모든 형태의 소속감(belonging)은 배타적이며 심지어 파시스트적이라고 주장합니다. 그들은 모든 형태의 소속감을 없애려고 하면서, 다중은 어디에도 소속되지 않는다는 점을 강조합니다. 저는 이런 견해에 문제가 많다고 생각하는데, 왜냐하면 민주적 시민성에 담긴 권리를 행사하려면 이를 행사할 수 있는 장소가 필요하고, 우주적 차원이나 세계적 차원에서는 행사될 수 없기 때문입니다. (…) 우리는 시민성이 특정 정치공동체와의 일체감을 요구한다는 점을 인지할 필요가 있다고 생각합니다. 이때 시민성은 단순히 자유주의적인 법률적 지위만을 의미하는 것이 아니라, 정치공동체와의 일체감을 갖는 방식을 말합니다(Mouffe 2009: 113-114).

세계시민주의에 기반해 민족국가, 국민국가를 넘어서는 사해동포주의를 주장한 대표적인 이론가였던 너스바움(Nussbaum 2008)이 최근 실천적 전략으로서 순화된 애국주의(purified patriotism)를 주장하며 그/그녀가 속한 정치공동체에 대한 귀속감과 충성심을 강조하는 입장으로 선회한 것도 같은 맥락이다(Nussbaum 2008; 2010). 비롤리 역시 주세페 마치니(Giuseppe Mazzini)의 예를 들면서 정서적 자부심이나 애착에 기반하지 않은 채 추상적이고 보편적인 가치들에 대한 지향이 실천력을 확보할 수 없다고 주장한다(Viroli 2006: 51-52). 또한 로티 역시 사람들이 자신들의 나라에 대해 갖는 긍지는 모든 개인의 삶에서 자존감이 결정적인 기초인 것처럼 국가적 공동체의 삶에서 필수적이라고 주장했다(Rorty 1998). 2001년에 롤스 역시 '공정으로서 정의'에 대한 재진술(Justice as Fairness: A Restatement)을 통해 공화주의적 입장을 강하게 피력하면서 개인이 자신에 대한 자존감(self-respect: 자기 존중)을 무엇보다도 중요하게 여기는 것처럼, 국가를 이루고 있는 인민들도 정치적 독립이나 시민적 자유의 보장, 안전, 복리 등과 같은 가치들보다도 "국민이 국민으로서 자신들에 대하여 가지는 적절한 자존감"(Rawls 2001: 62)을 더 중요하게 여길 수도 있다면서 건전한 애국심(주의)의 정치적 가치를 역설한 적이 있다. 정치공동체에 대한 소속감과 애착이 정치적 삶의 중요한 지반으로 작용할 수 있다는 것이다. 비판적, 헌정적 애국주의를 주창하는 공화주의자로서 호노한(Honohan 2002; 2008) 역시 민주주의는 잘 고안된 제도뿐만 아니라 시민들의 소속감과 충성심을 요구한다면서 애국주의는 정치적 무관심, 사적 소유에의 집착, 공공선의 상실 등 자유주의의 병폐들을 주체들의 실천에 의해 극복할 수 있는 강력한 심리적 기제로서 작동할 수 있다고 주장한다.

물론 사해동포주의 역시 일방적으로 기각될 원칙이 아니다. 보면

(Bohman 2008)이 강조한 것처럼, 사해동포주의의 이상을 구체적인 현실 속에서 실현시키려는 노력 역시 중요하기 때문이다. 보면은 사해동포주의의 이상을 이상주의적으로 치부하는 자세 역시 지양되어야 하며 유럽연합은 공화주의적 이상으로 나아가야 한다고 주장한다. 즉 국경을 가로질러 초국가적인 정체로서 유럽연합은 시민들이 비시민들에게 행사하는 지배에 대해 이주노동자들이나 여타의 소수자들이 국가 정책을 요구할 수 있는 법적 기초를 제공함으로써 지배의 문제를 근본적으로 완화시켜야 하며 또 그런 방향으로 나아가고 있다고 주장한다(Bohman 2008:191-192). 이를 위해 보면은 국가들이 더욱 민주적으로 심화되어야 하며 정치공동체의 성원으로서 시민들의 능력과 권력이 증대되어야 한다고 주장한다. 역설적으로 사해동포주의와 초국가적 시민권의 실현을 위해서라도 국가를 더욱 민주적으로 심화시키는 동력으로서 애국주의가 정당화될 수 있을 것이다. 공화주의적 애국주의는 사해동포주의의 이상을 거부하거나 혹은 그 실현 가능성을 부정해서는 안 된다. 차라리 앞서 언급한 것처럼 급진적인 사해동포주의가 현실적으로 그 이상의 실현 수단이나 방법을 찾기 힘들다면, 당장의 사해동포주의를 주창하기보다는 전략적으로 너스바움의 '변절'처럼 공화주의적 애국심을 통해 다른 사람이나 공동체의 문제에 관심을 갖게 하고 참여적 에토스를 확대하면서 궁극적으로는 사해동포주의적 귀속감을 발생시키고 강화시킬 수 있는 지렛대(fulcrum)가 될 수 있는 방안을 모색하는 것이다 (Mouffe 2009). 그러므로 중요한 과제는 헌정적 애국주의를 발전시키면서 그것이 향후 사해동포주의적 이상으로 나아갈 수 있는 전략과 제도적 토대를 마련하는 것이다.

2) 민족주의 비판

이 책의 맥락에서 볼 때, 공화주의적 애국주의를 모색하기 위해서 무엇보다 필요한 것은 국내의 뿌리 깊은 민족주의와 그런 담론이 정치적, 문화적, 일상적인 측면에서 미치는 부정적인 영향들에 대한 면밀한 비판과 더불어 대안을 모색하는 것이다. 특히 한국적 현실에서 민족주의는 주지하듯이 단순한 정치적 이데올로기 이상의 역할을 한다. 즉 그것은 종종 어떤 비판이나 저항도 무기력화시키는 지극히 폐쇄적인 그러나 강력한 지배담론으로서 기능하는 것이다. 과거 독재정권하에서 민족주의에 기반한 국가주의는 최소한의 민주적 권리조차 무력화시키는 강력한 탄압의 기제였다. 민족의 번영으로 상징되는 국익 앞에서 많은 대중들은 기꺼이 자유와 권리를 양도한 것이다. 그러나 민족주의는 소위 우파나 독재정권만의 문제가 아니다. 일제 강점기의 경험은 소위 진보진영조차 민족주의에 고착하게 만들었으며, 특히 80년대 이후 운동권을 이끌었던 소위 'NL(민족해방파)' 그룹은 노동운동보다는 과도한 민족주의운동을 내걸고 반미투쟁에 매몰되는 경향까지 보였다.[68] 이런 경험을 고려한다면, 우파이든 좌파이든 근대적인 지배담론으로서 민족주의를 넘어서는 것은 다문화 시대의 요청이기도 하다. 실제로 현재의 동

---

68) 심지어 이들은 노동자계급의 운동에 대해 민족의 이익에 반하는 분열주의 세력으로 매도하기도 했다. 그러나 노동운동 세력 역시 민족주의의 자장 안에 있기는 마찬가지였다. 1980년대부터 이주노동자가 유입되자, 진보적인 노동단체 역시 이들을 자신들의 일자리를 위협하는 세력으로 간주하기도 했다. 불과 2000년대 초반까지만 해도 노동운동의 주류 진영에서도 '우리 민족이 아닌' '외국인 노동자'에 대한 관심은 지극히 미약했다. 한국 사회의 노동운동 주류파가 이주노동자 문제에 관심을 가진 것은 2001년 80여 일간에 걸친 명동성당 농성 때문이었으며, 사실 그 이후에도 상당 기간 이주노동자 문제에 대한 관심은 지극히 형식적인 차원을 넘어서지 못하였다.

화주의적이고 방편적인 이주민 정책을 넘어서 보다 포용적이고 개
방적인 이민정책이 실시될 경우 여전히 배타적인 민족주의 담론이
강력한 효과를 발휘하는 한국의 대중 사회에서 강력한 반발이 일어
날 가능성도 배제할 수 없다. 그러므로 민족주의 담론에 대한 이론
적, 실천적 비판과 공화주의적 애국주의는 현실적 이유에서라도 반
드시 필요한 작업이다.

한편 이러한 민족주의 비판을 가장 강력하게 선도하는 입장에 따
르면,[69] 민족주의는 민족 내지 국민의 존재 그 자체를 생산하거나
'제작'하는 이데올로기 체계이며, 국민국가는 민족주의를 기반으로
하여 자신이 본래적으로 지니고 있는 억압과 배제의 속성을 유지하
고 확장해간다. 따라서 국민국가가 존속하는 한 민족주의는 사라질
수 없고 지속적으로 재생산될 수밖에 없다. 대표적으로 권혁범의 경
우는 '국민으로부터의 탈퇴'라는 도발적인 제목이 암시하듯이 민족
주의 및 국민국가에 대한 극한적인 비판을 담고 있다(권혁범 2004).
몇 가지로 요약한다면, 첫째, 권혁범은 민족주의를 지배적인 이데올
로기로 삼았던 군사독재에서 벗어난 지금까지 여전히 많은 사람들
이 '국익'과 '민족'을 우선시하는 풍조가 사라지지 않는 것은 국가주
의나 민족주의의 문제가 단순히 정치적 독재에 한정된 문제가 아니
라 뿌리 깊은 근본주의라고 강조한다. 즉 2002년 한일 월드컵 대회
의 집단적인 거리응원에서 명료하게 드러나듯이, 한국 사회는 획일
적인 국가주의, 민족주의에서 벗어나지 못했다는 것이다. 둘째, 국가

---

69) 민족주의의 억압성을 강조하고 국민국가 담론을 거부하는 대표적인 논자로는 권혁범(2004), 임
지현(1999; 2002), 강명관(2007) 등이 있다. 한편 이들 비판의 과도한 측면에 대해서는 진태원
(2009)을 보라.

주의에 대한 비판은 필연적으로 국민 그 자체에 대한 비판으로 확장된다. 그는 단도직입적으로 "이제 '국민'이라는 집단 주술에서 벗어날 때가 아닌가?"라고 묻는다(권혁범, 위의 책: 8-10). 집단 주술 속에서는 개성 있는 개인의 삶과 자유가 불가능하다는 것이다. 선험적인 실체가 규정하는 동질적인 집단적 정체성이 지배하게 된다면 차이와 다양성, 자유와 인권은 부차적인 문제가 될 것이다. 인권 보장 및 개인의 해방은 오직 근본적으로 억압적일 수밖에 없는 국가에서 벗어남으로써만 가능하다는 관점이다(권혁범, 위의 책: 210).

민족주의 및 국가 이데올로기가 가진 억압성과 배타성에 대한 비판과 극복을 주창하는 이들의 기본적인 논리는 옳다. 굳이 하버마스를 언급하지 않더라도, 전(前) 정치적, 준자연적 민족적 특징 등에서 사회통합의 기반을 형성하려는 시도는 그런 민족적 특징을 공유하지 않고 태어난 소수자들에게는 배타적 함의를 가질 수밖에 없다. 다원적인 사회에서 민족 개념은 사회통합에 기여하기보다 종족적, 문화적으로 이질적인(different) 사람들을 배제하는 억압 기제로 작동한다는 것은 경험적 사실이다. 즉 정치적으로 지배적인 다수자가 자신들의 문화를 소수자에게 강요하기 위한 도구로, 그리고 다른 문화적 배경을 가진 사람들에게 동등한 권리를 부정하기 위한 도구로 사용된다.[70]

그러나 이들의 비판은 논리적 비약과 실천적 과장으로 이어지는 경향이 있다. 즉 민족주의만이 아니라 근대정치의 병리적 현상들 전체가 국민과 국민국가에 뿌리를 두고 있다는 문제의식으로 나아가

---

[70] 그러므로 새로운 애국주의는 국가 혹은 민족에 대한 맹목적인 충성심을 주장하지 않으며 이 지점에서 다시 아렌트의 공동 세계의 구성 및 정치적 실천이 중요해진다.

면서 민족 및 국민국가를 절대악으로 간주하는 경향, 아울러 필연적으로 국민 국가라는 범주 자체에 대한 전면적인 기각과 부정으로 이어진다는 것이다. 그리고 그런 결론이 갖는 실천적 함의는 국민국가를 폐기하지 않는다면 진보나 해방은 불가능하다는 것이다.

그러나 국민국가는 함부로 폐기할 수 없는 이론적 실천적 개념이다(진태원 2009: 654-658). 국민이나 국민국가를 전면적으로 기각하는 것은 오히려 이론의 과잉과 실천적 무기력을 노정할 수 있다는 것이다. 소위 근대정치의 병리현상을 극복하기 위해서라도 근대정치의 긍정적인 성취를 이용할 필요가 있으며 국민국가라는 장치는 국민국가를 넘어서기 위해서라도 적극적으로 활용해야 할 근대정치의 핵심적 기제이다. 물론 이 말이 국민이나 국민국가를 초역사적인 정치적 준거 또는 규범적 모델로 간주한다는 것을 의미하는 것은 아니다. 다만 근대적 국민국가는 억압과 배제의 동질적인 권력 메커니즘이며 동시에 국민국가에 의해 형성된 국민은 오직 복종과 예속만 수행할 뿐이라는 극한적인 비판은 지양해야 한다는 것이다. 특히 여전히 정치현실 속에서 국가가 정치적 책임을 지닌 핵심적인 기반으로 남아 있는 한, 푸코의 주장과 달리, 우리의 정치적 삶에서 국가의 정당성은 여전히 중요한 문제이며 이에 대한 비판적 성찰이 중요하다(Brown 2010: 141-144).

국민국가의 권력의 성격과 작동방식에 대해서는 기든스가 말한 '통제의 변증법(dialectic of control)'으로서 통치성의 문제를 적극적으로 전환시킬 수 있는 전략을 모색해야 한다(Giddens 1998: ch. 2). 기든스에게 주체는 권력의 장에 갇혀 자율성을 상실한 채 억압과 강요를 수용하는 수동적인 자동인형으로서가 아니라 권력의 성격과 변화를 결정하는 데 전략적으로 참가한다. 국가권력 역시 마찬가지이다. 물론 국가권력은 자신의 영토 내에 살고 있는 사람들의 삶의 형태와 내용을 통제하고 조직화할 수 있는 강력한 행위자이다. 그러나 근대사회를 구성함에 있어 국가권력이 제도화되는 과정은 지배권력의 일반적인 의도대로 구성되는 것이 아니라 사회구성원들의 동의와 참여를 통해 변증법적으로 구성되는 것이다.[71] 국가권력의 수준에서 이런 통치의 변증법은 자칫 일방적인 억압과 통제로 흐를 수 있는 국가권력 내지 지배권력의 부정적 속성을 길들일 수 있는 과정을 강조하는 동시에 그것을 적극적으로 도출할 수 있는 공간을 가능하게 만든다. 그러므로 실천적으로 요구되는 과제는 특정 정치공동체의 민주주의를 더욱 발전시키는 것, 민주적 의사결정과정과 심의과정에 참여할 수 있는 조건을 확보하고 그것을 더욱 확장하는 것이다. 아울러 정치공동체의 민주화를 위한 실천과 연대를 위해서라도, 역설적으로, 공화주의적 애국주의가 요구된다고 볼 수 있다. 공화주의적 애국주의야말로 민주적 절차와 원칙에 대한 충성심을 기반으로 공동체의 부정의를 시정하기 위한 적극적인 실천적 동력으로 작용할 수 있으며 이 과정에서 민족적인 일체감은 전혀 필수적인 요소가 아니기 때문이다. 논리상 국민뿐만 아니라 외국인도 특정한 민주적 절차와 원칙에 대한 충성심을 공유한다면 정치공동체의 평등한 구성원이 될 수 있다.

---

71) 더구나 국민국가의 경계를 자유롭게 넘나드는 자본과 노동의 현실을 고려한다면, 오늘날 현실 속의 자유주의 국가는 어떤 강제에 의해서도 국경을 완벽하게 통제하지 못하고 있고 모든 나라는 공동체로부터의 탈퇴와 결사의 자유를 기본적인 인권으로 인정하고 있는 상황이다(Benhabib 2002: 168-171).

3) 민족성과 경계의 재구성

이런 점에서 민족성(nationality)의 재구성에 대한 밀러의 논의는
상대적으로 보수적인 함의를 가질지라도 현실적인 수준에서 중요한
함의를 제공한다. 밀러는 민족성을 공공문화(public culture)를 공유
함으로써 형성되는 것으로 설명하는데, 이것은 비록 내가 그 사람을
모를지라도 공통의 믿음과 귀속감 속에서 형성되는 것이라고 설명
한다(Miller 2008; 2010). 공통의(common) 공공문화는 정치적 원칙이
나 사회적 규범을 포함하여 함께 살아가는 사회적 생활과 행동양식
에 대한 일련의 이해들을 의미한다.[72] 중요한 것은 공공문화의 공유
로 특징지어지는 민족성을 공유하기 위해 생물학적 혈연에 기반한
인종적, 종족적 동질성이 필요한 것은 아니라는 점이다. 비록 밀러
의 경우 정의(justice)의 조건을 위해 제한적인(bounded) 민족성의 필
요성을 주장했지만 그것은 민족성에 대한 최소한의 경계를 의미한
것으로 해석할 수 있다. 즉 논리적으로 공공문화를 공유하면서 공동
의 정체성과 특별한 책임감을 인식한다면 어떤 사람도 자신의 인종
이나 종족적 배경에 상관없이 특정 민족국가의 구성원, 즉 국민이
될 수 있고 더 나아가 민주적 의사결정과 심의과정에 참여할 수 있

---

72) 이런 맥락에서 밀러의 공통문화는 자유주의의 한계를 극복할 수 있는 동시에 동화적 위험성을
동시에 안고 있다고 볼 수 있다. 예컨대 아비자데(2002)는 민족성 논의가 공통의 정체성과 공
동의 문화 사이에 모호함이 있다는 것이다. 아비자데는 캐나다나 스위스처럼 성공적인 다민족
민주주의 국가들은 시민들 사이에 공유된 정서적 정체성에 의존하고 있지만 그들은 공통의
민족 문화가 없다면서 민족성 논의를 비판한다. 이에 대해 밀러(2008)는 스위스는 개인들이 민
족성을 공유하지 않은 것이 아니라 '중첩된 민족적 정체성'으로 설명해야 한다고 반박한다. 또
한 캐나다의 퀘벡주 같은 경우는 캐나다로부터 독립된 민족적 정체성을 가진 것이다. 한편 벤
하비브는 공통문화의 규범적 조건으로서 보편적 존중, 평등적 상호성, 자유의지에 따른 귀속과
탈퇴의 자유 등을 들고 있다(Benhabib 2002: 106).

다. 실제로 밀러는 민족성에 대해 "저의 주요 관심은 강력한 형태의 민주주의를 번성하게 만들 수 있는 정치사회적 조건, 그리고 시장경제가 지배적인 위치를 차지하고 있는 정치사회적 배경에 맞설 수 있는 분배적 정의"와의 관련 속에서 나온 개념임을 분명히 한다. 스스로를 민주적 사회주의자(democratic socialist)로 정의하는 밀러에게 사실 민족성은 이론적으로 시장사회주의를 발전시키면서 도출한 개념이다. 평등과 실질적 재분배를 실현하는 데 적극적인 시민성(active citizenship)의 역할이 중요한 바, 이는 사람들을 결속시키고 정의로운 사회를 위해 투쟁하게 만드는 민족성이라는 개념으로 전환된다. 이 책의 맥락에서 이런 밀러의 논의는 넓은 의미에서 공화주의적 애국주의로 포함될 수 있을 것이다. 한편 밀러는 민주주의의 이상과 분배적 정의를 가장 잘 실현해온 사회들—스칸디나비아의 사회민주주의 국가들—이 강한 정체성을 공유해왔다고 강조한다(Miller 2010: 104-105). 이들 나라는 공통의 특정한 민족문화가 존재하지 않지만 공화국의 시민들 사이에 공유된 정서적 정체성에 기반한 권리 체계를 가지고 있다. 예컨대 독일계 스위스인이나 프랑스계 스위스인들은 모국과 관계를 맺는 것 대신에 스위스인임을 자랑스러워한다. 비록 이들이 독일이나 프랑스 음악과 문화를 즐긴다고 할지라도, 이들에게 스위스인이 된다는 것은 독특한 무언가가 된다는 것을 의미한다. 밀러 역시 이에 대해 '중첩된 민족적 정체성(nested national identities)' 개념을 통해 설명하고 있으며 스위스의 독특한 직접민주주의를 가능하게 만든 원동력으로 평가한다(Miller 2008: 144). 이처럼 공통 문화를 중심에 놓고 민족/국가의 재구성을 사고하는 일련의 흐름들은 제도적 헌정주의보다는 시민적 애국심을 강조하는 경향이 있다

(Laborde 2002).

그러므로 공공문화의 기반으로서 민족성은 고정되고 불변하는 것이 아니라 변화 가능하고 구성 중임을 강조해야 한다. 민족성은 어떤 의미에서 보자면 '상상의 정체성'이다. 그 내용과 경계가 변화 가능하다는 것이다. 공공문화의 전환은 밀러 혹은 우리가 실제로 경험하는 것보다 훨씬 더 실천적인 문제이며 가변적일 수 있다. 원리상으로 다양한 사람들이 민족성을 규정하기 위해 대화에 참여할 수 있고 그 대화의 결과에 따라 민족성의 내용이 변화할 수 있다. 물론 현실적으로 민족성이 종족적 요소(ethnic ingredients)로부터 완전히 자유로울 수는 없을 것이다. 밀러도 인정하듯이, 민족은 종종 어떤 특정 영토 내에서 지배적 지위를 차지하고 있는 특정 종족집단을 기반으로 형성되며, 따라서 언어, 종교, 문화적 정체성 등에서 특정 종족집단의 특징들을 그대로 간직할 수밖에 없다.

그러나 민족성이 현재의 정체성과 공공문화를 보존함으로써만 유지될 수 있는 것은 아닐 것이다. 현실 속에서 일정 정도 배타성을 가질 수밖에 없는 민족성을 더욱 포용적으로 만들어야 한다는 소수집단의 수정 요구가 주류집단의 주장과 충돌할 경우 그것은 어떤 식으로든 공론장이 형성되고 논쟁이 지속된다는 것을 의미하게 된다. 그것은 소위 정주민 집단 내지 주류집단 내부에서도 민족성의 변화를 주창하는 세력들의 발언권을 촉발시키면서, 지배적인 민족성의 변화와 수정을 요구하는 소수집단과 연대를 형성하게 될 것이다.[73] 이러

---

73) 아이리스 영(Young) 등이 제기한 바, 밀러의 민족성 개념이 지배적인 주류 종족집단의 패권을 보장하고 소수집단을 억압할 것이라는 비판은 일면적인 해석이거나 과장된 것이다. 현재의 실천적 수준에서, 사해동포주의와 마찬가지로 민족/국민 국가의 속성을 근본적으로 급격하게 변화시키는 것이 어렵다면 오히려 당장의 과제는 담론적 실천을 통해 민족/국민 효과의 점진적

한 민족성의 변화가 보편적 인권의 확장과 일치할 가능성도 높다. 물론 밀러가 강조하듯이, 혁명적인 상황도 아닌 '현실' 속에서 주류 집단의 민족성이 획기적이고 근본적으로 변화하는 것이 어려울 것이며 당연히 민족성 변화 및 수정에 대한 소수집단의 요구 역시 타협적인 내용을 가질 수밖에 없을 것이다. 예컨대 이슬람교도들은 민주주의와 법치라는 기존의 공공문화에 담긴 지배적인 민족성을 수용하는 방향으로 정치적 성원권(political membership)을 얻게 될 것이다. 이러한 일련의 과정을 통해 민족적/국가적 일체감을 느끼는 집단의 경계가 재설정될 수 있을 것이다. 이것은 물론 치열한 쟁투적 민주주의(agonistic democracy)에 기반하여 전개될 것이며 공동선과 국민적 정체성의 재구성과 분리될 수 없을 것이다. 그러나 그것은 무페의 주장처럼 상대자를 제거해야 할 대상으로서가 아니라 쟁투의 대상으로 인정한다는 것을 의미한다.

한편 밀러는 최근 한 인터뷰에서 민족/국가를 재개념화하는 작업을 설명하면서 향후 정치이론의 최대 쟁점은 '경계'의 문제가 될 것이라고 예상하면서 "이러한 새로운 경계를 가지고 사회정의나 민주주의 같이 우리와 친숙한 개념들을 여전히 사용할 수 있는지, 아니면 그것들을 대체할 수 있는 새로운 원칙들을 만들어내야 하는지가 중요"하다고 강조한다(Miller 2010: 123-124). 이러한 밀러의 논의는 정치적 주체로서 데모스의 경계 및 범위가 향후 정치학의 중요한 의제가 될 것임을 시사하고 있다. 밀러는 인종이나 종족, 종교의 영향력을 최대한 제어하는 동시에 공통의 문화를 공유할 수 있는 사람들을 모두 데

인 변화를 할 수 있는 실천은, 심지어 혁명으로 급속한 전복이 발생한다고 하더라도, 가능할 것 같지 않다.

모스에 포함하고자 한다(Miller 2010: 114-116). 즉 데모스의 경계는 민주적 절차와 원칙에 대한 충성심을 공유하는 사람들 사이의 영속적 이고 개방적인 대화 과정 속에서 계속 변화하는 유동적인 것으로 이 해할 수 있다. 달리 말해 특정 정치공동체의 데모스의 범위를 결정하 기 위한 의사결정과 심의과정에 그 공동체의 '국민'들뿐만 아니라 그 공동체의 특정한 민주적 절차와 원칙에 대한 충성심을 공유하는 외국 인의 참여를 허용해나간다면, 민주주의 정치공동체는 대화를 통해 데 모스의 범위를 계속 확대할 수 있으며 이런 실천 과정에서 배제는 최 소화될 것이다(김범수 2008: 191). 물론 배타적 근본주의는 거부될 수 있다는 하버마스의 주장은 옳지만(Harbermas 1999: 144-145, 155), 이 것조차 공론장에 부쳐 결정을 내릴 때 정당성을 획득할 수 있을 것이 다. 이러한 주장은 민주주의 정치체제가 어떤 정치적 결정을 내릴 때 그 결정에 의해 영향을 받을 수 있는 모든 사람들은 정치적 의사결정 과 심의과정에 직접적으로 또는 대표자들을 통해 간접적으로 참여할 수 있도록 해야 한다는 규범적 주장과 맥을 같이하는 것이다. 이는 민 주주의에 있어 포용(inclusion)의 논리와 원칙을 구성한다.

4) 정체성의 재구성

종족적, 종교적 귀속감이 다르고 생활방식이 상이한 개인과 집단 들이 공존하기 위해서는 낮은 수준의 정체성과 소속감을 넘어 사익 이나 집단적 이해를 극복할 수 있는 공통의 정체성과 상호신뢰가 필 요하다는 것은 자명해 보인다. 특정 국가 혹은 특정한 정치공동체에 소속되어 있다는 정서를 공유한 사람들을 하나로 묶어줄 수 있는 상위의 정체성이 필수적이라는 것이다. 그러므로 "민족적 정체성이 단일하고 동질적인 집단으로서 인민이라는 개념을 요구해야 한다는 생각을 단념해야 하지만 그럼에도 불구하고 다른 문화적 배경을 지닌 사람들을 뭉치게 하면서 동시에 민주주의와 사회정의를 지탱해줄 수 있는 통합의 자원이 필요하다는 점을 인지해야"(Miller 2010: 112) 한다는 것이다. 밀러는 민족주의 극복 및 다문화 공존과 관련하여 많은 난제들이 있다고 지적하면서 민족적 정체성을 재구성하는 것이 중요하다고 강조한다.

> 민족적 정체성을 재형성하는 데 있어서 우선적으로 행해야 하는 일은 우리가 당연히 유지해야 하는 전통적 정체성의 요소들은 무엇이고, 그것들 중에 버리거나 재구성될 요소가 무엇인지를 결정하는 것입니다. 이러한 사례는 하나에서부터 열까지 매우 다양합니다. 예컨대 영국과 같은 국가에서 인종과 종교라는 특징은 민족적 정체성의 중요한 구성요소 중 하나였지만 더 이상 그렇지 않습니다. 예전에는 영국인이 되려면 백인이고 기독교인이어야 했습니다. (…) 다문화 정책들은 중요한데 서로 다른 배경을 지닌 사람들이 한 사회에 통합될 수 있는 기회를 평등하게 제공하기 때문입니다. 그러나 동시에 그 나라 태생의 사람들과 이주자들을 하나로 묶는 지속적인 민족형성 과정(a continuing process of nation-building)이 있어야 합니다. 이런 맥락에서 동화(assimilation)와 통합(integration)을 구별하는 것이 중요합니다(Miller 2010: 114).[74]

---

74) 밀러에 의하면, 동화란 소수자 집단들이 자신의 고유한 특성들을 상실하고 단순히 주류문화의 한 부분이 되는 과정이며 통합은 사회적 측면과 문화적 측면 모두 가지고 있다고 강조한다. 사회적 측면에서는 소수자 집단이 그 사회의 경제, 정치 등의 삶 속에서 충분히 일부분으로서 역할을 하고 그 구성원들이 다른 집단의 성원들과 많은 사회적 접촉을 갖는 것을 의미한다. 문화적 측면에서는 소수자 집단이 특정한 측면-예를 들어 개인적 생활양식-에서는 고유성을 유지하지만 동시에 그 구성원들이 민족의 구성원으로서 소속감과 충성을 갖는 것을 의미한다(Miller 2010: 115).

이런 관점에서 공화주의적 애국주의의 구성적, 창조적 가능성을 적극적으로 사고해야 한다. 즉 민족/국가의 변화를 추구한다면 그것은 정체성의 변화 및 재구성의 문제를 적극적으로 사고해야 하는 것이며 그에 기반한 '공화주의적 애국주의' 담론의 영향력을 확보하는 것을 실천의 문제로서 사고해야 한다. 공화주의적 애국주의의 지반으로 작동하는 공유된 정체성은 결코 특정한 제도의 형성만으로 성취할 수 있는 것이 아니다. 정체성은 다른 경우와 마찬가지로 실천을 통해 형성되고 재생산되며 변화되는 것이다. 즉 공통의 정치적 기획에 참여하고 그 결과로서 도출된 원리와 원칙과 규칙들에 대한 신뢰와 충성 속에서 새로운 정체성을 공유할 수 있는 것이다.

어떤 면에서 아렌트의 공동세계와 연관된 무페의 정체성 논의가 더욱 중요한 아이디어를 제공한다고 볼 수 있다. 주지하듯이 아렌트에게 인간은 오직 공적 영역을 통해서 정체성을 획득하는 것이고 개인의 정체성의 실현은 다원성을 전제로 정치적 실천을 통해 가능하다면 주체는 고정되고 통일적이며 동질적인 것이 아니라 다차원적인 정체성을 가진 행위자로 간주되어야 한다. 왜냐하면 다른 목적과 선을 추구하는 사람들과 함께 공동체의 규칙과 조건을 논의하자면 자기 자신이 그런 사회적 다양성의 담지자가 되어야 하기 때문이다. 이러한 주체는 무페의 용어를 따른다면 비본질적(non-essential) 주체로 구성되어야 한다. 나아가 서로 다른 조직에 다른 방식으로 종사하는 개인들 혹은 집단들 사이에서 공동의 정치적 정체성이 창출된다. 달리 말해 주류 사회의 시민이든 새로운 인종집단이든 타인에 대한 공감 능력을 획득하고 시민들 간 상호의존된 공동운명체를 체감해가면서 새로운 정체성을 형성하며 나아가 새로운 애국주의를 함양할 수 있는 것이다. 이는 기존 근대국가의 폐쇄적인 주권국가 논리를 극복할 수 있는 가능성을 제공한다. 왜냐하면 이러한 공화주의적 입론은 공동체주의 등이 흔히 의존하는 민족주의나 인종적 공동체 같은 타자를 전제로 한 배타적 공동체보다는 상호의존성, 공통의 운명에 대한 인식에 기반한 열린정치공동체와 일체감을 강조하기 때문이다(안병진 2006: 118).

3. 대한민국 '만들기(Achieving)'

1) 정의로운 공화국 만들기

공화주의적 애국주의는 우리가 발 딛고 살아가는 공화국에 대한 자부심을 중요한 구성 요소로 삼는다. 왜냐하면 기본적으로 공동체에 대한 애정과 사랑을 결여하는 사람은 공동체에 존재하는 부정의나 불평등 같은 문제에도 무관심할 뿐만 아니라 보다 나은 공동체를 만들기 위한 노력에도 큰 관심을 갖지 않고 오직 자신의 이해관계에만 매몰될 가능성이 높기 때문이다. 현재 더불어 살아가는 동료 시민들과의 관계에 무관심한 사람들이 공동체에서 소외받고 배제된 소수자나 이방인들의 발언권에 관심을 갖는다는 것은 기대하기 힘들 것이다. 이러한 유대의 상실은 타자의 존재를 상실한다면 공동세계는 한없이 위축될 수 있다는 아렌트의 경고와도 밀접한 연관을 맺는다. 미래의 공화국이 어떤 비전과 이상을 가지고 나아가야 하는가에 대한 관심이야말로 대한민국을 혁신시키는 원동력이 될 수 있다는 것이다.

이러한 공화주의적 애국주의의 실천적 맥락을 가장 명료하게 주창하는 학자가 바로 리처드 로티(Rorty 2003)이다. 로티는 '국가적 자존심'이라는 용어를 통해 보편적인 가치를 강요하지 않으면서 어떻게 새로운 국가적 삶, 새로운 정치문화를 만들 수 있는지에 대해 실천적인 대안을 제시하고 있다. '국가적 자존심' 개념을 사용하는 로티의 논리는 단순명료하다. 자신이 속한 공동체에 대한 자부심을 느끼지 못하는 사람은 마치 자기 자신을 존중할 줄 모르는 사람이 도덕적인 용기를 보일 수 없는 것과 마찬가지로 국가정책에 대한 생산적인 논쟁에 참여할 수 없다는 것이다.

> 국가적 자존심이 지나치면 호전성과 제국주의를 결과할 수 있다. 이것은 지나친 자부심이 거만한 태도를 낳는 것과 같다. 그러나 자부심이 너무 없는 사람이 도덕적인 용기를 보일 수 없는 것과 마찬가지로 국가적 자존심이 불충분할 경우 국가정책에 관한 열정적이고 효율적인 논쟁을 기대하기 어렵다. 자신의 나라에 대해 감정적으로 관여한다는 것—자기 나라의 역사에 등장하는 다양한 부분 및 현재의 국가정책에 의해 유발된 수치심이나 강렬한 자부심—은 상상력이 풍부하고 생산적인 정치적 숙고를 위해 반드시 필요하다(Rorty 2003: 3).

사실 미국에 대해 자부심을 갖는다는 것, 미국인이 애국심을 갖는다는 것은 제3세계의 좌파 지식인들뿐만 아니라 미국 내의 좌파 지식인들에게도 쉽게 용납할 수 있는 일이 아니다. 로티에게도 미국은 개혁적 좌파(the reformist left) 혹은 진보적 지식인들에게 결코 자부심을 느낄 수 있는 대상이 아니다.[75] 지금까지 미국에 대한 애국심은 팍스아메리카에 대한 표현이거나 미 제국주의에 대한 옹호로 여겨져 왔기 때문이다. 그러나 로티는 쇼비니즘과 냉소주의의 이분법을 벗어날 것을 요구한다.

로티에 의하면, 미국의 우파는 기본적으로 현재의 미국이 올바른 모습을 하고 있으며 앞으로 변화될 필요가 없기 때문에 사회정의를 위한 좌파의 투쟁은 사회적 혼란과 분열만을 가져올 뿐으로 인식한다. 반면 좌파는 미국이 아직 완성되지 않았으며 미국은 민주주의적 프로젝트를 계속 진행해나가야 하기 때문에 실천적 태도를 생명으로 삼을 수밖에 없다. 때문에 로티는 원주민 학살, 베트남 전쟁, 제3세계에 대한 식민지 착취 등 미국의 과거 앞에서 절망이나 수치심에만 빠지지 말 것을 요구한다.[76] 대신에 로티는 미국의 지식인들이 취해야 할 태도는 미국이 다시는 그와 같은 잘못을 저지르지 않게 만드는 것이라고 주장한다. 미국의 지식인(혹은 진보좌파)들이 자신들의 국가에 대해 보내는 냉소나 비하는 올바른 것이 아니다. 그런 태도는 오히려 추악한 미국을 영속화하는 데 기여할 뿐이다. 의미 있는 정치적 참여와 실천 자체를 불가능하게 할 것이기 때문이다.

---

75) 로티는 사회주의자를 의미했던 구좌파라는 용어를 버리면서 자유주의까지 포괄하는 세력을 개혁적 좌파(the reformist left)라고 부르고 있다. 그런데 이후 로티의 용법을 본다면, 현재의 정치 사회질서를 정당화하고 변화를 거부하는 보수주의를 우파로 간주하고 그 외에 더 많은 사람들의 자유와 평등을 지지하는 모든 세력을 일단은 좌파로 분류해도 무방할 것 같다(Rorty 2003: 43, 75).

76) 서론의 문제제기에서 언급한 것처럼, 미국 주류 세력의 이주자에 대한 비인간적인 대우와 착취를 잘 형상화하고 있는 영화 '도그빌(Dog-ville)'이 명료하게 묘사하듯이, 미국은 원래 이민자의 나라이다. 가장 기본적으로는 북아메리카 대륙을 점령한 유럽인들 자체가 '이주자'였다. 이들은 원주민인 인디언들을 삶의 터전에서 내쫓았으며 인간 사냥 같은 대량 학살도 서슴지 않았다. 원주민의 땅을 강탈한 미국은 이후 노동력 확보를 위해 아프리카의 흑인 '노예'를 대량 수입했으며 이후에도 제3세계로부터 온 수많은 이주자들의 노동을 바탕으로 세계 제일의 경제적 대국으로 성장할 수 있었다. 이러한 미국의 발전은 아프리카 노예를 비롯하여 중남미, 아시아 등 제3세계 이주민들의 피와 땀이 없었다면 불가능했을 것이다.

로티는 듀이의 논의를 빌려 와 자신의 명료한 주장을 정당화한다. 즉 '도덕적'이라는 것은 '차라리 죽으면 죽었지 도무지 해서는 안 될 짓거리를 범하지 않으려는 태도'와 관련시켜 이해할 수 있다. 즉 어떤 사람이 실제로 어떤 비도덕적인 행위를 저질렀다면 그가 할 수 있는 선택지는 극한적인 자살 혹은 자기경멸 혹은 성찰을 통한 극복이다. 로티는 세 번째 선택지로서 다시는 그런 행동을 하지 않도록 노력해야 한다고 강조한다. 국민 혹은 좌파의 경우에도 마찬가지다. 좌파는 자기경멸이라는 '사치'에 빠져 있을 것이 아니라, 미국을 위한 민주적 기획에 적극적으로 참여하여 자기 나라를 다시는 그런 잘못을 저지를 수 없는 나라로 만들도록(achieving) 노력해야만 한다는 것이다(Rorty 위의 책: 33). 한 국가가 부끄러운 과거를 가졌거나 만행을 저질렀다는 이유로 국가에 대한 자존감을 포기해서는 안 된다. 대신에 로티는 미국의 민주주의적 프로젝트에 적극적으로 참여하고 실천하면서 살아갈 것을 요청한다. 로티에게 있어 민주주의란 과거에 어떤 일이 있었더라도 결코 포기해서는 안 되는 목표이며 희망이다. 미국에 대해 희망을 가져야 하는 이유는, 미국이 완성된 나라이어서가 아니라 미국의 민주주의적 기획이 완성되지 않았기 때문이며 그것을 완성해나가야 할 사명이 미국의 지식인들과 시민에게 있기 때문이다(이유선 2000: 262-263). 로티는 1960년대 이후 실천적 동력을 상실한 미국 진보세력을 향해 개혁적 좌파와 문화적 신좌파의 연대를 주창하고 있다.[77]

---

77) 이러한 로티의 논의는 문화적 다원성을 인정하는 동시에 분배적 정의를 가능한 한 최대로 실현함으로써 상호신뢰 및 시민적 연대를 가능하게 만드는 정치공동체로서 일체감의 지반으로 작용하는 민족성의 중요성을 주창하는 밀러의 논의와 상당히 유사하다(Miller 2010: 98). 밀러는 자신의 이러한 민족성의 기획을 '좌파적 공동체주의(left communitarianism)'라고 부른다. 여기

그러나 불행하게도 미국을 비롯한 민주주의 선진국들이 과연 자부심의 대상으로서 충분한지에 대해서는 의문이다. 당장 9월 11일 테러 이후 미국 부시 정부가 수행한 보복 공격으로 아프가니스탄을 비롯하여 이슬람권 국가의 민간인 수천 명을 사망하게 만든 불법 전쟁에 대해 미국 국민들이 열렬히 환호한 것은 분명 광기어린 피의 보복으로 볼 수밖에 없다. 더구나 미국 국민들은 테러리스트 집단을 파괴하기 위해 테러리즘과 유사한 방법을 선택하는 '민주주의' 국가를 이후에도 지속적으로 지지했으며, 미국 정부가 수천 명의 아랍인과 아랍계 미국인을 구류하였을 때, 테러리스트 피의자의 권리는 우리 모두의 권리라는 양심의 소리를 거부하면서, 안보의 불안 앞에서 기꺼이 자신들의 자유를 포기할 의지를 피력한 것이다(Townshend 2003: ch. 7). 또한 '애국법(USA Patriot Act)'은 유례없는 시민 감시를 허용했을 뿐만 아니라 위기 국면에서는 시민의 자유를 보호하는 사법권을 제한하는 권한까지 부여했다. 국가 안보의 이름으로 시민의 기본권 제한이 정당화되었고 심지어 이러한 '테러와의 전쟁'에 적극적으로 지지하고 동참하면서 주위 사람들을 의심하고 경계하는 시민들은 애국적인 시민군으로 추앙되었다(Brown 2010: ch. 4). 그러나 이러한 일련의 사태와 시민의 '자발적인' 참여는, 로티가 의미한 애국주의가 아니라 보복과 피의 악순환을 불러오는 포퓰리즘일 뿐이다. 이 경우 작동하는 통치의 논리는 애국의 이름으로 시민적 자유의 박탈을 관용할 것을 요구하는 국가 폭력인 동시에 영장 없는 수

서 좌파는 사회주의적 지향을 의미한다기보다는 자유주의와 공동체주의를 넘어서는 어떤 새로운 기획을 의미하는 동시에 개혁적 좌파의 지향점을 분명히 하는 것으로 평가할 수 있다.

색과 체포, 미란다 원칙의 공지 없는 구류, 전화 도청과 우편물 검열 등을 묵묵히 수용하거나 지지하는, 어떤 점에서는 적극적으로 '예속적인 신민(subject)'의 창출을 목표로 하는 통치 논리에 포섭된 자동인형일 뿐이다. 아마도 "당신이 우리의 편이 아니라면, 당신은 테러리스트의 편"이라는 논리, 정부에 대한 반대가 적에 대한 지지와 등치되는 논리에 직면하여 진정한 애국은 '미국답지 못함(un-Americanness)'에 대한 시민사회의 논쟁을 불러일으키고 그 안에 담긴 권력의 의도와 효과를 폭로하거나 혹은 공격하는 것이다. 그것이 설사 '매국노'라는 비난을 받을지라도 말이다. 실제로 미국의 대테러 정책 및 시민들의 환호를 강도 높게 비판한 소위 비판적 지식인들은 예외 없이 '매국노'가 되었다. '미국 대학 이사 및 동문 협의회(American Council of Trustees and Alumni)'가 작성한 악명 높은 보고서『미국은 어떻게 대학을 망치고 있으며, 우리는 무엇을 할 것인가?』는 "9·11이 공격한 것은 단지 미국만이 아니라 문명 전체이다. 우리는 우리의 악(惡) 때문이 아니라 우리의 덕(德) 때문에 공격받았다"면서 미국의 대외정책을 비판한 교수들과 학생들의 명단을 나열하는 데 할애하고 있다(Brown 위의 책: 172-173).

2) 대한민국은 애국의 대상이 될 수 있는가?

한편 다문화 담론이 유행하고 있는 한국의 현실 역시 부끄러움의 대상이 되기는 마찬가지이다. 이주노동자 및 결혼이주여성 등 이주민의 급증이 촉발하고 확장하는 다문화주의가 한국적 현실에서는 노골적인 배제와 동화주의적 포섭 전략으로 나타나고 있기 때문이다. 이런 국가의 통치 전략은 사실상 순혈적 인종주의를 재생산하는 동시에 이주민들을 대상화시키고 타자화하는 것이다.

외국인 이주노동자와 대한민국

서론에서 간략히 언급했지만, 국내 체류 외국인 중에서 가장 많은 비중을 차지하고 있는 이주노동자들에 대한 관련 법제도들은 반인권, 반노동적인 장치들로 비판받을 수밖에 없다. 1980년대 후반부터 3D업종을 중심으로 이주노동자의 유입이 급증하고 있지만, 국제인권단체로부터 '현대판 노예제'라 비난받고 최근 폐지된 '산업연수생제도'는 말할 것도 없고, 이주노동자들을 주체성을 가지고 삶을 살아가는 실존적 인간이라기보다는 노골적으로 혹은 공공연히 일정 기한의 노동력 상품으로 간주되고 있을 뿐이다(설동훈 2007). 우리 정부의 관련 정책은, 비록 많은 진전이 있다고는 하지만, 여전히 차별배제모형(differential exclusionary model)에 입각한 이주노동 정책의 틀을 벗어나지 못하고 있으며 이주노동자들은 여전히 일정 기간 배당된 기업주에 '예속된' 존재로서 관리통제 처분의 대상을 넘어서지 못하고 있다. 미등록 이주노동자의 경우에 문제는 더욱 심각하다. 엄연히 대한민국의 경제 시스템의 한 축을 담당하면서도 언제 닥칠지 모르는 단속과 추방의 불안과 공포로부터 한 순간도 자유로울 수 없기 때문이다(오경석 2007; 한경구·한건수 2007).

외국인 노동자의 불법체류가 양산되는 것은 정부의 고용허가 절차가 까다롭고 매우 제한적이기 때문이며 무엇보다도 외국인 노동자에게 합법적인 체류 자격을 부여하지 않고 불법체류를 묵인함으로써 그들의 노동력을 값싸게 활용할 수 있는 여건을 암묵적으로 조성하는 이중적 태도에 기인한다. 즉 불법이라는 약점으로 인해 최소한의 법적 보호와 지원이 부재한 상황에서 이들의 인권과 노동권이 유린되고 있는 것이다. 결국 한국의 이주노동자 정책 속에서 불법체류 이주노동자들은 단속과 추방의 대상이거나 기껏해야 의도적인 묵인의 대상으로 존재하고 있는 것이다. 물론 2013년 4월 현재 산업연수생 제도가 폐지되고 2007년부터 고용허가제가 시행되고 있지만 이주민에 대한 시선이나 억압적 제도가 근본적으로 바뀌고 있는지는 의문이다. 이주노동자들에게 지금의 법, 제도, 관행은 여전히 억압적이고 주체성의 실현을 가로막는 장치들이다.

예컨대 무엇보다도 인간답게 일할 수 있는 제도적 장치가 미비하다.[78] 이주노동자가 유입될 때 국가와 기업이 이주노동자의 경제적 효용가치만을 고려하여, 그들에게 필요한 정보를 제대로 전달하지 않거나 적절한 교육 과정을 수행하지 않고, 이주노동자가 들어온 2-3일 이내에 작업장으로 바로 투입하는 것이 관행이다. 1시간 이내의 한국 노동법 교육을 받기는 하지만 한국어 사용이 미숙한 이주노동자가 짧은 교육시간 동안 법적, 제도적인 내용을 온전히 습득할 수는 없을 것이다. 사실상 형식적인 교육이며 이를 통해 이주노동자가 노동권을 숙지하고 행사하기란 불가능에 가까울 것이다. 무엇보다도 이주노동자를 옥죄고 있는 가장 불합리한 제도 중 하나는 '사업장 변경의 3회 제한'이다.

---

78) 이하의 관련 내용은 정성산(2012)과 이진영(2012)의 논문 및 중소기업중앙회 홈페이지(http://fes.kbiz.or.kr/) 자료를 참조했다.

고용허가제는 원칙적으로는 사업장 변경을 3번까지 변경할 수 있도록 규정되어 있지만, 변경 사유가 사업주의 일방적인 계약해지, 휴업, 폐업, 임금체불, 폭력에 의한 것이라야만 가능하다. 변경사유가 모두 사업주의 선택에 의한 것이므로 이주노동자의 자율적인 선택에 의해서는 사업장을 변경할 수가 없다. 임금체불이나 폭행사실역시 이주노동자 스스로 입증해야만 업체변경이 가능하다(중소기업중앙회 홈페이지 참조 http://fes.kbiz.or.kr/). 고용허가제도는 이주노동자에게 농업에서 농업, 제조업에서 제조업, 서비스업에서 서비스업으로의 동종업종에서만 이직을 허가하고 있으며 이직의 기회를 3번으로 제한하고 있다. 이를 어긴 이주노동자는 합법적인 체류기간내에 있다 할지라도 미등록 노동자가 되어 강제 추방당하게 된다(중소기업중앙회 홈페이지 참조 http://fes.kbiz.or.kr/). 더구나 이직신청을 하더라도 사업주의 승인이 있어야 직장변경이 가능하며, 승인 없이 이직할 경우에는 작업장 이탈로 간주하여 미등록 이주노동자로전락하게 된다. 더군다나 노동부에 동종업종으로 이직신청을 하더라도 신청 후 2개월 내에 본인이 직장을 구하지 못하면 미등록 노동자가 되어 강제 추방 대상이 되어버리기는 마찬가지이다. 이 제도에의하면, 농촌에서 일을 하다가 농한기에 가구나 섬유 공장 같은 다른곳에서 일을 하는 것이 대단히 어려우며 자칫 3번 이상 사업장을 옮기게 되어 불법 신세로 전락할 수 있다는 것이다. '약간 더' 인간적인 대우를 찾는 인간적인 노력이 봉쇄된 셈이다. 합법적인 체류 기간 내에 있는 이주노동자도 직장이동의 기회나 자율성이 제한되면서 미등록 이주노동자로 전락할 가능성이 항상 존재하는 것이다. 노동자로서 이주노동자의 인간다운 생존권은 이런 이주노동자의 처지를 잘 알고 있는 사장님들의 '인간성'에 의존할 수밖에 없게 된다. 사실상 이주노동자의 운명은 자신의 의지와는 무관하게 지정된 작업장 주인의 자비에 달려 있는 셈이다.

최근에도 여러 가지 부끄러운 사건이 발생하고 있다. 대표적으로, 20년 가까이 값싼 노동력으로 살아가다가 표적 단속에 걸려 강제 추방당한 네팔 출신 '미등록' 노동자인 미누 '사건'은 우리의 다문화주의가 얼마나 허구적이고 기만적인지를 적나라하게 보여준다. 미누는 1992년 스무 살의 나이에 입국하여 봉제공장의 '미등록' 노동자로서 살아가던 중 1998년에는 KBS 외국인 가요대상을 받고 문화부장관 감사패까지 받은 불법체류자였다. 이후 2003년 이주노동자 권익을 주창하며 전개된 명동성당 농성을 계기로 다국적 이주노동자 연합의 스톱크랙다운(Stop Crack Down: 단속을 멈춰라) 록밴드를 결성해 리더로 활동하면서 '유명세'를 타게 된다. 이후에도 미등록 노동자로서 미누는 이주노동자 권익보호 운동 및 문화운동에 참여하고 학교나 시민단체, 정부의 공식 행사 등에 초청되어 강연이나 공연을 수행한 '다문화'를 상징하는 인물이었다. 그러나 지난 해 10월 정부의 표적 단속으로 연행되어 즉시 출국당하게 된다. 당시 법무부는 미누 추방에 대한 시민단체 등의 항의와 관련해 공식 보도자료를 내고 "불법체류자 신분임에도 불구하고 미취업 상태에서 자이툰 철군 반전집회, 한미 FTA 반대 집회 및 미국산 쇠고기 수입 반대 촛불 집회 등 정치적 활동에 주도적으로 가담해왔기 때문"이라고 표적 단속과 강제 추방의 이유를 제시했다.[79] 이에 대해 미누 씨

---

79) 시사인 2009. 11. 13; 프레시안 2009. 10. 26. 참조

변호인이 속한 민변은 반박 성명서에서 "미누 자신이 주최한 것도 아닌 집회에 단순히 참여하였다는 이유만으로 정치적 활동을 주도한 것처럼 묘사하고, 이주민에게는 정부에 대한 어떠한 비판도 반대 행위도 용납될 수 없다는 폐쇄적이고 쇄국적이며 배타적인 속내를 여지없이 드러낸 것"이라고 비판하면서 "이주노동자들과 이주여성들은 한국 정부가 포장하고 있는 '다문화 사회'의 이름하에 대다수 한국경제의 밑바닥 노동력으로 그리고 농어촌사회 노총각 구제용으로 활용될 뿐 한 인격체로서의 자각과 행동은 절대 금지되고 있는 것"이라고 비판했다.

이처럼 외국인 이주노동자와 관련하여 한국은 인권국가로서 정체성을 '공식적으로' 포기한 듯 보인다. 2013년 4월 현재에도 한국은 UN의 이주노동자권리협약에 가입하고 있지 않다. 이주노동자권리협약은 '모든 이주노동자와 그 가족의 권리 보호에 관한 국제협약', '국제노동기구 제97호 이주근로자의 고용에 관한 협약', '국제노동기구 143호 악의적 상황에서의 이주 및 이주노동자에 대한 기회와 처우 균등 촉진에 대한 협약', '국제노동기구 제29호 강제노동에 관한 협약', '국제노동기구 제118호 사회보장에 있어 내외국인 균등대우에 관한 협약' 등으로 이루어져 있다.[80] 그동안 이주노동자에 대한 야만적인 착취와 억압, 인권 유린 등으로 유엔인권위원회의 반복적인 개선권고와 국제인권노동단체들의 강력한 경고를 받아왔음에도 불구하고 대한민국은 국제적 기준에 한참 못치고 있다는 반증이다. 한국의 이주노동자 정책이 '단기순환' 위주의 강력한 정주금지

---

80) 재외동포를 포함한 이주노동자와 관련된 제도의 전개 및 문제에 대해서는 사회통합위원회 (2012) 참조.

원칙을 고수하고 있지만 실제의 현실을 외면하고 있는 것이다. 단기 체류 원칙을 고수했던 이민 선진국의 광범위한 현실뿐만 아니라 실제로 불법체류 노동자가 60~70%까지 달했던 대한민국의 과거를 고려한다면, 외국인 인력의 체류 장기화 및 불법체류의 가능성을 차단할 수 없다는 것이 경험적인 사실이며 더구나 정주 및 결혼 등에 의한 가족동반 현상이 공통적으로 나타나고 있다(이진영 2012: 109-112). 사실 이주노동자에 대한 여러 제도적 조치는, 현재 가입하지는 않았지만 이주노동자에 관한 국제협약에 위배되는 것인바, 과연 인권 공화국을 표방하는 대한민국이 관련 국제협약에 가입할 경우에 단기체류, 정주금지를 핵심 기조로 삼는 이주노동자 정책은 큰 혼란을 겪을 수밖에 없을 것이다.

결혼이주여성과 대한민국[81]

정부가 막대한 예산을 투입하여 '지원'하고 있다는 다문화 가정의 결혼이주여성 역시 사정은 크게 다르지 않다. 국가적 차원에서 극단적인 저출산에 대응하고, 과장된 표현을 사용하자면, '농촌총각 구하기' 사업의 일환으로 이주해온 동남아 출신의 외국인 여성들은, 정부와 언론 등에서 아무리 '고마운 존재'로 치켜세운다고 할지라도 다문화 담론의 진정한 주체가 될 수 없다. 논문의 앞에서 언급했듯이, 결혼이주여성을 열등한 존재로 간주하고 심지어 성 상품의 판매

---

81) 여성 가족부 자료에 의하면, 우리나라의 낮은 출산율, 인구구조의 고령화, 인구유출, 노동력 부족 등의 요인을 고려할 때, 국제결혼 증가와 더불어 국제결혼가정의 자녀들의 비중 역시 급증할 것으로 예상된다. 지금과 같은 추세(결혼 비율 중 11.9%: 2008년 말 기준)가 계속된다면 2020년에는 20대 한국인 5명 중 1명, 신생아 3명 중 1명이 국제결혼가정의 자녀일 것으로 추정된다(새세상연구소 2010: 73-75).

자라는 비하의식이 은연중 작동하는 한, 그녀들의 정체성은 노골적으로 부정당하는 것이다.

우리나라에서 가장 많은 국제결혼의 비중을 차지하는 결혼중개업자의 시선 및 광고방식이야말로 이런 의식을 단적으로 나타내준다. "베트남 여성과 결혼하세요. 초혼, 재혼, 장애인 모두 환영", "맞선에서 결혼식까지 단 7일", "절대로 도망가지 않을 것입니다" 등등의 표현들은 외국인 여성들이 마치 결혼하기 좋은 '상품' 혹은 심지어 도망가지 않을 '노예'처럼 표상하고 있다. 이러한 광고와 선전문구들은 국제결혼중개를 통해 남성 본인은 건강이나 연령 혹은 혼인지위와 상관없이 성적으로 순결하고 젊고 순종적인 여성을 만날 수 있는 것처럼 부추기고 있다. 더구나 며칠간의 집단 맞선 및 '선택'에 들어가는 비용은 결혼이주여성이나 한국인 남성에게나 크게 부담되는 액수이며 이들이 지불하는 비용의 대부분은 중개업자에게 돌아가는 것이 현실이다.

물론 정부는 이렇게 성차별적이고 인종차별적인 광고 및 불합리한 집단맞선 관행에 대한 문제제기를 수용하여 다양한 대책을 강화해왔지만 그런 대책조차 결혼이주여성의 인권이나 주체성을 지원하거나 강화하기보다는 임시방편적인 성격이 강하다고 볼 수 있다. 비록 2012년 개정된 '결혼중개업법'에서는 이에 대비하는 규정을 신설하였다고는 하지만 이주여성의 인권을 보장하고 중개업자의 착취, 한국인 남성의 의식을 제고할 수 있는 정책은 턱없이 부족한 상황이라고 볼 수 있다.[82] 더구나 정부 정책의 근본은 결혼이주여성을 위

---

82) 한국의 국제결혼 성사과정 및 중개업법의 문제점을 정리하는 글로는 양현아(2013), pp. 305-317.

장결혼자로 바라보는 '경찰감시적' 시선이 강하며, 실제로 결혼이주
여성이 한국 사회에서 국적이나 영주권을 취득하고 온전한 시민으
로 살기 위해서는 법무부의 가혹한 심사를 통과해야 하며 이를 가능
하게 만드는 한국인 남편의 가부장적 지배권력은 더욱 강화된다. 이
런 관행과 절차 속에서 극단적인 비극이 끊이지 않는 것이다. 상징
적인 사건으로서 2008년 한국인 남편의 무자비한 폭력에 의해 죽음
을 당한 베트남 여성의 비극이 발생했다. 그녀, 후안마이는 열아홉
살의 나이로 마흔 살이 넘은 한국인 남성과 결혼했지만 결혼 이후
한국어 교육은 물론 외출도 금지되었던, 사실상의 성적 노예와 감금
생활을 견디지 못해 베트남으로 돌아가겠다고 말했고, 한국인 남편
은 그녀를 죽음에 이르도록 무자비한 폭력을 가했던 것이다. 그녀가
죽기 전날 남편에게 쓴 이별의 편지는 그녀의 코리안 드림이 결코
맹목적인 부를 좇은 것이 아님을 호소하고 있으며 경제적 부국이라
는 허위의식에 빠진 대한민국을 부끄럽게 만들고 있는 동시에 우리
의 얄팍한 우월감을 성찰하게 만든다.

> 당신과 저는 매우 슬픕니다. 제가 한국에 온 지 얼마 되지 않아
> 아직은 한국 사람들의 삶에 대해서 알 수 없고 이해할 수 없는 것
> 은 당연합니다. 한국에서도 부인이 기뻐 보이지 않으면 남편이 그
> 이유를 물어보고 책임을 져야 되는 것이 아닌가요, 그런데 남편은
> 왜 오히려 아내에게 화를 내는지, 당신은 아세요?
> 남편이 어려운 일 의논해주고 서로 마음을 알아주는 것이 아내를
> 제일 아껴주는 것이라고 생각해요. (…) 저는 당신의 일이 힘들고
> 지친다는 것을 이해하기에 저도 한 여자로서, 아내로서 나중에 더
> 좋은 가정과 삶을 위해 최선을 다하고 있어요. 당신은 아세요?
> 저는 당신과 많은 이야기를 나누고 싶은데, 당신은 왜 제가 한국
> 말을 공부하러 못 가게 하는지 이해할 수가 없어요. 저도 다른 사

람들과 같이 대화하고 싶어요. 당신을 잘 시중들기 위하여 당신이 무엇을 먹는지, 무엇을 마시는지 알고 싶어요. 저는 당신이 일을 나가서 무슨 일이 있었는지, 어떤 것을 먹었는지, 건강은 어떤지 또는 잠은 잘 잤는지 물어보고 싶어요. 제가 당신을 기뻐할 수 있게 만들 수 있도록, 당신이 저에게 많은 것들을 가르쳐주기를 바랐지만, 당신은 오히려 제가 당신을 고민하게 만들었다고 하네요. 저는 한국에 와서 당신과 저의 따뜻하고 행복한 삶, 행복한 대화, 삶 속에 어려운 일들을 만났을 때에 서로 믿고 의지하는 것을 희망해왔지만, 당신은 사소한 일에도 만족하지 못하고 화를 견딜 수 없어 하고, 그럴 때마다 이혼을 말하고, 당신처럼 행동하면 어느 누가 서로 편하게 속마음을 말할 수 있겠어요. 당신은 가정을 만든다는 것이 얼마나 큰일이고 한 여성의 삶에 얼마나 큰일인지 모르고 있어요. 좋으면 결혼하고 안 좋으면 이혼을 말하고 그러는 것이 아니에요. 당신이 그렇게 하는 것은 한 사람의 진실된 남편으로서 부족하다고 생각해요. 물론 제가 당신보다 나이가 많이 어리지만, 결혼에 대한 감정과 생각에 대해서는 이해하고 있어요. 한 사람이 가정을 이루었을 때 누구든지 완벽하지 않다는 것에 대해서는 반드시 이해해야 되요. 물론 부부가 서로 이해하지 못하고 서로의 상처가 너무 많아 결국 이혼하는 사람들도 있어요. 한 사람의 감정을 존경하고 이해하는 사람에게는 마음을 닫아버리게 하는 상황들과 원망하게 하는 상황들이 무관심하게 지나가게 돼요. 모든 사람에게 각자의 자존심이 있고 자신을 '정답'에 서게 하는 것은 알아요. 하지만 부부가 행복할 수 없고 위험하게 만드는 일을 계속 행하는 것에 대해서는 아무도 이해할 수 없을 거예요. (…) 당신은 저와 결혼했지만, 저는 당신이 좋으면 고르고 싫으면 고르지 않을 많은 여자들 중에 함께 서 있었던 사람이었으니까요. 당신은 아세요? 제가 당신과 결혼하기 전에는 호치민 시에서 일을 했어요. 당신이 우리 집에 왔을 때 우리 집은 많은 어려움을 겪고 있었어요. 저는 가정을 위해서 일을 나가야 했고, 그 일은 매우 힘들었어요. 하지만 봉급은 얼마 못 받았지요. 저는 노동이 필요한 일도 했었어요. 그 일은 매우 힘들었어요. 그것이 가축을 기르는 일이든, 농작을 하는 일이든…. 가족들은 노동일로 벼를 심고 베는 일을 했어요. 베트남에서 그렇게 많은 일을 했어도 입을 것과 먹을 것만 겨우 충당할 수 있었지요. 그래서 제가 한국에 왔을 때에 더 이상 바라는 것이 없었고, 단지 당신이 저를 이해해주는 것만을 바랐을 뿐이에요. 저도 일을 해봤기 때문에 일을 어떻게 하

고 또 그것이 힘들다는 것을 알아요. 하지만 제가 베트남에 돌아
가게 돼도 당신을 원망하지 않을 거예요. 저는 당신이 저 말고 당
신을 잘 이해해주고 사랑해주는 여자를 만날 기회가 오기를 바라
요. 당신이 잘 살고 당신이 꿈꾸는 아름다운 일들이 이루어지길
바라요.
저는 베트남에 돌아가 저를 잘 길러주신 부모님을 위하여 다시 처
음처럼 일을 시작하려고 합니다. 저의 희망은 이제 이것뿐이에요.
당신과 전 서로 다른 나라 사람이어서 제가 한국에 왔을 때 대화
를 할 사람이 당신뿐이었는데…. 누가 이렇게 될 것이라 생각할
수 있었겠어요. 정말로 하느님이 저에게 장난을 치는 것 같아요.
정말 더 이상 무엇을 적을 것이 있고 말할 것이 있겠어요. 당신은
이 글씨 또한 무엇인지도 모르고 이해하지도 못할 것인데요.

보다 행복하고 인간다운 삶을 찾아 고향을 떠나오는 이주여성들
의 실존적 고뇌와 주체적 삶의 선택을 온전하게 긍정하지 못하고
'오직 몸뚱이 하나'만 믿고 잘사는 대한민국에 시집온 불쌍한 동남
아 여성이라는 반인간적 사고가 일부 몰지각한 한국인들에게만 해
당되지는 않을 것이다. 일반화시킬 수는 없지만, 일부 결혼이주여성
이 당하는 모욕과 고통과 비극은 사실 농촌이나 일부 다문화 가정의
특수한 상황이 아니라 어쩌면 우리 사회의 얄팍한 다문화 유행의 위
험성을 경고하는 것인지도 모른다.
   이처럼 다문화 담론을 촉발한 핵심적인 주체인 이주노동자나 결
혼이주여성의 온전한 권리와 주체성을 한국 사회가 존중하지 않는
한, 우리의 다문화주의 담론은 자기기만에 불과할 뿐이다. 일정 기
간, 주어진 자리와 지위와 역할에 충실하게 적응하고 '보이지 않는'
인간으로서 순종하다가 돌아가라는 폭력이며 한국 사회를 위해 희
생을 강요하는 부드러운 폭력인 셈이다. 이처럼 우리의 다문화주의
는 변형된 순혈주의적 관점에서 이주여성을 포섭하거나 혹은 이주

노동자를 배제하면서도, 그러한 동화정책이나 배제정책을 위장하는 레토릭으로서 사용되고 있다.

3) 성찰적 연대

그러나 진정한 다문화주의는 '불쌍한' 외국인 새댁 여성을 보살펴준다든지 이주노동자의 억압을 완화시키는 제도적 장치만을 의미하는 것이 아니다. 정주집단으로서 근본적인 시선이 바뀌고 정치공동체를 함께 만들어나간다는 공동의식이 자리 잡지 못한다면 다문화주의는 기실 깨지기 쉬운 허약한 토대일 뿐이다.

공화주의적 애국주의는 다원성에 기반한 사회적 유대와 연대를 의미하는 동시에 그것을 가능하게 만드는 원리이다. 특히 다문화주의가 행위 주체 간의 긴밀한 관계나 연대를 사고하지 못하고 그저 용인되는 다양성으로 존재하는 다원주의로 인식되는 경향이 있다는 무페의 비판은 의미심장하다. 즉 다문화주의는 그저 다양한 것들의 병립된 상태를 의미해서는 안 된다는 것이다. 그러므로 고정되고 동질적인 정체성의 특수성이 아니라 정체성의 새로운 형성과 공존을 목표로 하는 공화주의적 통치성에서 연대감은 근본적으로 중요하다. 이 말은 연대감을 사회통합의 수단으로 간주하는 다양한 관점들의 한계를 지적하는 것이다. 예컨대 자유지상주의는 질서와 연대를 동일시하면서 시장에 의한 자생적인 연대를 강조한다. 그러나 이는 깨지기 허약한 토대에 불과할 뿐이며 정치적 무관심을 확산시키면서 기껏해야 경제 발전이 자동적으로 민주주의를 가져온다는 주장에 불과할 뿐이다. 더구나 다문화 다인종 사회에서 개인 간 경제적 불평등이 민족이나 인종집단 간 불평등 혹은 문화집단 간 불평등과 일치할 때 그 사회는 상당 수준의 통합 위기에 직면해왔다는 것은 일반적인 경험이다. 물론 자유주의에서도 이러한 양극화의 심각성을 인정하고 연대감을 강조하기도 한다. 그러나 이들에게 연대감은 그 자체로서 본질적인 가치를 갖는다거나 사회통합의 근원적인 중요성을 갖는 것이 아니라 오직 전략적이고 도구적인 측면에서 임시적으로 필요한 원리일 뿐이다. 그러나 이 책이 주장하는 공화주의적 애국주의 전략은 연대감과 분리시킬 수 없을 뿐만 아니라 정치공동체의 구성에도 필수불가결한 본래적 가치를 갖는다. 비록 사회적, 경제적 불평등이 개인 간, 집단 간에 존재할지라도 모든 구성원이 정치적 의사결정에 참여하고 적극적인 공론장의 발언권을 가지고 있다는 사실 속에서 형성되는 연대감은 정치공동체의 통합뿐만 아니라 민주주의의 발전에도 큰 기여를 할 것이다. 소수자에 대한 불평등의 잠정적인 수용 및 평화적인 해결에도 중요한 역할을 할 수 있기 때문이다. 당장의 불평등이 급진적으로 해소될 수 없을지라도 민주주의적 의사결정을 통해 해소되고 완화될 수 있다는 신념이 존재할 때 구성원들은 그 무엇과도 비교할 수 없는 정치적 연대감을 성취할 수 있게 될 것이다.

그렇다면 공화주의적 애국주의에 기반한 연대와 유대는 어떤 성격을 가지는가? 또한 서로 다른 문화적 전통과 가치관이 공존하는 다원주의 사회에서 서로 다른 입장을 견지하는 사람들이 무엇을 토대로 서로 연대할 수 있는가? 소수자에 대한 옹호와 페미니즘 이론가로 알려진 조디 딘(Dean 1996)은 "나는 전통가치가 편협하고 배타적인 것이 되어버린 다원적이고 다문화적인 사회에서 어떻게 아직도 연대가 의미 있는 방식으로 호소될 수 있는지를 탐구한다"(Dean, 위의 책: 16)면서 비교적 급진적인 성찰적(reflective) 연대를 주창하고 있다.

딘에 의하면, 성찰적 연대는 정서적(affectional) 및 관습적(conventional) 연대와 대비된다. 정서적 연대는 사랑이나 우정과 같은 감정적 친밀감과 개인적인 관계에서 성립한다. 이에 비해 관습적 연대는 이익이나 전통, 가치 규범을 공유하는 공동체 관계에 기반한다고 볼 수 있다. 문화적 소속감처럼 이러한 연대는 특정한 실질적 규범에 기초하고 있으며 따라서 가치 공동체의 구성원들은 서로가 공동체의 규범에 부합하여 행동할 것을 기대한다. 그러나 조디 딘은 정서적이거나 관습적인 연대가 단지 제한적 연대(limited solidarity)라고 비판한다(Dean, 위의 책: 16-19). 왜냐하면 이러한 종류의 연대는 해당 관계나 집단에 속하지 않는 사람들을 포용할 수 없기 때문이다. 이런 맥락에서 조디 딘은 정서적이고 관습적인 연대의 지지자들은, 공동체 밖에 있는 사람들을 '우리'와 대립되는 '저 이방인'으로 규정하고 배제함으로써 특정 집단의 외연을 벗어나지 못하는 한계를 갖는다고 지적한다. 그러나 조디 딘의 성찰적 연대는 내적이고 외적인 차이에 개방적이며, 차이를 배제하지 않을 뿐만 아니라 그런 차이를 담론의 대상으로 만들면서 진정한 다문화적 연대를 이룰 수 있을 것이라고 주장한다. 이러한 담론적 실천 안에서 과거의 규범은 현재 그리고 미래의 규범들에 비추어 반성되며 나의 가치체계는 타자의 가치체계와 교차된다. 아울러 성찰적 연대는 동등한 대우 혹은 관용을 매개로 주류 사회의 질서와 가치로의 순응을 거부하며 정체성을 구성하고 정의하는 권력관계를 문제 삼아야 한다(Dean, 위의 책: 70-71). 때문에 성찰적 연대는 동의나 합의를 위해 타자성의 표현이 암묵적으로 절제되는 동의지향적 의사소통적 연대(이 책의 맥락에서는 자유주의적 다문화주의)와 달리 '성찰적 연대'는 "침묵하지 않고 충돌하고 불일치를 드러내며 급기야는 싸우기까지 하는" 불일치와 소란스러움으로 점철되는 것이다(Dean, 위의 글: 319). 그러나 이런 연대에서 타자나 문화적 이방인은 '우리'에 의해 추방되는 것이 아니라 '우리'를 구성하는 결정적 요소가 된다. 그러므로 "우리의 적은 이제 더 이상 우리가 거부하거나 파괴해야 할 외부의 '타자'나 이방인이 아니다. 오히려 그들은 우리 중 하나이다. 그들과 나는 경쟁하며 그들과 함께 생활한다"(Dean, 위의 책: 77).

연대에 대한 이러한 딘의 문제의식은, 어떤 점에서 무페의 '쟁투적 민주주의(agonstic democracy)'와 많이 닮아 있다. 무페는 정치적인 것에서 적대성은 영원히 제거가 불가능하다고 강조한다. 오히려 정치의 가장 핵심 정수는 정치적 틀을 붕괴시키지 않으면서 적대적(antagonistic) 힘들 간의 헤게모니 투쟁을 활력 있는 '쟁투적' 민주주의로 전환시키는 역할이라고 강조한다. 이 같은 치열한 적대 속에서 연대와 유대를 가능하게 만들면서 정치적 틀을 붕괴시키지 않는 기반으로서 공화주의적 애국주의가 작용할 수 있는 것이다. 아울러 이러한 쟁투적 민주주의에 기반하여 형성되는 '시끄러운' 연대야말로 그 외관과 달리 오히려 더욱 강력하고 견고한 성격의 연대가 될 것이다.

이런 관점에서 주류의 다문화주의가 정치적 목적으로 내거는 관용은 '정치적인 것(the political)'을 억압하고 배제할 가능성이 높다

(Brown 2010: 151-153). 즉 자유주의적 관용은 정치를 갈등이 생산적으로 표출되고 논의되는 장으로 보지 않는다는 것을 의미할 수 있기 때문이다. 이런 입장에 따르면, 정치의 공간은 더 이상 시민들이 참여를 통해 스스로 변화하는 공간이자, 차이가 정치적으로 생산되고 조정될 수 있는 공간, 즉 '차이'가 주체적인 문제가 되는 공간이 아니다. 대신에 정치적 공간은 이미 고정된 정체성과 이해관계, 사상을 가진 개인들이 흥정하는 공간일 뿐이며, 이는 민주주의를 위한 실질적인 공적 공간의 확장과 시민 간 권력의 공유를 방해하게 된다. 또한 차이를 공적인 차원에서 다루지 않는 것은, 문제의 원인을 더욱 증폭시키는 경향이 있다. 시민들이 차이의 문제를 공적으로 다루는 데 실패함에 따라 이들은 점점 더 사적 정체성의 영역으로 후퇴하는 경향이 있으며, 그 결과로써 동료 시민을 자신의 사익 추구의 도구나 장애물로 바라보는 인식이 더욱 강화된다. 더구나 이런 관용은 차이와 불평등을 구성하는 사회적 권력에 대해서는 침묵하는 경향이 있으며 근본적으로 '정치적인 것'에 대한 공포를 조장하는 것처럼 보인다. 정체성 간의 갈등이 결국 폭력으로 귀결될 수밖에 없다는 두려움은, 역설적으로 비폭력적인 정치적 투쟁을 전개할 수 있는 공적 영역이 쇠퇴함에 따라 더욱 강화되고 있다고 볼 수 있다.

한편 끊임없는 변화와 다양성을 강조하는 조딘 딘은 샹탈 무페를 언급하면서 현대 민주사회에서 공동체 의식이나 연대는 다양성과 충돌의 맥락에서 잠정적으로만 구성된다고 설명한다. 단적으로 딘은 "무페가 어떤 마지막 통일체도 없다"고 주장한 것은 옳다고 강조한다(Dean 앞의 책: 43). 이는 민주주의 사회라면 형성될 수밖에 없는 소수자, 주류 집단 내부에서도 지배적인 가치와 규범에 대해 문제제기를 하는 소수자의 실천을 통해 지속적인 생성의 과정을 강조하는 것으로 이해할 수 있다. 그러므로 성찰적 연대의 담론적 실천은 가치에 대한 동의 형성과 관련하여 설명하지 않는다. 성찰적 연대에 기반한 정치는 차이와 변화를 억압하는 요소를 비판하는 데 주력한다. 이런 맥락에서 정치의 임무는 고정된 기존의 규범을 비판하는 것이다. 끊임없는 문제제기를 통해 내적 혹은 외적 규범들을 '공론화(publicity)'해야 한다. 때문에 "공론은 시민 사회의 구성원들이 기획하고 질문하고 특정 집단의 말을 평가절하했던 그러한 문화적 해석들과 대결하는 방식"인 것이다(Dean, 위의 책: 95).[83]

이처럼 시민참여를 통해 타인에 대한 공감능력을 확보하고 언제나 상호의존성을 구성해나가는 성찰적 연대에 대해 호노한(Honohan 2002: 267)은 '대학동료(colleague)'라는 표현을 사용한다. 동료는 낯선 타인보다는 가깝고 친구보다는 덜 자발적이다. 그리고 가족보다는 덜 감정적 연대감을 가지고 있다. 이 동료모델은 상호의존적이면서도 특정 가치에 의존할 필요 없이 덜 배타적이고 다양한 다른 정체성에도 열려 있어 민족적, 인종적, 문화적 동질성에 국한될 수 없다. 연대감이 반드시 민족국가의 토착적 구성원에게만 적용된다는 주장은 이론적, 현실적 근거가 없다. 당장 민족의식은 근대의 역사적 산물이자 역사적 실천을 통해 재생산되어온 정치의식임을 고려한다면 새로운 외부의 구성원들이 이러한 연대감에서 배제될 논리적 이유는 없는 것이다. 이런 차원의 연대는 기본적으로 변형적(transformative)

---

83) 한편 페미니즘적 관점에서 조디 딘의 논의에 기대어 여성주의적 연대의 가능성을 모색한 논문으로는 이현재(2005) 참조.

성격을 가지는 동시에 운동적 성격을 갖는다. '대학 동료'로서 이런 공화주의적 연대감은 보다 적극적으로는 주권국가를 넘어서는 지구적 네트워크에도 어울린다. 특히 한반도나 더 나아가 동아시아에서 부단히 긴장을 불러일으키고 내부적인 동질성을 강요하는 민족주의적 논리보다는 상호의존성에 대한 인식에 기초할 때 보다 민주적 네트워크로 발전할 수 있다는 점에서 이러한 연대는 일국 차원의 다문화주의뿐만 아니라 초국적 공동체 형성에도 중요한 시사점을 준다 (안병진 2006: 189). '권리를 가질 권리'의 관점에서 보자면, 이주노동자 및 이주민과 관련하여 공화주의적 애국주의는 현행법을 이유로 그들의 인간됨을 원천적으로 배제하거나 시민권 박탈 혹은 기본권 부정을 당연한 것으로 간주하는 것이 아니라, 인간 존재로서 그들의 '권리를 가질 권리'를 존중해야 한다. 아울러 그들이 이 땅에서 '대한민국인'으로 살아가고자 한다면, 일정한 자격 요건은 필요하겠지만, 충분한 기회와 가능성을 제공해야 한다는 규범적 요청을 정당화해야 한다.[84]

4. 소결

공화주의적 애국주의는 공동체의 억압이나 불평등 같은 부정의를 개선하려는 실천적 동력이자 다문화 현상이 심화되고 있는 현실 속

---

84) 이러한 애국주의가 활성화되지 못한다면, 오히려 다문화주의가 진행되면서 적대적 갈등이 공포와 추방의 문제로 극단화되면서, 반동적이고 보수적 흐름이 필연적으로 전개될 가능성이 크다고 볼 수 있으며 그런 혼란에 우리나라는 더욱 취약하다고 볼 수 있다.

에서 다층적이고 다원적인 정체성에 기반한 공동의 정체성의 창출을 목표로 한다. 나아가 인종, 민족, 종교 등 문화적 차이나 계급문제 등 사회적 균열구조에도 불구하고 새로운 연대와 통합을 구성하려는 정치적 기획으로 볼 수 있다. 달리 말해 동일한 정치공동체에 속해 있으면서 소속감의 대상은 기존의 민족국가나 인종집단 혹은 그 외의 하위집단 등에 머무는 것이 아니라 정치적 실천을 통해 구성해가는 공동세계이며 이에 기반해 기존의 정체성과 다른 지반 위에서 유대와 통합이 성취될 수 있다는 것이다. 이런 맥락에서, 다수자 중심의 고정된 공동선조차 언제나 의문에 부칠 수 있는 '소수자 -되기'는 지속적인 동일성과 위계질서를 문제 삼고 역동적인 정치질서를 창출해나가는 원동력이 될 것이다. 때문에 공화주의적 애국주의는 폐쇄적이고 맹목적인 순응을 의미하는 보수적 애국주의를 단호하게 비판하며 민주적 다수의 억압을 항상 경계한다. 그러므로 다문화 공동체에 대한 열정과 애착을 심리적 기제로 삼는 애국심의 정당한 성격과 목적, 전략이 중요한 것이다.

이러한 공화주의적 애국주의의 재구성을 위해서는 민족주의의 배타성을 극복하고 민족성을 공통문화로서 새롭게 사고하면서 국민의 범주 혹은 데모스의 경계를 재구성할 수 있는 다문화 민주주의를 심화시키는 것이다. 공공문화의 기반으로서 민족성은 고정되고 불변하는 것이 아니라 변화 가능하고 구성 중임을 강조해야 한다. 특히 지금까지 들을 수 없거나 익숙하지 않았던 타자나 소수자의 목소리가 더욱 적극적으로 전개되도록 만드는 통치성의 실천이 중요하다. 이런 관점에서 공화주의적 애국주의는 어느 누구도 배제하지 않는 보편적인 입법 원칙에 따라 '이방인'까지 포함하고 다양한 영역의 소수자를 포함하여 모든 사람의 존엄성을 보호하고 실현해줄 수 있는 인권의 이상을 실현해야 한다. 아울러 차이를 가로지르는 공동문화를 창출하는 실천 속에서 형성되는 성찰적 연대는 언제나 차이와 이질성을 포용할 수 있는 열린 정서에 기반해야 하며 향후 일국적 차원의 다문화주의뿐만 아니라 더 넓은 범위의 초국적 공동체 형성에도 중요한 역할을 하게 될 것이다.

08

나오며: 다문화 공동체,
새로운 정치통합을
향하여

이 책의 맥락에서 보면 두 가지 종류의 공동체가 존재한다. 하나는 내부의 순수성과 동질성을 가지며 고유한 문화적 정체성을 유지하려는 공동체이고, 다른 하나는 이질성과 혼종성을 향해 열려있으며 유연한 문화적 정체성을 가진 공동체이다. 전자가 이질적이고 외부적인 것을 거부하면서 현재의 정체성을 소중히 여긴다면, 후자는 새로운 외부성을 수용하여 차이와 변화를 본질로 하는 공동체이다. 자신의 내부성과 순수성을 지키려는 공동체는 그 내부에서 생성되는 차이조차 억압하거나 차별할 가능성이 높으며 이런 공동체 속에서 주체성은 사실상 획일적인 사회문화적 규범과 가치체계에 대한 순응에 다름 아니다. 반면 후자의 공동체는 오히려 차이와 다양성이 존재할 때 비로소 활력을 얻게 되며 그것을 스스로의 변화와 생성의 동력으로 삼는 공동체이다. 그러나 이러한 공동체는 서로 다른 세계와 이질적인 사람들이 서로의 차이를 묵인하는 것이 아니라 공개적인 장소에서 더 많이 소통하고 더 많은 차이들이 표출될 때 비로소 존재할 수 있다. 이럴 때 비로소 소수자와 다수자의 생산적인 접속이 가능하고 다문화적 역량과 민주적 잠재력이 극대화될 것이다.

이런 관점에서, 다문화 시대에 이주민 등 소수자 문제와 관련하여 공동체의 정치질서는 지금 우리가 당연시 여기고 있는 배제와 차별의 논리, 새로운 정치적 의제를 원천적으로 봉쇄하는 논리, 이미 배제된 집단의 정치적 참여를 사고할 수 없게 만드는 선험적인 억압의 논리를 의문에 부칠 수 있게 재조직되어야 한다. 정치의 자격과 영역을 나누고 선험적으로 자격을 부여받은 내부자들에게만 정치를 제한하는 조건이야말로 비판적인 성찰의 대상이 되어야 한다. 이러한 전략은 근본적으로 보이지 않는 것을 보이게 만들고, 들리지 않는 것을 들리게 만드는 소수자의 정치적 실천과 인권의 급진화를 핵심으로 삼는다. 이런 맥락에서 이 책은 순혈주의에 기반한 배타적인 민족국가 중심의 사고를 비판하고 이주노동자 및 결혼이주여성 등 소수자의 주체성에 대한 사회적 성찰을 공유하고 확산시키는 노력을 강조했다. 진정한 다문화주의는 지배적인 정치질서가 배제하고 억압해온 주체들에게 해방의 기획을 실현하도록 하는 것이기 때문이다. 물론 이러한 다문화 민주주의는 우리 사회의 지배적인 가치 및 정주민의 관행적 의식과 갈등관계를 유발하면서 비록 단기적인 혼란과 충돌이 발생하겠지만 궁극적으로 한국 민주주의 혁신과 시민문화의 성숙을 가능하게 만들 것이다.

이런 관점에서 다문화 민주주의가 요구하는 다수자의 '소수자-되기'로서 연대의 전략은 기존의 고정된 정체성을 극복하고 다른 존재와의 접속을 통해 새로운 존재로 '되기'를 모색하는 시민적 에토스의 확산을 의미한다. 다양한 영역과 층위에 존재하는 소수자·이주민에 대한 차별과 억압, 배제와 불평등을 극복하고 인권과 민주주의 확장을 모색하는 정치적, 도덕적 연대와 이런 연대의 구성과 연동된 시민사회의 정치적 활성화는 다문화주의의 이상을 성취하는 우회적이지만 강력한 전략이라고 볼 수 있다. 이주민뿐만 아니라 주류 집단 내부의 다양한 소수자의 운동은 기존의 지배적인 사회적, 정치적 정체성과 고정된 사고틀을 해체하면서 새로운 가능성을 만들고, 나아가 주변을 강조하고 중심을 해체하며 전체적 지형을 전환시킴으로써 소수자 집단 자체의 자율성뿐만 아니라 인민 대중 전체의 다문화적 능력을 촉발하면서 사회 전체적인 민주주의를 확장해 나갈 수 있다는 것이다. 그러므로 다양하고 이질적인 세력들의 만남과 소통, 그리고 연대를 위한 출발점이자 새로운 가치를 촉발하는 실천 및 전략이 중요하다. 내국인 노동자와 이주노동자, 정규직과 비정규직 노동자, 시민과 비시민의 관계를 변형시키는 전략은 기실 그런 관계를 가능하게 만들었던 정치적 지형과 사회적 관계를 새롭게 구성한다는 것을 의미할 것이다. 새로운 사회적 관계는 새로운 주체의 잠재적 능력을 현실화시킬 수 있다.

이런 맥락에서, 이 책이 '차이의 인정과 존중'이라는 다문화주의의 규범적 이상을 지지하면서도 서구의 자유주의적 관용에 비판적인 이유는, 그것이 주류/다수집단 중심의 가치체계와 위계질서를 세련되게 재생산할 뿐만 아니라 다문화주의의 미래지향적 잠재력을 차단하거나 위축시키기 때문이다. 이러한 관용 담론은 현재 다문화 사회의 보편적인 도덕적 정당성을 획득하고 있을 뿐만 아니라 국가와 개인, 시민사회를 순환하면서 지배적인 규범들을 중립화로 위장하고 소수집단을 주변부에 머무르게 만드는 강력한 통치성으로 기능하고 있다. 서구적 맥락에서 보자면, 백인과 흑인(유색인종), 남성과 여성, 이성애자와 동성애자, 기독교와 이슬람교 등 명백히 존재하는 차이(차별!)를 '관용'하자는 주장은 그 규범적 타당성에도 불구하고 사실상 갈등과 적대를 관용의 대상으로 치환하는 것이며, 그 안에 작동하는 권력의 논리를 은폐하는 동시에 그런 종속과 불평등을 양산하는 규칙과 규범에 대한 문제제기를 차단하고 있다. 예컨대 일부다처제나 이슬람 여성의 복장 등 토착문화를 야만적인 것으로 규정하면서도 정작 서구 선진국에 만연해있는 성 상품화와 인간소외, 각종 정신병리 현상, 무차별적인 살인, 비정규직의 빈곤과 차별, 지구적 차원의 극단적인 양극화 등 자유주의 '문화'의 병폐들을 문명의 부산물로 간주하는 것은 자기기만이자 모순일 뿐이다. 더구나 그런 자유주의 '문화'를 조직하는 정치사회적, 경제적인 다양한 규범과 규칙들은 특권적 위치를 점하고 있는 상황이다. 이런 관점에서 서구의 다문화 담론과 현실에 대한 자기비판이 절실하다고 볼 수 있다. 이런 문제 설정을 기반으로 필자는 한국적 현실에서 작용하는 지배적인 통치성의 모순을 적극적으로 드러내고 지배적인 규칙과 규범에 저항하는 담론적, 비담론적 실천을 강조한 것이다.

이런 맥락 속에서 이 책이 강조하는 공동세계는 진정한 다문화 공동체를 만들기 위한 진지라고 볼 수 있다. 왜냐하면 공동세계의 원리는 '차이의 정치화(politicization of difference)'에 기반한 쟁투적 다원주의(agnostic democracy)로서 공적 영역에서 차이를 배제하거나 단순히 묵인하는 자유주의적 관용에 정확히 대립적이기 때문이다. 모든 차이의 담론들은 공동세계에서 치열한 쟁투를 통해 자신의 정당성을 확보해야 할 것이며 이 과정 자체가 상호 갈등적이고 적대적인 통치성 전략의 충돌과 게임의 장이 될 것이다. 정치적 성원권뿐만 아니라 사회구성(social constitution)의 핵심 원리들과 주요 쟁점들까지도 공론장에 부쳐지고 재의미화, 재규정화될 수 있다는 것이다. 이런 쟁투가 촉발하는 공화주의적 애국주의는 정치적 주체로서 시민의 정치적 열정과 실천을 자극하고 성찰적 에토스를 확산시키는 이론적, 실천적 동력으로서 작동할 수 있다. 이 과정에서 개인이나 집단의 정체성 역시 다원성을 전제로 한 공동세계의 참여를 통해 재구성되고 공동의 정체성 또한 새롭게 창출될 수 있다. 때문에 공동세계에 참여할 수 있는 국민의 자격과 범주를 새롭게 설정하는 비판적 통치성의 실천과 확산이 중요한 과제가 된다. 나아가 개인이나 집단을 종속의 상태로 제약하는 정치구조뿐만 아니라 사회경제적 구조의 조건을 개선하고 이를 위한 제반 권리와 저항을 지지하는 제도적 틀을 적극적으로 모색해야 한다. 단적으로 현재 한국 사회에서 이주민들에게 절실한 것은 문화적 지원이나 인종적 정체성의 인정이라기보다는 인권과 생존권의 문제이며 성적, 인종적 차별의 극복이라면, 우리 사회에서 다문화주의는 단순히 문화적 현상이 아닌 정치, 사회, 경제적 관점에서 대안을 도출해야 한다.

사실 사람들의 삶과 생활을 조직하는 특정한 관행과 사유방식, 실천과 자기이해를 뜻하는 '문화'는 넓은 의미에서 항상―이미 정치적, 경제적 조건들과 연루되어 있으며 분리 불가능한 삶의 조건으로 볼 수 있다. 배타적인 민족주의 지반 위에서 작동하는 정치문화의 혁신 없이 다문화 주체의 형성은 불가능할 것이며 탈국가적 시민권 담론도 실질적인 효과를 발휘할 수 없을 것이다. 평등과 재분배의 정치학 역시 다문화주의 수용 및 정착과 밀접한 관계를 맺고 있다. 이 책이 자유주의적, 절차주의적 법치와 주권의 논리를 넘어서 다문화 시대의 새로운 규범과 규칙을 창출할 수 있는 인민의 덕성과 민주적 의사결정 권력의 실질적인 작동을 강조한 것도, 다문화주의의 외연을 과장되게 확장한 것도 같은 맥락이다. 다문화주의는 민주주의 및 공화주의적 문제의식과 보다 적극적으로 결합할 때 비로소 다문화 공동체의 혁신과 새로운 인민의 창출이라는 규범적 이상의 실현 가능성을 높일 수 있다. 이것은 궁극적으로 지금까지 우리가 익숙했던 방식이 아닌 새로운 인간관계, 새로운 정치적 주체의 생산방식―주체화―을 계속해서 발명하는 전략을 의미한다.

소위 세계화 시대, 다문화주의는 분명 신자유주의적 세계화와 친화력을 가지며 철저한 이윤추구의 논리로서 우리의 주체성을 지배적인 체제의 논리에 순응적, 종속적인 것으로 만들지만, 그것이 구성하는 조건들은 역설적으로 그것이 없었다면 할 수 없었던 실천이나 될 수 없었던 존재를 가능하게 만들 수 있다. 예컨대 다문화 가정의 주체로서 결혼이주여성이나 노동력 상품으로서 이주노동자의 존재 등 신자유주의적 세계화가 야기하는 인적 요소의 결합이나 타자의 출현은 비록 애초부터 그들의 자발적이고 주체적인 선택은 아닐지라도 기존 국민국가의 경계를 넘어 새로운 주체를 생성시키는 거대한 역사의 시작일 수 있다는 것이다. 예컨대 파키스탄 출신의 남성 이주노동자와 '자발적으로' 결혼한 한국여성들의 모임은 그들에 대한 정주민의 시선을 바꿔나가면서 새로운 탈국가적 주체화의 가능성을 이미 창출해나가고 있다. 다문화주의는 주체 및 주체화 양식과 관련된 지배적인 통치성의 광범위한 전환을 요구하고 있는 것이다. 그러므로 반복해서 강조하지만, 사회적 관심에서 배제되거나 보이지 않는 타자를 가시화하고 이질적인 사람들을 하나의—그러나 열린—공동체로 만들 수 있는 정치적 장을 만드는 것이 중요한 과제가 된다. 이를 위해서는 다문화 시대에 새로운 규칙과 규범을 제정하는 공동행위에 능동적으로 참여하는 시민의 존재가 필수적이다. 이질적인 요소, 이질적인 존재들이야말로 이런 사회구성의 변화와 새로운 사회적 합의를 도출하도록 촉발할 수 있다.

　이런 맥락에서 이미 70년대부터 다문화 현상이 심화되던 미국에서 롤즈가 보편주의를 비판하면서 타협하기 힘든 다원적 가치의 균형으로서 정의론(새로운 정치공동체 구성의 전략)을 주창한 것도, 비록 적지 않은 한계를 가진다고 할지라도 시대의 전환에 대한 적극적인 대응이라고 볼 수 있을 것이다. 그러므로 다문화적 현상이 신자유주의적 세계화에 연동되어 불가피한 흐름이라면, 롤스의 문제의식은 여전히 유효하며 새로운 차원으로 발전시켜야 할 것이다. 서구의 경우라면 지배적인 관용 담론 및 자유주의 '문화'에 대한 자기비판과 그에 대한 정치적 연대가 서구 다문화주의의 '혁신'에 핵심적인 관건이 될 것이다.

물론 다문화 시대의 가장 이상적인 원칙은 개별 문화공동체가 상호적 성찰을 통하여 평등한 기회와 정의의 실현에 대한 합의에 도달하는 것이다. 그러나 그런 합의는 이미 로티가 탁월하게 주장한 것처럼 잠정적 합의(modus vivendi)일 뿐이다. 중요한 것은 세계화에 따라 인종적, 문화적, 종교적 다양성이 급증하는 다문화 사회 속에서 이런 합의는 상이한 세계관과 가치체계를 가진 각 집단들의 정체성을 변화시키고 혁신시키면서 간문화적 소통(cross-cultural dialogue) 및 상호이해의 증진에 크게 기여해야 한다는 것이다. 물론 이런 합의의 과정이 합리적인 의사소통에 기반해 평화롭게 전개되리라는 것은 순진한 낙관일 것이다. 국내적이든 국제적이든 명백히 존재하는 정치적 권력관계가 작용할 수밖에 없으며 그 과정 역시 개인적이든 조직적이든 폭력 사용을 배제하지는 못할 것이다. 차라리 푸코가 담론적 실천 및 담론구성체의 변화를 '광포하고 피로 물든 과정'으로 묘사한 것이 더욱 현실적인 판단일 것이다. 그러나 아무리 힘의 불평등한 관계와 권력 게임을 반영한다고 할지라도 현존하는 정치관계 및 규범은 나름대로의 정치적 타당성을 가지고 있으며, 또한 그런 제한적 상황에서 현존의 규범과 원리들의 한계를 폭로하고 저항하는 세력 또한 발생할 수밖에 없다는 경험적 사실, 아울러 그와 같은 저항과 압력 자체가 정치 세계를 구성하는 중요한 동력 중의 하나라면, 우리는 잠정 합의 자체가 더 큰 폭력을 방지하는 동시에 역동적인 구성의 과정에 놓여 있음을 주목해야 한다. 중요한 것은 그런 잠정합의 및 역동적인 구성의 방향이 인류의 역사를 진전시키느냐 퇴보시키느냐의 판단이자 그런 경향성을 파악하고 적극적으로 대처하는 전략을 마련하는 것이다. 어쨌든 인류는 지금까지 지난한 과정을 거쳐 더 많은 자유와 평등과 행복을 확대하는 방향으로, 정의롭고 평화로운 사회로 진전해왔다는 것을 부정할 수는 없다. 문제는 지금의 역사적 변화를 주도하는 헤게모니가 이런 인류의 진전에 퇴행적인 세력들이 장악하고 있는지, 아니면 역사의 발전과정과 부합하는 전망과 가치를 지지하는 주체들이 주도하고 있는지가 문제가 될 것이다.

이런 맥락에서 마틴 루서 킹 목사의 꿈은 다문화 민주주의와 직접적으로 접속될 수 있다. 1968년 8월 워싱턴에서 밝힌 마틴 루서 킹(Martin Luther King) 목사의 연설은 인종을 초월한 형제애로 넘치는 아메리카합중국(United States of America)을 꿈꾸고 있지만 그의 꿈은 아직 온전하게 실현되지 않았다.

> 나에게는 여전히 꿈이 있습니다. 언젠가 이 나라의 모든 인간이 평등하게 태어났다는 것을 자명한 진실로 받아들이고, 그 진정한 의미를 신조로 살아가게 되는 날이 오리라는 꿈입니다. 나에게는 꿈이 있습니다. 언젠가는 조지아의 붉은 언덕 위에 예전에는 노예

의 아들과 그 노예의 소유주의 아들들이 형제애 넘치는 밥상에 함께 앉을 수 있을 것이라는 꿈을 지니고 있습니다. 나는 언젠가는 억압과 불의의 열기로 시달리고 있는 미시시피주마저도 정의와 자유의 오아시스로 변모할 것이라는 꿈을 지니고 있습니다. 나는 언젠가는 나의 어린 네 자녀들이 그들의 피부 색깔에 의해 판단되지 않고 그들의 인격에 따라 판단되는 나라에서 살게 될 것이라는 꿈을 지니고 있습니다. (…) 이 믿음을 지닐 때 우리는 절망의 산에서 희망의 돌멩이를 캐낼 수 있을 것입니다. 이 믿음을 지닐 때 우리는 이 나라의 소란한 불협화음을 형제애로 가득 찬 아름다운 심포니로 바꿀 수 있을 것입니다. 이 믿음을 통해, 우리는 함께 일하고, 함께 기도하며, 함께 투쟁하며, 함께 감옥에 가며, 함께 자유를 옹호할 수 있을 것입니다. 우리가 언젠가는 자유로워지리라는 것을 알기 때문입니다.

이러한 루서 킹 목사의 꿈은 이 책이 주창하는 공화주의적 애국주의의 이론적, 실천적 지향점과도 충분히 접속될 수 있다. 마찬가지 맥락에서 이 책이 주창하는 공화주의적 애국주의의 대상은 결코 현재의 대한민국이 아니다. 어쩌면 우리가 아낌없이 사랑을 바쳐야 할 조국은, "아직 오지 않은 공화국이며 이 미래의 민주공화국에 대한 열망만이 현실의 대한민국을 조금이라도 앞으로 이끄는 힘이 될 수 있다"는 것이다(장석준 2008).

마지막으로 이 책에서 제출한 다양한 문제의식과 전략들, 그리고 잠정적인 결론들은 다음과 같은 방향의 진전된 연구과제들을 제기한다.

첫째, 다문화주의와 민주주의의 역동적인 상호구성에 대해 보다 면밀하고 체계적인 분석이 보완되어야 한다. 이는 보다 구조적인 연구를 필요로 하는 문제로서 이주민·소수자 등의 존재와 운동이 주류/다수집단의 변화를 촉발시키는 메커니즘을 보다 정교하게 분석할 수 있는 이론틀을 구상한다는 것을 의미한다. 이는 개인과 사회, 미시와 거시 등 오랜 사회학적 문제의식을 새롭게 재구성할 것을 요구한다.

둘째, 이 책의 지반으로 활용되는 다양한 논자 및 이론적 흐름들에 내재한 모순 및 균열에 천착하여 향후 심도 있고 쟁투적인 담론들을 생산해야 한다. 즉 자유주의 및 공화주의 등에 존재하는 이질적이고 모순적인 자원들이나 혹은 푸코의 통치성에 내재한 모호성 같은 이론적 난점들을 보다 명료화시켜 보다 적실성 있고 완성도가 높은 다문화 민주주의 담론 및 전략을 구성할 수 있어야 한다.

셋째, 다문화주의의 핵심적인 원리로서 서구의 관용 담론에 대해 보다 심도 깊은 비판적 고찰 및 대안을 모색해야 한다. 다문화 시대의 절대적인 요청이자 지배적인 통치성으로 작동하는 관용 담론이 유통시키고 있는 주체 생산 방식과 에토스, 권력의 작동 방식, 서구 문명 중심의 제국주의적 속성 등에 대한 더욱 날카로운 분석과 통찰이 요구된다는 것이다. 이는 타자와 이질성의 증대 속에서 관용에 대한 근본적인 정치적 질문을 통해 대안적인 통치성을 구상한다는 것을 의미한다. 여기에는 우리의 전통적 사유에 대한 보다 깊이 있는 고찰과 현대화가 포함될 것이다. 이는 관용에 대한 거부도 아니며 관용을 완전히 다른 종류의 실천으로 대체하자는 것이 아니라 대안적인 정치적 실천과 발언을 통해 지배적인 관용 담론의 부정적 효과를 극복하는 것을 목표로 한다. 관용 담론은 보수 세력을 중심으로 한 서구의 인종주의 확산에 무기력하며 정치적 해결책을 제시해 주지 못한다. 한국적 현실 속에서도 이주민을 대상으로 한 시민들의 관용적 태도 및 감성은 보다 강화되어야 하지만 그 한계를 극복할 수 있는 대안적 해결책 역시 모색되어야 한다.

넷째, 다문화주의의 본질적인 규범적 이상이 사해동포주의에 입각하여 인류를 정치적 공동체 내의 성원으로 바라보는, 전적으로 포용적인 인류애의 공화국(The Republic of Humanity)이라면, 언젠가 도래할 인류공동체를 위해 현 단계 우리의 다문화주의가 어떤 방향으로 나아가야 하는지를 미래지향적으로 고찰하는 작업이 필요하다. 이는 결혼이주민과 다문화 가정의 증가, 이주노동자 및 유학생의 급증 등 특히 동아시아 출신들의 새로운 구성원이 증가하고 있는 우리의 현실 속에서 그들을 배제하지 않는 포용적인 정치공동체를 구성할 경우 '아래로부터의 동아시아 연대'가 창출될 가능성을 타진한다는 것을 의미한다. 물론 이런 작업은 시민사회의 재조직화뿐만 아니라 일국적 차원의 정책이 국경을 넘어 확산되는 국제정치경제의 구조화에 대한 보다 광범위한 연구를 필요로 하는 것이다.

보론

유교적
통치성의 현대화

1. 연구 배경 및 목적

이 글은 다문화 시대의 정치철학의 구성에 부합할 수 있는 전통적 사유의 원리와 가치들을 추출하여 '현대화'하는 방안을 모색한다. 특히 한국의 전통적 사유에 타민족(외국인) 혹은 이주민 등 타자를 수용할 수 있는 이론적, 실천적 자원들이 내재해 있다고 주장하며 이런 자원들을 적극적으로 부각시키고 활성화시킬 것을 제안한다. 주지하듯이 우리 사회는 하루아침에 급조된 것이 아니라 오랜 역사적 경험과 지혜 속에서 형성된 것이다. 설사 우리가 서구적 근대화의 경험을 '이식'받았다고 평가할지라도, 그런 이식조차 우리의 전통적, 역사적 경험 및 의식과 융합하면서 오늘을 형성하고 있는 것이다. 그렇다면 우리가 현재 당면한 다양한 차원의 사회문제를 해결하고 바람직한 대안을 형성함에 있어서 전통으로부터 유용한 자원을 얻을 수 있다는 것을 원천적으로 부정할 필요는 없는 것이다. 우리의 지난한 역사적 전통은 어쩌면 무한한 자원의 보고라고 평가할 수도 있다. 이 경우 과거 우리의 전통이 좋은가 나쁜가 하는 것은 부차적인 문제이다. 우리의 현실을 좀 더 살기 좋고 인간적인 사회로 만들기 위해서 '어떤' 전통이 복원되고 현대화되어야 하는지에 대한 진지한 천착이 중요하다는 것이다.

더욱이 날로 파편화·원자화되는 현대의 이기적 문명 속에서, 그 이기적 문명의 사상적 뿌리에 서구적 근대성이 자리 잡고 있다면, 맹목적인 서구적 가치의 추종과 전통의 무시는 사회 자체의 존재론적 안전감을 위협할 수도 있다. 공자의 온고이지신(溫故而知新)의 지혜가 그 어느 때보다 절실하고 심도 깊게 추구되어야 하는 것이다. 물론 이 경우 현대화된 맥락 속에서 전통에 대한 사고의 혁신이 중요하다. 전통이란 고정되거나 완전한 것도 아니고, 선악을 판단하는 절대적인 가치 준거점도 아니다. 언제나 전통은 연속성을 가지지만 이것은 고정된 준거점이 아니라 흐르는 강물과도 같은 것으로 파악되어야 한다. 즉 전통은 독단적이거나 절대불변의 진리가 아니라 우리의 삶에 의미를 부여하면서 끊임없이 재형성되는 논의의 대상인 것이다(Giddens 1997: 41-44).

이는 현재의 시점에서 관행적인 질서로 간주되는 자유주의적 정치질서에도 동일하게 적용된다. 즉 서구의 자유주의 원리에 입각한 현재의 정치제도 및 실천 방식들이 과연 우리의 자아와 부합하는지를 의문에 부칠 수 있다. 보다 근본적으로는 근대적 제도들에 대한 도덕적 정당화를 의문에 부칠 수 있다. 우리가 자유주의적 제도를 보편적인 질서로 간주해야만 할 필연적인 이유가 있는가? 자유주의가 세계적인 대세라든가 서구의 경제적 선진국이나 민주주의 국가들이 모두 채택하고 있기 때문이라는 것은 정당한 답변이 되지 못한다. 만일 우리의 전통 속에, 나아가 우리의 내면에 비자유주의적인, 즉 비개인주의적이고 비권리집착적인 요소들이 존재하고 있다면, 서구의 자유주의적 제도를 그대로 채택하여 운용하는 것은 그 효과와는 별개로 도덕적 정당성을 갖기 힘들다. 특히 우리가 지향해야 할 미래의 공동체 원리가 서구의 자유주의적 공동체와는 다른 가치지향적 목표를 가지고 있다면 더욱더 논쟁의 대상이 될 것이다.[85] 특히 원자론적 개인주의, 지나친 합리주의, 사회의 원심력으로 작용하는 사적 소유의 권리 집착, 공동체의 파괴, 인간 소외 등 자유주의의 비합리적인 측면들이 이제는 바람직한 정치문화의 장애물로 비판받고 있는 이상, 우리는 이러한 자유주의의 한계를 극복할 수 있는 원리들을 구성해야 하며 또 이런 작업에서 우리의 전통적 가치가 가진 강점들을 얼마든지 발굴하고 정치적 담론의 의제로서 제기할 수 있는 것이다.

물론 서구적 근대성이 사회 형성 및 질서의 기본 원리로서 작용하고 있는 우리의 현실 속에서 전통의 활성화는 특히 험난한 과제가 아닐 수 없다. 사실 전통의 복원 및 현대화는 현재 우리가 익숙한 양식과는 다른 문화와 실천양식들을 창조하는 것일 수도 있다. 그러나 전통적 사유라는 것이 우리 안에 내재하고 있는 힘일 수 있으며 근대적 가치들과 생활양식에 의해 배제되고 억압되고 숨겨진 그러나

---

85) 한국인의 자아와 자유민주주의 제도의 적합성과 도덕적 정당성에 대한 연구로는 김비환(2000) 참조. 서구의 자유주의적 자아의 원천과 형성 그리고 근대적 자아의 변천에 관한 권위 있는 연구에 대해서는 C. Taylor(2004) 참조.

살아 숨 쉬는 가치일 수 있다는 판단이 가능하다. 이러한 관점에서 전통적 가치의 활성화란 외부로부터 무언가를 끌어온다는 것을 의미하는 것이 아니라, 현재 우리의 근대성 내부에 존재하지만 배제되어온 가치들을 복원하고 그것을 활성화시키는 것으로 이해할 수 있다. 이것은 일종의 '전통의 재발견'이라는 함축성을 가지지만 전통의 재발견이 제공하는 공간은 과거의 그것과는 질적으로 다른 것이라는 점에서 단순한 전통으로의 회귀는 아니라고 생각한다. 즉 복원되고 활성화되는 '우리 내부의 외부성'으로서 전통은 재발견되기를 기다려온 화석화된 가치들이 아니라 좀 더 살기 좋고 정의로운 사회, 미래 지향적인 다문화 공동체를 건설하는 데 창조적으로 해석되고 자원을 제공해줄 수 있는 '살아 숨쉬는' 가치들인 것이다. 이러한 온고이지신(溫故而知新)의 노력 속에서 본 논문은 우리의 시대가 요청하는 다문화주의의 정치철학 원리를 위해 필요한 이론적 자원들을 추출하고, 현대화시킨다. 이는 다문화 시대 속에서 한국적인 정치공동체의 생활양식 내지 이념을 모색한다는 것을 의미한다.

그러므로 유교적 전통의 언어와 개념들이 시대적 제약 속에서 권위주의, 가부장주의, 여성비하, 다원성의 억압 등 부정적 효과를 양산한 측면이 있다고 할지라도, 그것이 자동적으로 유교의 무용성과 폐기로 귀결될 수는 없다는 것이다. 소위 '유교의 현대화 담론'에 있어 여전히 중요한 것은 '어떤' 유교, 유교의 '어떤 측면'이 현시대에 있어 실천적 의미와 가치를 갖는가라는 점일 것이다. 이것은 유교가 가진 긍정적인 잠재력을 적극적으로 활성화시키는 것을 포함한다. 마치 서구의 정치철학의 흐름 속에서 아리스토텔레스나 플라톤 등 그리스 철학의 텍스트들이 끊임없이 재투자되고 그 결과 정치적 맥락 속에서 민주주의를 정당화하거나 비난하는 데 이용되기도 했으며 혁명을 정당화하거나 혹은 반혁명을 정당화하는 데 이용되기도 한 것이다.[86]

예컨대 경연으로 상징되는 유교적 공론정치가 우리가 상상했던 것보다 훨씬 더 평등한 관계 속에서 왕과 신하의 격렬하고 심층적인 토론 정치의 특징을 보여주었다는 주장에 대해 일부 정치이론가들은 유교적인 신분 사회 혹은 조선의 신분제를 거론하며 현대적 활용 가능성을 원천적으로 부정하는 경향이 있다. 그러나 주지하듯이 서구가 정치의 기원으로 삼고 있는 그리스의 폴리스에서조차 여성이나 노예, 어린이, 외국인 등은 정치에서 배제되었다는 점에서, 즉 정치는 재산을 가진 특정한 자격을 가진 사람(남성)에게만 부여되는 공적 영역이었다는 이유로 그리스의 경험이 무의미하다고 말할 수는 없을 것이다.[87]

이는 전통적 사유에 기반하여 다문화주의를 규범적으로 정당화하는 이론적 전략이기도 하다. 아울러 다문화 사회가 진전될 경우 예상되는 치열한 담론적 논쟁에 대비하는 의도이기도 하다. 이런 관점에서 공론 정치에 대한 전통적 사유는 다문화주의와 연관하여 공화

---

86) 그러므로 본 논문은 기본적으로 유교적 실천 윤리는 우리 시대의 현실 속에서 현대적 개념으로 재창조되어야 한다고 주장한다. 문제는 그렇게 현대화된 유교적 윤리가 현실 속에서 과연 어떤 효과를 가져오느냐, 그것이 보다 살기 좋은 사회와 인류의 역사를 만들어 가는 데 어떤 역할을 할 수 있느냐가 중요한 것이다. 이러한 입장은 문화 일반에 대한 태도와 다르지 않다. 즉 문화를 고정불변하는 것이 아니라 실천적, 역사적 맥락 속에서 다르게 해석되고 다르게 사용되며 다른 효과를 갖는 것으로 이해하는 것이다. 우리를 둘러싼 생활세계의 의미 역시 역사성을 갖는 것으로서 사회적이고 문화적으로 상이한, 구체적인 배경에 따라 달라진다. 유교의 핵심적 가치인 仁과 그것이 포함된 사덕(四德, 즉 仁義禮智)의 구체적인 내용 역시 선험적으로 주어지는 것이 아니라 특정한 생활세계 속에서 행위 주체인 사람이 행동을 한 결과(事功)에 부쳐지는 범주라고 이해해 볼 수 있다. 그 자체로서 선악의 판단은 유보되어야 하며, 나아가 그 교조적 내용에 얼마나 부합하느냐가 결정적으로 중요한 것일 수 없다.

87) 랑시에르는 이런 그리스의 '배제'의 전통이 근대민주주의의 한계를 특징지었다고 주장한다. 그러므로 민주주의의 민주화는 현재에도 당연시 여기는 배제된 자들의 목소리를 들리게 하는 것, 보이지 않는 것을 보이게 만드는 것이라고 주장한다(Ranciere 2008: 303-304).

주의적 문제의식과 접속된다. 때문에 이제 우리는 우리나라 헌법 제1조의 공화국이 강조하는 공공성(publicity)을 전통적 사유는 어떻게 이해하고 있는지를 살펴보고 공화국의 핵심적인 가치들이 무엇인지, 이론적, 실천적 함의는 무엇인지를 고찰하면서 공론장의 중요성을 다시 한 번 부각시킬 것이다.

2. 공(公) 개념의 확장과 공론(公論)

주지하듯이 유가의 공론(公論)은 많은 개념적 변화와 분화를 거쳤지만, 기본적으로 민심론(民心論)에 기반하고 있다(이승환 2004; 이상익·강정인 2004). 민심(民心)이 곧 천심(天心)이라는 말처럼 공론의 기반은 민초의 마음이며 그러한 공론을 따르는 결정이 타당하며 공론에 위배되는 결정은 부당한 것이라는 인식이 지배적이었다. 예컨대 주자(朱子)는 공론을 "천리(天理)에 따르고 인심(人心)에 부합되어 천하의 모든 사람이 함께 옳게 여기는 것"[88]이라고 정의하였다. 공론의 기반이 민심이며 공론에 따르는 정치적 결정이 공정하다는 것은 유가의 대표적 문헌인 『서경(書經)』에서도 천(天)과 백성의 밀접함을 강조하는 여러 문구에서 어렵지 않게 확인할 수 있다.[89]

이처럼 흔한 오해와 달리, 동양정치에서 민(民)은 의무만 있고 권

---

88) 『朱熹集』卷 24 <與陳侍郞書>: "所謂國是者 豈不謂夫順天理合人心 而天下之所同是者耶"

89) 특히 『서경』의 「반경」 편에서는 '백성의 목소리'를 천명(天命)에 비유하여 '백성의 명령(民命)'이라고 부르기도 한다. 『書經』, 「商書」: "恭承民命." 물론 민심이 독자적인 권위체로 인정되었다거나 실제로 대중의 정치적 의견에 따르는 것을 의미하기보다는 일종의 수사학적 정당화의 성격이 강하다. 그러나 정당성의 기반을 민심에서 구한다는 주장이 갖는 함의는 과소평가될 수 없다(이상익 2004: 263).

리는 누리지 못하는 신분적 노예상태가 아니었다. 오히려 군주가 반드시 그들의 수요를 만족시켜줄 의무가 있는 대상이었다. 그렇지 않으면 국(國)의 근본이 흔들릴 수 있기 때문이다. 아울러 치민(治民)의 도는 도덕교화에 있었지 혹형이나 굴레에 있지 않았다. 시대적 제약 속에서도 불구하고, 민(民)은 피통치자 전체를 상징하는 글자였으며 군주의 상대로서 민(民)은 피통치자 전체였고, 천(天)의 상대이며 국(國)의 근본이었으며 도덕의 표준이었고, 자유롭고 재산권을 가진 존재였다(장현근 2009b). 심지어 좌전에서는 "나라가 흥하고자 할 때는 '민' 보기를 다친 사람 보듯 하니 이것은 나라의 복이다. 나라가 망하려 할 때는 '민'을 먼지 티끌처럼 여기니 이것은 화가 된다"고 주장하기도 한다.[90] 이는 민의 주체성을 적극적으로 인정한다는 것을 함의한다. 그렇다면 이와 관련하여 공론은 어떤 정치적 의미를 가지는가?

먼저 동양의 전통에서 공론의 기반이 되는 공(公) 개념은 시대의 변천에 따라 의미가 첨가되거나 분화되었지만 그 원형으로 볼 때 몇 가지 차원에서 대략적인 정리가 가능하다. 무엇보다도 동양의 공(公) 개념은 정치적 지배권력, 지배기구, 지배영역을 의미하는 동시에 국가 권력 및 그러한 권력이 행사되는 영역으로 이해할 수 있다. 보다 적극적으로 해석한다면, 이러한 공 개념은 국가의 역할을 강조하는 동시에 원리상으로 공적 의사결정을 수행하기 위한 논의와 논쟁이 이루어지는 공동의 장을 강조했다고 볼 수 있다. 이런 맥락에서 공동체 전체의 운용과 운명에 영향을 미치는 권위 있는 의사결정 장소

---

90) 『左傳』, 「哀公」 1년: "國之興也, 視民如傷, 是其福也 其亡也, 以民爲土芥, 是其禍也."

로서의 공론장 의미가 부각될 수 있을 것이다.

설문해자에 의하면, 원래 공(公) 개념은 알곡을 나누고 분배한다는 원초적 의미를 가지고 있었다. 즉 공(公)의 뜻을 되풀이하면서 "공은 공평한 분배(平分)를 뜻한다"[91]고 적고 있다는 것이다. 이와 같은 여러 실례를 종합해보면 동양의 '공' 개념은 상당히 강한 규범성과 윤리성을 가지고 있으며 재화의 공정한 분배라는 성격이 바탕에 깔려 있다고 볼 수 있다. 지배영역, 지배권력이라는 뜻을 함축하고 있는 공 개념은 점차 공정성, 공평성과 같은 윤리적 의미로 확장되고, 나아가서는 함께, 더불어, 공동의 의미로 진화를 겪어 나갔다.

공동의 의미를 내포하는 공 개념이 처음 등장하는 곳은 『禮記』이다. 「예운(禮運)편」에서는 고대의 이상적인 정치공동체인 대동사회를 묘사하면서 천하위공(天下爲公)이라는 표현을 쓰고 있다.[92] 한대의 주석가였던 정현(鄭玄)은 이 구절에 대해 "공(公)은 공(共)과 같으며 군주의 위(位)를 성현에게 선양함으로써, 한 집안 내에서 세습하지 않는 것이다"라고 주석하고 있다(이승환 2004: 175). 이런 해석에 의하면, 군주의 지위가 한 가계의 사유물이 아니라, 지도자의 덕성을 갖춘 사람이라면 누구나 그 지위를 담당할 수 있는 자격이 있다고 천명하고 있다는 점에서, '공' 개념의 진화에서 중요한 계기가 된다고 볼 수 있다. 중요한 것은 이러한 규정성으로서의 '공' 개념의 기반 역시 민본사상이었다는 점이다. 공정성과 공평성으로서의 공(公)을 상실한다는 것은 민심을 잃는다는 것을 의미하며 그것은 곧 천하를 잃는 것이며 역성혁명의 빌미가 된다. 맹자가 백성의 마음을 잃

---

91) 許愼 記、徐玄 等 校定、『說文解字』(北京: 中華書局, 1985), 46쪽.

92) 『禮記』、「禮運」: "子曰 大道之行也 天下爲公 選賢與能 講信修睦"

는 것을 천하를 잃는 것에 비유한 까닭이다. 수사적 표현임을 감안할지라도 하늘이 백성의 눈과 귀를 통해 듣는다는 맹자의 주장은[93] 유교적 사유에 있어 민과 정치의 밀접함을 부각시켜준다.

이후 동양에서 공 개념의 변천 과정을 압축해본다면, '지배권력(公)=공평·공정(公)=함께·다수(共)'의 의미를 지닌 복합 개념으로 확장해왔다고 볼 수 있다(이승환 2004: 161-194). 그렇다면 이러한 '공' 개념과 '론(論)'이 결합하여 공론(公論)을 형성한다면 어떠한 정치적 함의와 전망을 갖게 되는 것일까?

먼저, 고대 유가의 대표적인 문헌인『회남자(淮南子)』와『세설신어(世說新語)』에 나오는 공론에 대한 의견을 정리한다면, 공론의 형식적 조건으로 '대중과 함께 가지런하고(劑劑於衆) 시속과 같아(同於俗) 극단에 치우치지 않는 것', '인위적으로 조작될 수 없는 것(自有)', '시간적으로 영원한 것(萬世)', '공간적으로 편만하여(天下)', '억지로 막을 수 없는 것'이므로 '두려워야 할 대상'이 바로 공론이었다(이상익·강정인, 앞의 글: 87-88). 주자에 이르러 집대성한 유가적 공론 개념의 핵심적 특징은 다음과 같이 정리할 수 있다(이상익·강정인, 위의 글: 92). 주자는 공론에 대해 천리(天理)에 따르고 인심(人心)에 부합하여 천하의 사람들이 모두 함께 옳게 여기는 것을 '국시(國是)'라 정의하고, 그것을 '천하의 모든 사람들이 한결같이 하는 말'인 '공론(公論)'과 동일한 것으로 파악한다(이상익·강정인, 위의 글: 91-93). 그러므로 이러한 주자학의 공론 개념은 천리와 인심에 부합하는 '공정(公正)한 의론(議論)'과 '모든 구성원이 참여하는 '공개적인

---

93)『孟子』,「盡心」: "孟子曰, 民爲貴, 社稷次之, 君爲輕."

논의(論議)'의 두 가지 뜻으로 해석될 수 있다. 공개적인 논의를 통하면, 정책을 자세히 심의할 수 있고 독단과 사아(私我)를 배제할 수 있어서 최선의 결론을 얻을 수 있다는 것이다. 그러므로 "국정을 의논하고자 하는 신하들은 모두 거리낌 없이 자신의 의견을 다 밝힐 수 있는 것이니, 이것이 고금의 상리이며 조종(祖宗)의 가법(家法)"[94]이라고 명료하게 주장한다.

이러한 주자의 공론은 국가의 융성과 붕괴에 있어 언로(言路)의 중요성을 강조한 이이의 주장과 궤를 같이한다. 율곡은 "공론은 국가를 존립하게 하는 원기"이며, 위와 아래에 공론이 없으면 그 나라는 망한다고 주장하고[95] 백성에게까지 전면적인 언로의 개방을 촉구했다(김영수 2005: 4). 이보다 앞서 조선 건국 직후 공신들도 비슷한 주장을 펼친다. "공론은 진실로 하루라도 없어서는 안 될 것입니다. (…) 신하들이 마땅히 할 말을 숨기지 않고 백성의 이해를 다 진술하여 막힘이 없게 하고 국가의 원기가 유통하여 막히지 않게 될 것입니다."[96] 이미 조선 초부터 공론은 소통이었으며 국가를 순환하는 담론이었다. 그러면 공론은 누구의 의견을 말하는 것일까?

> 더구나 국시를 정하는데 구설로 언쟁하는 것이 가장 옳지 못한 일이겠습니까? 인심이 함께 옳다 하는 것을 공론이라 하며, 공론의 소재를 국시라고 합니다. 국시란 한 사람이 꾀하지 않고도 함은 옳다는 것입니다. 이익으로 유혹하는 것도 아니고 위세로 무섭게 하는 것도 아니면서, 삼척동자도 그 옳은 것을 아는 것이 국시입니다.[97]

---

94) 『朱熹集』, <經筵留身面陳四事箚子>: "臣下欲議之者, 亦得以極意盡言而無所憚, 此古今之常理, 亦祖宗之家法也."

95) 『율곡전서』, 卷 4, 「疏箚」 2, <代白參贊論時事疏>

96) 『태조실록』, 卷 2, <太祖元年 11月丙戌>

여기서 이이는 공론을 인심이 모두 함께 옳다고 여기는 의견이라고 설명하고 있다. 물론 당시 현실에서 정치적 의견을 개진하고 공론을 집약할 수 있는 실제적인 기관은 삼사라 하겠지만, 이이는 정치권력의 공공성과 도의성을 강조하기 위하여 공론은 백성의 뜻임을 각별하게 강조하고 있는 것이다(이승환 2004: 179-180). 이처럼 다수의 의지에 따라 조성된 공론을 통하여 지배권력을 도덕적으로 변모시키려는 사대부들의 노력은 조선시대 정치사상의 중요한 특징이었다.[98)]

물론 유교사회에서 말하는 사림(士林)은 학식과 덕망을 겸비한 인물을 의미했지만, 사림의 의미가 현대적 맥락 속에서 신분적인 의미일 수는 없으며 아울러 당시의 유교적 공론 개념이 일반인을 배제하라는 강력한 요구를 담고 있는 것도 아니다. 다만 모든 사람들보다 사림의 역할이 더욱 중요하다는 것을 강조하였던 것이다. 이처럼 유가의 공론 개념은 기본적으로 '천하의 모든 사람이 함께 옳게 여기는 것'을 포함하고 있으며 이는 '이미 존재하고 있는' 초월적이고 형이상학적 진리를 발견하는 것이 아니라고 봐야 한다(이상익·강정인 2004: 91). 실제로 이이의 공론관을 적극적으로 해석하는 입장에 따르면, 배제에 대한 강력한 비판을 담고 있다고 볼 수 있다. 물론 이런 해석에 대한 반대도 존재한다. 즉 성리학의 공론관은 궁극적으로 진리의 발견이며 귀일을 지향하며 공론의 근거는 천리(天理)뿐이라

---

97) 『율곡전서』, 卷 7, 「疏箚」 5, <辭大司諫兼陳洗滌東西疏>

98) 주자학에서도 공론 형성의 주체는 대신(大臣)과 간관(諫官), 그리고 일반 신하들 모두라고 주장하고 있다. 앞에서도 언급한 것처럼, 주자는 국정을 의논하고 싶은 신하들은 모두 거리낌 없이 자신의 의견을 다 밝힐 수 있게 하는 것이 고금(古今)의 상리(常理)이고 祖宗의 가법(家法)이라고 진언하였다. 주자는 '사대부(士大夫)의 공론'이라는 표현도 자주 쓰고 있는데, 이것은 관료뿐만 아니라 사(士)도 동시에 공론 형성의 주체라고 보았음을 의미한다. 한 국가에는 여러 부류의 사람들이 존재하고, 공론이란 모든 부류의 사람들로부터 지지를 받아야 하는 것인데, 주자는 관료나 사(士)를 공론 형성의 주체라고 설정한 것이다(이상익·강정인 2004: 93).

는 것이다(이현출 2002: 119-125). 그러나 현실은 원칙과의 타협이다. 사림정치가 활발해진 것도 현실적으로 학문관의 차이라기보다는 권력 투쟁의 성격이 강했다. 조광조를 비롯한 사림정치 신봉자들의 목적은 공론의 완전한 실현이었으며 조선 전기, 사림이 정치적 약자로서 정의를 주장할 때, 그것은 현실정치와 조화를 이루었다(이현출, 앞의 글: 121). 이런 공론 개념의 원리를 더욱 적극적으로 해석한다면 공공선을 구성하는 쟁론이었으며 왕과 신하 혹은 신하들 간의 간쟁은 특정한 국면과 맥락 속에서 사활을 걸고 전개되었다(정세용 2010).

그러나 사림이 전권을 장악한 후에 오히려 공론은 붕괴되었다. 철저하게 파벌의 이익을 앞세운 붕당정치가 지배하기 시작한 것이다. 역설적으로 조선 후기 세도정치가 일체의 정파를 제거하면서 지배권을 휘두를 때 '진리'가 '말'을 억눌렀고 말의 종언은 조선 후기 정치의 활력을 잃게 만들었다고 볼 수 있다. 이것은 뒤에서 살펴볼 불화(不和)라고 불러도 무방할 것이며 차이와 다양성을 인정하지 않을 때 어떤 결과가 야기될 수 있는지를 보여주는 전형이다(김영수 2005: 13-15). 어쨌든 조선 중기 이후 공론이 붕괴하기까지 공론은 분명 현실적으로 공공선을 모색하는 심의적 토론의 과정이자 절차의 기반이었다. 더구나 여기서 공론은 숙고하지 않은 다수의 힘을 의미하는 것이 아니라 심의적 토론에 부쳐지고 격론을 통해 도출된 잠정적 합의를 의미한다(이상익·강정인, 앞의 글: 85).[99]

---

99) 현대 민주주의에서 opinion은 차이와 다양성에 기반한 여론 정치인 반면, 주자학이나 조선 시대의 공론 정치는 열린 토론이 아니라 천리로 귀일한다는 형이상학적 진리관을 가지고 있기 때문에 현대 민주주의 정치에는 부합하지 않는다는 지적이 가능하다. 그러나 시대적 제약을 고려하지 않고 공론의 무용성을 주장하는 것은 성급한 판단이다. 중요한 것은 유가적 전통의 문제의식을 현대화시키는 것이다. 당장, 보편적 진리를 발견하려 했던 플라톤 역시 얼마든지 현대 서구의 정치철학에서 무한한 지적 보고로서 기능하고 있는 현실을 고려해보라. 아울러 만약 유교 담론이 고유의 형이상학적 우주론적 초월론을 그대로 정치적 영역에 적용하려 한다

다음 절에서 자세히 살펴보겠지만, 적극적인 현실 참여 및 사회적 역할을 강조하는 입세(入世) 사상으로서 유가는 공적 영역에 대한 참여와 의사소통을 통한 민심의 반영으로서 공론장을 강조한 것으로 해석할 수 있다. 이러한 공(公) 개념과 밀접한 개념으로서 유가에서 전통적으로 강조하는 입 구(口)의 기능을 적극적으로 해석할 필요가 있는 것이다.[100] 『설문해자(說文解字)』의 해설에 의하면, 성인의 성(聖) 글자는 귀(耳)자에서 의미를 따온 것으로서 성인은 잘 듣는 능력과 연결되어 있으며, 입(口)을 고려한다면 성인의 소통능력, 즉 잘 듣고 잘 말하는 능력의 중요성을 강조한 것으로 해석할 수 있다. 귀(耳)에서 성인의 뜻을 따온 것은 성인이 이순(耳順)하다는 것을 의미하며 성인을 통해 백성들의 일상생활이 모두 소통된다는 것을 의미한다. 아울러 성인의 이러한 뜻에는 다양성과 차이의 공존 속에서 오로지 중간을 취하여 하나 된 평화를 이룬다는 중정화평(中正和平)의 뜻이 담겨 있다. 이 외에도 유학의 경전에서 의사소통 능력 및 참여(말하기로 상징되는)의 중요성은 입(口)에 대한 고찰을 통해 다양하게 확인할 수 있다. 군자(君子) 역시 구(口)와 연관된 말하는 능력을 기본적으로 포함하고 있으며 유가 전통의 많은 핵심적인 용어들 즉 알다(知), 믿다(信), 길하다(吉), 선하다(善), 참여하다(合), 환경(命), 역할

면 이는 스스로의 혁신 가능성을 부정하는 결과를 낳을 수 있다. 한편 유교의 공론 개념과 루소의 일반 의지는 분명히 상당한 유사성이 존재하지만, 루소의 경우 근본적으로 민심의 이성과 합리성을 신뢰하지 않았다는 점에서, 결정적인 차이를 가진다. 때문에 루소의 일반의지를 극단화한다면 군주의 통치가 아니라 전체주의적 속성을 가지고 있다고 비판받는 것이다. 사실 동양의 정치사상이 서양의 그것과 다른 결정적인 차이는 민의 윤리적 주체성을 신뢰하고 그것을 함양하고 극대화시키는 통치를 결코 포기하지 않았다는 점이다. 덕치가 바로 이를 상징한다.

100) 이하 입(口)자에 대한 설문해자의 설명은 성균관대학교 유교문화연구소 월례 심포지엄 토론 자료(장원석 2001)를 참조했다. 보다 체계적이고 심도 깊은 설명에 대해서는 시라카와 시즈카의 『한자의 기원』(2009) 참조.

(名), 조화(和) 등 역시 공통적으로 입(口)을 포함하고 있다. 이는 공론의 중요성과 연관 지어 생각해볼 때, 구성원 개개인의 발언 능력과 참여를 강조한 것으로 이해할 수 있다. 특히 필자는 '말하는 능력'을 근본적으로 함축하고 있는 입(口) 자와 피리구멍과의 관련성에 주목한다. 즉 피리가 다양한 구멍을 통해 소리를 내어 화음을 만들어내 듯이, 말하기는 하나의 획일적이고 지배적인 소통이 아니라 다양한 발언의 존재를 전제로 하고 있다고 해석할 수 있는 것이다. 또한 '만 나 하나가 되다, 합하다'라는 合에 입(口)이 그 기반으로 깔려져 있다 는 것, 아울러 합(合)에는 '참여하다'라는 의미가 있다는 것에도 주목한다.

이처럼 담론적 실천의 중요성을 포괄적으로 강조하는 '입(口)' 자에 담긴 정치적 함의와 공(公) 개념을 고려할 때, 유가 역시 참여자들 사이의 상호존중과 관용을 요구하는 공적 영역의 중요성과 나아가 공적 논쟁에서 발휘되는 독특한 자질과 능력, 자아발전을 강조하고 있다고 해석할 수 있다. 즉 공적 영역에서 참여의 중요성, 의사소통의 관련 규범 및 대화 능력을 강조하는 것으로 이해할 수 있다. 더욱이 관계를 중심으로 생각하는 유가에 있어 자아 발전이란 존재론적으로 공동체와 불가분의 관계를 맺고 있으며, 자아 중심적인 계산에 기반하지 않는 의사소통을 통한 합의의 산출은 도덕적 통찰력의 발전, 윤리적 삶에 대해 비판적으로 사고할 수 있는 능력의 고양, 도덕적 가치의 보편화를 수반한다.[101]

---

101) 이러한 공론에 대한 논의는, 좀 더 정교한 분석이 필요하겠지만, 선거권과 대의정치로 상징되는 근대정치를 극복하는 데 중요한 함의를 갖는다. 유교적 공론정치는 원리상으로 자유주의자들의 주장처럼 선거권과 대의정치로 환원될 수 없기 때문이며 현대적 통치의 외연을 확장하고 통치의 심연을 더욱 깊게 할 수 있는 잠재력을 가지고 있다고 볼 수 있다.

3. 화이부동(和而不同)의 현대화

입 구(口)에 기반하여 공론의 개념을 현대화하는 것은 최종적으로 '화이부동(和而不同)'의 원리로 나아간다. 기본적으로 '화이부동'은 다양성과 차이의 공존 속에서 조화를 추구하는 것으로 해석할 수 있다. 이러한 화이부동은 공자에 이르러 적극적인 정치사회적 함의를 가지게 된다(장현근 2009a: 19-20). 유가의 사회철학에서 기본적으로 화(和)란 공동체의 조화라고 볼 수 있다.『설문해자』에 의하면, 화는 소리 또는 말로 응대한다는 어울림의 의미를 가진다. 정치의 세계는 언어와 담론의 세계라는 점을 고려한다면 입과 말의 사회적 질서를 뜻하는 화(和)는 동양 전통사상의 핵심 개념이라고 볼 수 있다(장현근, 위의 글: 11). 고대문헌에서 음악을 언급하는 대부분의 경우에 화(和)를 음악의 근본으로 삼는다는 것은 정치적으로 중요한 함의를 가진다. 왜냐하면 유가 사상에서 예와 악을 하나로 보고 사회 질서를 만들어나가는 중요한 두 축으로 삼았기 때문이다. 오케스트라에 비유될 수 있는 정치의 세계에 대한 유가적인 아이디어는 다문화 시대에 있어 풍부한 아이디어를 제공해준다. 이러한 화이부동의 철학에서 가장 중요한 개념인 화동(和同)에 대해서는 좀 더 심층적인 분석과 이해가 필요하다.

1) 상동(尙同)

묵가 사상에서 상동 사상은 각 개인의 의견을 상급자에게 통일시키고 마침내 천(天)에 통일시킨다는 뜻이다. 뒤집어 생각하면, 하늘의 뜻을 구현하는 천자 아래 하향식으로 모든 이들이 통일된다는 것을 의미한다. 상동 사상의 핵심은 위계서열의 핵심적인 가치에 순응해야 한다는 것으로 해석할 수 있다. 물론 묵자는 이런 상동 사상이 이익 추구적인 인간들이 하늘의 뜻에 자신을 일치시킬 때 비로소 모두가 모두에게 이익이 되는 사회가 도래할 것이라는 선한 의도였지만, 결과적으로 이는 사회의 지배적인 위계와 가치에 무조건적인 동일시를 정당화하는 것으로 비판할 수 있다. 이는 군신관계에서조차 아무런 간언도 반대의견도 없는 일괄적인 순종을 뜻한다(장현근, 위의 글: 15). 이런 상동에 대한 중국 고대 사상가인 백양보(伯陽甫)의 비판은 명료하다.

> 지금 주나라 왕은 (…) 和를 버리고 同만 취합니다. 화는 실로 만물을 생성하지만 동하면 생명이 이어지지 못합니다. 다른 존재들로 다른 존재들을 고르게 다스림을 화라고 부르는데 그러므로 풍성하고 오래갈 수 있으며 만물이 그에 귀의하는 것입니다. 만약 동으로 동한 사람끼리 돕는다면 버려질 것입니다[102]

백양보에게 동(同)은 사물의 단일성을 가리키는바, 그것은 사실상 자연의 무한생성과 정확히 대립되는 개념이다. 차이와 모순과 대립을 배제하고 동질적인 것들의 동일화만을 고집할 때 새로운 것이 생

---

102) 『國語』, 「鄭語 1」; 장현근 2009a: 16-17에서 재인용.

성될 수 없을 뿐만 아니라 동일화의 주체 역시 지속될 수 없다. 정치적으로 해석한다면 타자에 대해 배타적인 정치이념이나 공동체는 결코 생산적이지 못하며 내부적으로도 허약한 토대를 가진다는 것이며 종래에는 붕괴를 맞이하게 된다는 경고로 읽을 수 있다.

2) 화동(和同)

백양보의 화동은 동(同)의 유혹을 극복하는 것을 의미한다. 권력의 강화와 패권 추구가 항상적으로 전개되던 춘추전국 시대의 혼란기에 동(同)이 가진 획일적인 지배, 전체주의화의 위험성을 경고하는 것이기 때문이다. 차이와 다양성을 버리고 획일적인 동(同)에 따르기 때문에 하늘의 밝음을 잃어버릴 수밖에 없기 때문이다(장현근, 위의 글: 17). 백양보는 군주가 화동에 힘쓰지 않는다면 곡식과 부조차 생산되기 어렵다고 강조한다. 비록 군주에 대한 진헌의 형식을 띠고 있지만 그러나 백양보의 이런 주장에 대한 현대적 독해는 얼마든지 가능하다. 그것은 공동체에 존재하는 차이와 모순과 대립의 생산적 기능을 적극적으로 긍정하는 동시에 그것의 통합을 통해 역동적인 정치사회의 발전을 성취할 수 있는 가능성을 강조하는 것이다. 물론 이때의 통합은 상동이 아니라 차이와 다양성에 기반한 창조적 종합임을 강조해야 한다.

화동에 대한 정치적 함의는, 공자도 칭송했던 제나라의 저명한 정치가인 안영의 주장에서 더욱 인상적으로 발견된다. 안영은 고대의 엄격한 군신 관계하에서도 군주와 다른 자신의 입장을 분명하게 밝히고 군주의 의견을 보완하는 것이 진정한 화(和)라고 강조한다.

> 화는 고깃국을 끓이는 것과 같습니다. 물, 불, 젓갈, 식초, 소금, 매실을 사용하여 생선과 고기를 삶고 장작불로 가열하며, 요리사는 그것을 和합니다. 고르게 맛을 일치시키며 모자란 것은 더 넣고 남는 것은 덜어냅니다. 군자는 이를 먹고 그 마음이 화평해지는 것입니다. 군주와 신하도 마찬가지입니다. 군주가 옳다고 말해도 아닌 것이 있으면 진헌하여 그 옳음을 성취시켜야 합니다. (…) 그래야 정치가 평온하며 갈등이 없고 백성들은 다투는 마음이 없어집니다. (…) 그런데 지금 양구거는 그렇지 않습니다. 주군께서 아니라고 말씀하시면 양구거 또한 아니라고 말합니다. 물로써 물을 건지면 누가 그것을 먹겠습니까? 큰 거문고와 작은 거문고 오직 한 가지만 탄주한다면 누가 그것을 듣겠습니까? 동(同)이 안 되는 것은 이와 같습니다.[103]

이러한 안영의 화동론에서 진정한 군주의 역할과 공동체의 조화란 여러 가지 요소들의 각기 다른 기능의 발휘와 적절한 비율의 혼합으로 맛을 창조해내는 요리의 기술에 비유되고 있다. 아울러 임금의 말에 대한 신하들의 획일적인 복종을 비판한다. 차라리 신하들은 공동체의 조화로운 발전을 위해 용기 있게 다양하고 다른 의견을 제시해야 한다고 주장한다. 권력자의 전횡에 맞서서 사회적인 공정과 정의를 추구하려는 신하의 역할은 사회 전체적인 조화를 추구하는 데 필수적인 것이다. 그러므로 안영에게 화(和)란 차이와 대립을 전제하며 단일하거나 동질적인 사물을 의미하는 것이 아니다. 오히려 사물은 완벽할 수 없고 편향과 한계를 가지기 때문에 차이 혹은 대립에 의해 보완되고 협조하는 것으로 이해할 수 있다. 이런 화동론

---

103) 『左傳』, 「昭公二十年」; 장현근 2009a: 18에서 재인용.

을 이 책의 맥락에서 좀 더 적극적으로 해석한다면, 차이와 다양성의 존재를 넘어서 적극적인 표출을 통한 공동세계를 구성하는 잠재력으로 이해할 수 있다.[104]

3) 공자의 화이부동

이러한 화동론은 공자를 통해 그 정치적 의미가 보다 명료해진다. 공자에게 화이부동은 동(同)을 배제하고 화(和)를 실천하는 군주와 신하의 의무를 의미한다. 심지어 정치권력과 민심의 "획득은 和로 말미암아 생겨나고 그 상실은 동(同)으로 말미암아 시작된다. 그러니 옳은 것으로 아닌 것을 이끄는 것을 화(和)라 일컫고 좋음과 나쁨을 구분하지 못함을 동(同)이라 일컫는다. (…) 그러므로 정치가인 군자의 행동은 두루 포용하되 당파를 짓지 않으며 화이부동(和而不同)함으로써 잘못을 구원하여 올바르게 만들고 악을 바로잡아 참되게 만든다."[105]

그러므로 공자가 이상적으로 생각하는 정치에서 화(和)란 획일성을 의미하는 것이 아니라 사람들과 올바름으로 친하되 다름을 수용하며 다양성을 추구하는 것이고, 반면에 불화(不和)란 세력을 쫓아 친밀히 하며 자기와 같은 유이기 때문에 무비판적이며 다름을 수용하거나 허용하지 않기 때문에 그 친밀함은 폐쇄적이고 교만하게 된

---

104) 물론 이상과 현실은 다른 것이다. 조선의 경우, 공론이 활발하게 진행될 때 그것은 왕과 신하와 의사소통을 통해 민이 적극적으로 투영되는 것이었으며 말의 잔치는 위민으로 연결되어 폭넓은 국사가 논의되었다. 말의 에너지가 긍정적으로 작용하며 왕과 권신의 전횡을 효과적으로 제어한 것이다. 그러나 후기로 넘어갈수록 말은 집단적 정체성을 맹목적으로 추구하는 당파의 부정적 기능이 지배적으로 되어갔다. 사림의 분파나 왕권 모두 서로 닮은 괴물이 되어갔던 것이다. 물론 여기에는 사회의 자율적인 공론장이 취약했다는 구조적인 제약이 기능했을 것이다. 이와 관련된 논의로는 김영수(2005) 참조.

105) 『後漢書』, 「文苑列傳」; 장현근 2009a: 20에서 재인용.

다.[106] 강조하건대, 조화는 같음(同) 혹은 획일성을 추구하는 데 있지 않고 다양한 의견의 표출과 그러한 다양성의 공존과 공명과 통합으로서 사회적 조화를 추구하고 있는 것이다. 조화를 추구하는 군자에 비해 소인은 조화가 아니라 같음, 획일성을 추구하면서 끊임없이 소모적인 분란을 일으킨다(同而不和).[107] 나아가 공자는 편당을 지어 다수의 강제를 행사하는 것을 소인의 모습이라 비판한다. 요컨대 획일성과 절대 다수에 휘둘리는 것은 군자가 아니라 소인이다. 군자는 조화를 이루되 획일적이지 않고, 소인은 획일적이되 조화를 이루지 못한다는 것이다. 더욱이 마을의 모든 사람으로부터 칭찬받는 인물이라도 자세히 살펴보아야 하고, 공동체 내의 모든 사람이 비난하는 인물일지라도 자세히 살필 것을 요구하고 있다.[108] 전자는 부화뇌동과 야합의 가능성이 높기 때문이며, 후자는 비록 소수이지만 다른 대중의 의견보다도 더욱 높은 가치를 가질 수 있기 때문이다. 이처럼 숙고하지 않은 다수의 위험성에 대한 경계는 이미 『서경』에서도 강조하고 있다. "대중(衆)이 다 싫다고 해도 반드시 따져볼 것이요, 대중(衆)이 다 좋다고 해도 반드시 따져보아야 한다"는 것이다.[109] 이런 논의는 대의정치의 다수결주의를 비판적으로 성찰할 수 있게

---

106) 『論語』, 「子路」 26장: "子曰 君子泰而不驕 小人驕而不泰."

107) 『論語』, 「子路」 23장: "子曰 君子和而不同 小人同而不和." 이런 맥락에서 유가적 전통의 불화는 랑시에르가 정치의 원리로서 사용하는 불화와 전혀 다른 맥락이다(Ranciere 2008: 26). 차이와 다양성의 주체들이 논쟁적인 다양한 공간에서 쟁투를 통해 지배적인 위계질서를 변화시킨다는 주장을 담고 있는 랑시에르의 불화는, 차라리 유가적 관점에서 보자면 현대화된 화이부동의 함의를 갖고 있다. 예컨대 간쟁(諫爭)의 존재와 역할은 유가의 전통 속에서 대단히 중요한 것으로 인식되었다. 맹자 역시 간쟁의 효과는 널리 백성을 이롭게 한다고 주장했으며 공자 역시 의견의 불일치를 정치의 필수적인 것으로 간주했다. 그것은 공동체 내부의 의견의 불일치를 긍정적으로 인식하는 것이다.

108) 『論語』, 「衛靈公」 27장: "子曰 衆惡之必察焉"

109) 『書經』, 「周書」: "惟民生厚, 因物有遷, 違上所命, 從厥攸好."

해주며 실제로 유교적 사유에 있어 맹목적 대중 역시 경계의 대상이었다. 좀 더 부연하자면, 다문화주의 시대 대안적인 통치성은 맹목적인 다수결주의에 비판적이어야 하며 이는 다문화적 덕성으로서 필수적인 항목이다. 민주주의의 핵심 원리로서 다수결주의는 기본적으로 충분히 성찰적이지 못한 다수의 힘과 권력에 의해 작동해서는 안 된다는 것을 의미한다. 당연한 논리이지만, 민주주의 제도는 어떠한 경우에서든 힘의 세부적 발현 양식이 아니어야 하기 때문이다. 즉 만약 의사결정 제도가 힘과 권력에 의해 불평등하게 유지된다면 그것은 부정의한 것이다. 예컨대 사안에 대해 성찰하지 않은 사람들이 단순한 다수결 원칙에 의해 모든 문제를 표결해버리는 무비판적인 민주주의는 '숫자'라는 힘에 권력을 안기는 장치이며 가장 조야한 수준에서 다수자의 지배이다. 그러므로 문화적 소수집단이든 성적 소수집단이든 인종적 소수집단이든 소수의 충분한 발언권과 주장이 반영되지 않은 정책 결정은 원칙적으로 정당성을 상실한다.

그러므로 통치는 대중에 기반하되, 대중을 추종하지 않고 대중을 계몽하면서도 대상화하지 않으며, 성찰적인 관계를 기반으로 대중으로 하여금 스스로 덕성을 함양하는 공론 정치를 모색해야 하는 것이다. 인간 간 소통정치를 특별히 강조하는 유가적 전통은 이런 맥락에서 이해할 수 있다.

그러나 동양적인 유기적인 관계를 전제로 하더라도 인간관계가 항상 수월하게 조화를 이루는 것은 아니다. 이러한 관계의 부조화가 발생할 때 유가는 어떤 대책을 제시하는가? 궁극적으로 유가는 윤리적 주체성 특히 자신의 성찰을 통한 성실함을 요구한다. 자기반성을 통해 자아를 재구성하고 관계를 끊임없이 반추하는 동시에 재설정하려는 태도를 강조하는 것이다. 이것이 바로 충서(忠恕)의 미덕이다. 자기를 다하여 마음을 수양하고 수양된 자신의 마음에 비추어 타인에게 행한다는 충서의 미덕이란 결국 자아에 대한 몰입이나 매몰을 의미하는 것이 아니라, 성실한 성찰을 통해 자아가 타인과의 관계를 재정립하는 공동체적 관계를 전제로 하는 것이다(이철승 2008; 김비환 2007). 이러한 충서의 미덕을 적극적으로 해석한다면, 자기성찰을 통해 자신을 객관화시키고 동시에 타인을 자기를 미루어 이해하고 배려함으로써 극단을 벗어난 일의 적절한 합의점을 추구해나가는 능력으로 이해할 수 있다. 현대적 관점에서 보자면, 사회적 관심에서 배제된 자들에 대한 배려와 공동체의 역할도 이런 맥락에서 해석될 수 있다. 이러한 충서의 미덕과 보다 사회적인 규범인 중용의 원리는 개인의 자기실현의 원리인 동시에 집단과 국가 수준에서는 갈등을 조절하고 통합하는 정치적 수단의 방법으로 평가할 수 있다. 때문에 다양한 집단들 사이의 상호이해와 배려를 촉진하고 다문화적 사회통합에도 기여할 수 있다(김비환, 위의 글: 345-346). 더구나 충서는 극단적인 이분법을 지양하는 동시에 단순히 산술적인 중간의 의미가 아니라 질적인 의미에서 일종의 변증법적인 통합의 원리로 적극적으로 해석될 수 있을 것이다.[110] 그러므로 충서의 미덕은 차이의 용인을 의미하는 서구식 관용의 미덕보다 훨씬 심도 깊은 다문화주의 성격을 가지고 있으며 소수자의 발언권과 입장을 옹호할 수 있는 원리가 될 것이다. 이처럼 유가의 윤리 규범은 개인이나 고

---

110) 이러한 충서의 원리는 정치는 언제나 타자의 존재를 전제로 하며 인간의 사유 역시 내면 속에서 타자와의 대화라는 아렌트의 주장과도 접속되는 지점이 있다. 나아가 이 책이 앞에서 살펴본 푸코의 '자기에의 배려' 등의 실천과도 무관하지 않다.

립된 자아에 머무는 것이 아니라 언제나 관계적 자아인 동시에 성찰적 자아를 구성하는 것을 목적으로 한다.

이처럼 인간의 성찰성과 화이부동이라는 차이와 다양성의 공동체적 관계를 강조하는 유가의 윤리 규범과 원리들은 다문화 시대를 맞아 '대화'로서의 정치를 가능하게 만드는 담론적 자원이 될 수 있다. 차이와 이견에 대한 포용, 풍부하고 다채로운 사상과 문화를 융합하여 화해(和諧)에 도달하게 하는 것이 화동(和同)의 본질이라면, 한 가지 악기만을 고집하는 것이 아니라 수십 종의 악기가 연출하는 대규모 오케스트라야말로 다문화 정치에 많은 시사점을 제시한다(장현근, 앞의 글: 22). 그 의의를 단순화시킨다면, 화이부동의 원리는 성과 인종, 지역, 계급 등의 분열과 갈등을 넘어서, 다양한 소수자 집단을 포용하고 차이와 다양성이 조화를 이루는 통합의 원리를 모색할 수 있는 것이다. 나아가 이러한 화이부동의 원리는 유가의 정치적 이상으로 추구하였던 평천하(平天下)에도 무리 없이 적용된다. 평천하의 가장 큰 특징 중 하나는 다양한 구성원의 화합이기 때문이다. 그것은 적대조차도 공존의 대상으로 만드는 진정으로 다문화적 통치와 주체 구성의 잠재력을 가지고 있다.

4. 유교적 통치성과 대동세계

푸코의 통치성은 근본적으로 자아에의 배려와 쾌락의 활용 등을 통한 자기통치성의 함양을 의미한다. 이는 유가에서 개인이 자아를 수련함으로써(修己) 새로운 존재방식을 창안하는 노력과 연결될 수 있다. 유교의 정치윤리는 권력에의 종속이나 강제로부터의 자유라기보다는 진정한 의미에서의 주체성을 완성시키고자 하는 자기 배려인 동시에 타인에 대한 배려이자 더불어 살아가는 관계에 대한 충실을 도모하는 것이었다. 그런 주체성은 공동체의 질서와 불가분의 관계를 가지는 바, 그 핵심 원리는 화이부동(和而不同)으로 볼 수 있다. 물론 왕권 중심의 고대 사회에서 화동(和同)이 모든 사람의 실천 윤리이었는지는 의문이다. 그러나 중요한 것은 유교적 국가관에서 자아 정체성의 문제는 통치의 문제와 연관된 것이고, 개인의 자율적 성찰과 권력 기제와의 상호구성을 함축하는 통치성에 대한 논의는 우리가 익히 알고 있는 유교적 정치 논리와 어렵지 않게 연결된다. 주지하듯이 유교는 수기치인을 기본 이념으로 하면서 수신(修身), 제가(齊家), 치국(治國)으로 확장되어 궁극적으로 평천하(平天下)로 나아간다. 유교가 추구하는 평천하(平天下)란 명덕(明德)을 천하에 밝히는 것으로서 세상의 모든 사람들이 자신의 명덕을 밝혀 스스로 성인군자가 되도록 교화하는 것이다. 즉 유교에서는 언제나 개개인의 덕성을 함양하게 만드는 개인－집단－국가로 이어지는 상호작용의 관점에서 통치성의 순환 원리를 '항상 이미' 전제하고 있다고 볼 수 있다.[111] 중요한 것은 이런 통치성의 주체가 누구인가, 통치성의 성격

---

111) 논쟁적이기는 하지만, 동양적 사유에서 공(公)과 사(私)의 구분 역시 상대적이고 연속적이었다는 점도 강조할 수 있다. 즉 고대 그리스처럼 '공＝국가＝정치영역/사＝가정＝경제영역'의 뚜렷한 이분법적 등식이 성립하지 않았다는 것이다. 동양적인 관계망에서 공(公)은 '작은 범위를 둘러싸고 있는 큰 범위'를 의미하며, 사(私)는 '큰 범위 안에 있는 작은 범위'를 뜻할 뿐이다(이승환 2004: 182). 무아지공(無我之公) 역시 이런 맥락에서 이해할 수 있다. 이런 맥락에서 수신－제가－치국－평천하 역시 사적 영역이 공적 영역으로 확산되어가는 연속적이고 순환적인 구도로 이해할 수 있을 것이다. 공/사는 바라보는 위치와 기준점에 따라 달라질 수 있다. 물론 이 말이 공과 사의 갈등이나 충돌이 없었다는 뜻은 아니다. 현실적인 수준에서 공과 대비되어 사는 비윤리적이고 부정적인 의미로 자주 사용되었다.

과 그것이 지향하는 바가 무엇인지에 대한 것이다.

이런 관점에서 유교에서 말하는 정치란 '인간다움의 궁극적 근거'로서 인륜적 삶을 형성하고 지지하는 것을 목표로 하며 정치란 권력의 존재를 전제로 한다면, 그러한 권력의 존재 이유와 권력의 작동 방식이 중요해지며 이 지점에서 유가의 통치성의 현대화가 모색될 수 있다. 주지하듯이 유가에 있어 국가의 존재 이유는 백성의 완전한 삶을 실현하도록 하는 데 있는 것이다. 유교적 입장에서 볼 때, 권력의 역할은 양민(養民)과 교민(敎民)이다. 양민은 백성의 몸을 기르는 것이며 교민은 백성의 마음을 계도하는 것이다. 필자는 현대적 맥락 속에서 이러한 유교적 국가의 교화적 원리를 현대화할 것을 강조하고자 한다. 즉 유교가 민(民)을 도리(道理)의 주체로 간주한다면, 달리 말해 인간의 윤리적 주체성을 중시한다면 현대화된 유교의 통치성 역시 시민을 덕성을 가진 주체로 구성하는 정치적 프로그램을 적극적으로 모색해야 하는 것이다. 그런데 유교에서 민을 도덕적 주체로 형성할 수 있는 방법 중의 하나는 덕치(德治)이다. 덕치는 강제가 아니라 민(民)이 스스로 깨우침으로써 사회적 주체로 형성하는 방법이다. 이러한 덕치는 개개인의 내면 형성을 위해서 국가가 일일이 개입한다는 것이 아니다. 덕치의 의미와 방법은 얼마든지 현대화할 수 있다.[112] 이 책이 주목하는 통치성은 자율적이고 주체적인 윤리 형성을 위한 사회적 조건을 제공하는 국가의 역할이다. 국가는 일일이 개개인의 내면에 간섭하여 윤리를 강제하는 것이 아니라, 그러한 윤리가 활성화될 수 있고, 나아가 개개인이 도덕적인 주체로서 형성

---

112) 사람마다 일일이 교화하는 것이 아니라 군주가 스스로 중정(中正)의 도(道)를 세워서 백성들이 스스로 교화할 수 있다는 최익현의 언급은 하나의 시사점을 제공해준다(이상익 2004: 298).

될 수 있는 조건을 마련하는 것이다. 즉 유교적 통치성의 현대화란 통치성의 기제를 통해 인간의 주체성과 자기통치 능력을 증가시킬 수 있는 조건과 전략을 마련한다는 의미이다. 물론 이러한 국가 개입은 개인의 자율성을 억압하는 것이 아니라, 오히려 그것을 함양하고 강화하는 방향으로 진행되어야 한다는 것이다. 달리 말해 다문화적인 시대를 살아가는 화동(和同)의 주체성의 형성을 위해 국가의 역할이 구체적으로 사고되어야 한다. 그리고 이런 아이디어는 통치성에 대한 푸코의 문제의식과 유사하다고 볼 수 있다.

　마지막으로, 차이와 이질성과 다양성의 공존 및 조화가 이루어지는 세계에 대해 동양의 전통적 사유는 어떤 이상을 제시하고 있는가?[113] 앞서 언급한 화이부동의 원리와 함께 다원성의 세계와 그 아름다움을 주창하는 동양적 전통을 대변하는 노자와 장자의 사유 역시 존재론적으로 더욱 급진적인 동시에 인간 세계의 다원성을 넘어서 자연세계를 아우르고 있다. 그것은 당위가 아니라 차라리 존재의 세계이다. 이런 비유가 어떤 함의를 가지고 또 구체적인 현실 속에서 어떤 정책 프로그램으로 표현되는지는 시대의 과제일 것이다. 자유(子游)에 대한 자기(子綦)의 가르침을 통해 장자는 자신의 세계관을 드러낸다.

---

113) 서구 현실 속에서 이주민 통합정책 및 다문화주의모형은 크게 용광로모형과 샐러드모형으로 구분할 수 있다. 용광로모형은 일종의 세련된 동화모형으로서 이민자는 주류 사회의 용광로에서 출신국가의 고유성을 잃고 이입국의 공동문화로 용해되어야 한다. 과거의 미국, 현재 프랑스의 공화주의 사회가 대표적 사례이다. 샐러드모형은 이민자가 자신들의 문화를 지켜나가는 것을 인정하고 장려함으로써 소수민족 및 소수문화의 공존(symbiosis)을 강조한다. 여기에는 새로운 정체성의 형성과 통합이라는 아이디어가 빈약하다. 그러나 이런 두 모형과 달리 동양적 사유와 가치가 오히려 더욱 심도 있는 아이디어를 제시할 수 있다. 물론 그런 가치들을 어떻게 활성화, 제도화시키느냐는 다른 문제일 것이다.

(…) 땅덩어리가 뿜어내는 숨결을 바람이라고 하지. 그것이 불지 않으면 별일 없이 고요하지만, 한번 불면 수많은 구멍에서 온갖 소리가 나지. 너도 그 윙윙하는 소리를 들어보았을 것이다. 산의 숲이 심하게 움직이면, 큰 아름드리나무의 구멍들이 더러는 코처럼, 더러는 입처럼, 더러는 귀처럼, 더러는 목이 긴 병처럼, 더러는 술잔처럼, 더러는 절구처럼, 더러는 깊은 웅덩이처럼, 더러는 좁은 웅덩이처럼 제각기 생긴 대로, 물이 콸콸 흐르는 소리, 화살이 씽씽 나는 소리, 나직이 꾸짖는 소리, 울부짖는 소리, 깊은 데서 나오는 듯한 소리, 새가 재잘거리는 소리 등 온갖 소리를 내지. 앞에서 가볍게 우우-하는 소리를 내면, 뒤따라서 무겁게 우우-하는 소리를 내고, 산들바람이 불면 가볍게 화답하고, 거센 바람이 불면 크게 화답하지. 그러다가 바람이 멎으면 그 모든 구멍은 다시 고요해진다. 너도 저 나무들이 휘청휘청 구부러지거나 살랑살랑 흔들리기도 하는 것을 보았겠지 (…).114)

이러한 장자의 묘사는 차이와 다양성이 인위적으로 조정되는 세계가 아니라 존재 그 자체로부터 발생하는 차이와 다양성의 조화와 아름다움을 예찬한 것이라고 볼 수 있다. 그 어떤 자연의 소리도 쓸모없는 것은 없으며 동시에 우월/열등의 구분은 의미를 상실한다. 흔한 비유대로, 풀벌레와 들풀, 날짐승 등은 모두 존재 이유가 있으며 다양성과 혼돈의 조화 속에서 인간 중심적 사고는 토대를 상실한다. 중요한 것은, 앞의 구절이 개별적인 만물 자체의 의미를 부정하지는 않지만 오히려 그런 만물들이 어우러지는 공명의 역동적인 아름다움과 창조적 통합을 긍정했다는 점이다. 이런 은유적이고 신비적인 장자의 묘사는 유가적 사유에서 이상적인 공동체로 묘사되는

---

114) 『莊子』, 「齊物論」: 子綦曰, 偃 不亦善乎 而問之也. 今者 吾喪我 汝知之乎. 汝聞人籟 而未聞地籟 汝聞地籟 而未聞天籟夫. 子游曰, 敢問其方. 子綦曰, 夫大塊噫氣 其名爲風 是唯無作 作則萬竅怒呺 而獨不聞之翏翏乎. 山陵之畏佳 大木百圍之竅穴 似鼻 似口 似耳. 似枅 似圈 似臼 似洼者 似汚者. 激者,謞者,叱者,吸者,叫者,譹者,宎者,咬者. 前者唱于 而隨者唱喁 冷風則小 而飄風則大和. 厲風濟 則衆竅爲虛 而獨 不見之調調之刁刁乎. 子游曰, 地籟則衆竅是已 人籟則比竹是已 敢問天籟 子綦曰, 夫吹萬不同 而使其自己也.; 오강남 역(1998), p. 65.

대동세계와 유사하다고 볼 수 있다.[115] 널리 알려진 구절이지만 직접 인용해본다.

> 대도(大道)가 행해지던 시대에는 천하에 공의(公義)가 구현되어 어진 사람을 지도자로 뽑고 능력 있는 사람에게 관직을 맡겼으며, 신의를 가르치고 화목을 닦는다. 그러므로 사람들은 자기의 어버이만 어버이로 여기지 않고, 자기 자식만을 자식으로 여기지 않는다. 노인들은 편안히 여생을 보낼 곳이 있고, 장성한 사람에게는 일자리가 있으며, 어린아이에게는 모두 잘 성장할 수 있는 여건이 있다. 홀아비, 과부, 부모 없는 자식, 자식 없는 노인, 폐질에 걸린 자들도 모두 부양을 받는다. 남자는 모두 직분이 있고, 여자는 모두 돌아갈 가정이 있다. 재물이 헛되이 버려지는 것을 싫어하지만 자기만을 위해 모아두지 않으며 스스로 힘쓰지 않는 것을 싫어하지만 자기만을 위해 힘을 사용하지는 않는다. 그러므로 음모는 닫히고 일어나지 않으며 도덕이나 난리가 생기지 않으니 사람들은 바깥문을 잠그지 않는다. 이를 일러 대동(大同)이라 한다.[116]

이처럼 대도(大道)가 실현되었던 '대동(大同)'의 세계는 천하가 '한 개인의 사유물(私有物)'이 아니라 '공공(公共)의 것(天下爲公)'이었다. 대동세계는 또한 自·他의 차별이 없는 세계요, 남녀노소·빈부귀천을 막론하고 모든 사람이 사람답게 살 수 있는 세계였다(이승환 2004: 301-303). 이러한 대동사회는 공존의 원리가 구현된 사회이며 모두

---

115) 유교가 그리는 이상 사회는 요순의 시대이다. 그러나 후대로 내려오면서 自·他의 차별이 생김에 따라, 대도(大道)가 상실되었다. 사람들이 자신의 이익에 집착함으로써, 대도가 상실되고 음모와 싸움이 일게 된 것이다. 이러한 시대에는 보다 적극적인 통치가 필요하다. 이러한 상황에서 우(禹), 탕(湯), 문(文), 무(武) 등의 성왕들은 이에 입각하여 각종 사회 제도를 확립함으로써 소강(小康)을 실현하였다(『禮記』, 「禮運」).

116) 『禮記』, 「禮運」: "大道之行也 天下爲公 選賢與能 講信修睦 故人不獨親其親 不獨子其子 使老有所終 壯有所用 幼有所長 矜寡孤獨廢疾者皆有所養男有分 女有歸 貨惡其棄於地也 不必藏於己 力惡其不出於身也 不必爲己 是故謀閉而不興 盜竊亂賊而不作 故外戶而不閉 是謂大同." 이러한 유교의 대동사회 이상은 요순시대에 대한 회상과 복고에 대한 의지로 해석되는 경우가 있으나 공자가 꿈꾼 미래의 유토피아적 사회에 대한 설명으로 이해할 수도 있다.

가 각자 맡은 일이 있고 이를 성실하게 수행하며 사회적 약자들도 모두 떳떳하게 사회가 제공하는 부양을 받을 수 있다. 무엇보다도 대동사회는 서로의 정체성을 훼손하지 않으면서 공존하는 사회이다. '다스리지 않음의 다스림'이라는 이상이 실현되는 사회이다. '다스리지 않음의 다스림'이란, 지배적 권력이 다른 권력에 대해 우위를 확보하여 지배의 효율성을 강화하는 데 목적을 두는 '다스림을 위한 다스림'의 반대 개념이다(김창현, 앞의 글: 80-82). 푸코식으로 말하자면, 지배관계가 아닌 생산적인 권력관계인 것이다. 다스리지 않는다는 것은 사회 구성원 간의 상호 신뢰와 화합 속에서 강제적인 규범이 필요하지 않으며 자기 규율(자기통치성)의 원리가 관철되는 것으로 이해할 수 있다. 아울러 이 책의 맥락에서 해석하자면, 외부에서 주어지는 권력의 기술에 의해 규율되는 존재라기보다는 스스로를 윤리적 주체로 구성해나가는 삶의 테크닉, 자기통치성이 더 큰 차원의 통치성과 조화를 이루는 개념이라고 볼 수 있다. 물론 이러한 대동세계는 완전한 정의가 실현된 세계요, 가장 이상적인 인륜적 공동체였을 것이다.

아울러 대도(大道)가 실현되었던 '대동(大同)'의 세계로 상징되는 유교의 이상사회관은 그런 대동 사회를 형성하고 살아갈 수 있는 '덕스러운 백성'의 존재가 절실했을 것이다. 개인의 권리를 최우선시하기보다는 공동선을 지향하며, 분배의 형평뿐만 아니라 도덕적 완성까지 추구하고 무한한 욕망을 추구하는 대신 욕망을 성찰할 수 있으며, 계산적 이익에 집착하는 도구적 인간관계 대신에 지속적이고 안정적인 유대감을 목표로 하고, 자유라는 미명으로 행해지는 온갖 무절제와 방종함 대신 자아를 수양해 인격을 완성할 수 있는 인간형을 강조하고 있는 것이다(이승환 2004: 321-323). 이러한 이상 사회 및 덕스러운 백성의 존재에 대한 신념을 한낱 '꿈'이라고 치부하는 것은 현명한 일이 아니다. 왜냐하면 '꿈' 역시 객관적 현실에 몸담고 있는 인간의 정신 작용의 결과이며, 현실이 인간의 욕구를 남김없이 충족하지 못하는 한, 현실의 극복과 유토피아에 대한 꿈은 끊임없이 생성되는 것이기 때문이다. 현실의 '틈'을 비집고 '가능성'을 전망하는 것이야말로 인간의 존재론적 본질일 것이며 인류 역사가 그것에 의해 변화되고 생성되어왔다.

어쨌든 앞의 짧은 예문 속에서 우리는 현대 사회의 병폐를 해결하기 위한 많은 아이디어를 추출하여 재구성하고 현대에 적용할 수 있다. 다시 한 번 강조할 것은, 유교에서 강조하는 '자기 스스로를 바르게 하는' 덕목의 구체적인 내용이란 고정되거나 불변적인 것이 아니며 시대적 맥락 속에서 사회적으로 규정될 수 있는 것으로 사고해야 한다. 다문화 사회가 지향하는 주체성은 타자와 독립되어 절대화된 그래서 인간 간의 단절을 초래하는 원자화된 자아가 아니며 공적 생활의 소멸을 가져오는 개인주의적, 쾌락적, 비정치적 자아가 아니라 '타자를 주체로 인정하고 말할 권리를 부여하는' 주체이며 '관계 속에서 구성되는 자아'이며 공적 생활에의 참여를 통해 인간성의 완성과 자아실현을 거부하지 않는 인간의 모습이기 때문이다. 중요한 것은, 윤리적으로 진정한 의미의 주체 형성은, 넓은 의미에서 공동체 및 통치와 분리시켜 사고할 수 없다는 것이다.

5. 결론

본 논문은 다양한 영역에서 민주적이고 개방적인 공론장의 중요성을 강조하고 있는 전통적인 사유의 핵심적인 원리와 가치들을 부각시켰다. 특히 공론 개념 및 화이부동의 원리는 다문화 시대에 중요한 방향점을 제공하는 동시에 소수자 집단의 정치적 요구를 적극적으로 사고할 여지를 제공한다. 전통적 사유의 공론장 개념을 현대화시켜 해석한다면 공적인 장에서 어느 누구의 발언권도 배제하지 않는 담론적 실천을 통해 창출되는 공동의 세계이자 참여자들의 영역으로 이해할 수 있다. 실제로 유가적 전통 속에서 언어를 포함하여 다양한 의사소통의 문화 활동들은 공동체의 조화를 이끌어 낼 수 있는 것으로 여겨졌다. 본 논문의 맥락에서 공적인 영역의 참여, 소수자의 발언권 존중 등 공동세계의 활성화는 특별한 통치권력의 작용과 불가분의 관계를 맺고 있다. 이미 우리의 전통적 사유에서 개인의 주체성이 통치권력의 미덕과 분리시킬 수 없다면, 통치권력의 민주성을 심화시키는 것은 공동체의 정치문화 혹은 구성원들의 새로운 인격의 창출과 연결된다. 무엇보다도 필자는 '화이부동'이 명료하게 주창하는 것처럼, 다양한 입장과 의견들이 쟁투하는 공론장의 형성과 시민의 주체화와 역량 형성이 중요하다고 강조한다. 그의의를 단순화시킨다면 화이부동의 원리는 적대적인 차이와 다양성을 넘어 화합의 장으로 나설 수 있는 아이디어를 제공한다. 현대화된 화이부동의 실천을 통해 우리는 감성적이고 지적이면서도 도덕적인 유대와 연대에 기반한 새로운 공존의 양식을 추구할 수 있다.

공자가 꿈꾸었던 대동세계는 사실 다문화주의적 이상이 실현된 세계라고 해도 과언이 아니다. 물론 이질적이고 외부적인 것의 포용을 통한 다문화 공동체의 구성은 그것을 실천할 수 있는 주체의 형성을 수반하지 않는다면 그 목표를 온전하게 실현할 수 없을 뿐만 아니라 기만과 억압의 역효과를 낳을 수 있을 것이다.

본문에서 살펴보았듯이, 이런 새로운 주체의 형성을 위해 우리 안에 내재해 있는 전통적 사유의 복원과 활성화 작업도 중요한 역할을 할 수 있을 것이다. 공화주의적 애국주의 역시 마찬가지이다. 지금의 대의정치를 넘어서기 위해, 조선의 공론 정치의 경험과 아이디어를 적극적으로 현대화한다면, 공동체의 새로운 정치질서에 대한 상상력이 가능하지 않을까? 더구나 그동안의 우리 현대사와 건국이념, 그리고 건국 이전에 오래전부터 존재해왔던 선조들의 역사와 경험에 이미 '공화'라는 사회통합 이념이 강하게 아로새겨져 있다는 입론이(이동수 2006: 23) 타당하다면, 이런 사유를 현대화시켜 대의정치나 자유주의적 권리와 의무를 보완하거나 넘어설 수 있는 기획을 모색할 수도 있을 것이다. 물론 동양과 서양적 가치의 충돌 및 배제보다는 각 범주들 간의 상호긴장에 주목하면서 '긴장적 상호의존'을 추구하는 것이 합리적일 것이다. 특히 전통적 가치와 근대적 요소 간의 양립 가능한 요소들에 주목하면서 그들 간의 '잠재적 호환 가능성'이나 혹은 '상용 가능성'을 적극적으로 모색한다면 더욱 생산적인 탈근대적 정치윤리를 구성할 수 있다.

이런 맥락에서 유교적 전통 내지 유교문화, 나아가 동양적 사유는 고정된 하나의 실체가 아니라 현대의 관심과 대화 속에서 드러나는 관계와 실천의 총합체로 이해하는 것이 옳다. 유학의 경우 그것이

만약 과거의 시대적 제약 속에서 봉건적이고 권위주의적인 것으로 규정되었다면 그 성격을 해체하면서 새로운 틀로서 현대에 적절하게 재구성하는 것이 중요하다는 것이다. 이것은 결코 전통에 대한 모욕이 아니다. 왜냐하면 이러한 해체와 재구성의 방법은 많은 과거의 철학이나 종교들이 새로운 시대에 스스로를 혁신하면서 생명력을 갖게 되는 전형적인 방법의 하나이기 때문이다.

이런 맥락 속에서 이 글은 이 책이 강조하는 공론장과 참여적 덕목의 함양을 위해 우리의 '어떤' 전통적 사유들, 동양의 '어떤' 가치들이 의미를 가질 수 있는지를 고찰해보았다. 이것은 유교적, 동양적 전통이 다문화 시대를 온전하게 살아갈 수 있는 덕성과 능력을 배양할 수 있는 정치문화를 발전시키는 데 유용한 자원이 될 수 있다는 것을 함의한다. 이런 작업은 더 넓은 맥락에서 서구인들의 자기이해(특히 근대 자유주의적 관점)와 달리, 우리의 전통적인 자기이해에 기반해 한국적인 정치공동체의 존재론적인 기초가 될 수 있는 바람직한 인간의 이미지를 구성해내는 지침이 될 수 있을 것이다.

 # 참고문헌

1. 국내 문헌

1) 일반논문 및 학위논문

강정인(2003), 「지구화, 정보화 시대 동아문명의 문화정체성: 서구중심주
　　　　의를 극복하기 위한 담론 전략들」, 『정치사상연구』, 제9권, 정치
　　　　사상학회, pp. 223-246.
곽준혁(2007), 「다문화공존과 사회적 통합」, 『대한정치학회보』, 제15집
　　　　제2호, 대한정치학회, pp. 23-41.
공성식(2006), 「미등록 이주자의 범죄화에 맞서 인권을 제한 없이 옹호
　　　　하자」, 『월간 사회운동』, 제64호, 사회진보연대, pp. 102-111.
김남국(2012), 「다문화 정책의 이론적 검토와 새로운 방향 설정」, 『한국의 다문
　　　　화 사회통합정책: 종합평가와 전망』, 사회통합위원회 용역보고서
　　　　(2012.12), pp. 16-18 참조.
　　　　(2007), 「한국에서 다문화주의 논의의 전개와 수용」, 『경제와 사
　　　　회』, 통권 제80호, 비판사회학회.
　　　　(2005), 「심의 다문화주의: 문화적 권리와 문화적 생존」, 『한국정

치학회보』, 제39집 1호, 한국정치학회, pp. 87-107.

김범수(2008), 「민주주의에 있어 포용과 배제」, 『국제정치논집』, 제48집 제3호, 한국국제정치학회, pp. 173-198.

김범춘(2008), 「지연되는 미래와 진보 철학」, 『시대와 철학』, 제19권 제4호, 한국철학사상연구회, pp. 55-80.

김비환(2009), 「가치다원주의 시대의 인권규범 형성: 정치철학적 접근」, 『정치사상연구』, 제15집 제1호, 정치사상학회, pp. 7-30.

_____(2007), 「한국 사회의 문화적 다양화와 사회통합: 다문화주의의 한국적 변용과 시민권 문제」, 『법철학연구』, 제10권 제2호, 한국법철학회, pp. 317-348.

_____(2006), 「현대자유주의에서 법의 지배와 민주주의의 관계: 입헌민주주의의 스펙트럼」, 『법철학연구』, 제9권 제2호, 한국법철학회, pp. 113-144.

_____(2000), 「자유민주주의 공동체, 유교는 그 대안이 될 수 있는가?」, 『현대사회와 유교공동체주의』, 유교문화연구소 개소기념 학술회의 발표집, 성균관대학교 동아시아 학술원, pp. 11-53.

김선욱(2008), 「아렌트의 내러티브와 의사소통적 합리성」, 『철학』, 제94권, 한국철학회, pp. 29-53.

김영수(2005), 「조선 공론정치의 이상과 현실(I)」, 『한국정치학회보』, 제39집 제5호, 한국정치학회, pp. 7-27.

김영옥(2007), 「새로운 '시민들'의 등장과 다문화주의 논의」, 『아시아여성연구』, 제46권 제2호, pp. 129-160.

김창현(2010), 「고립과 소통의 변증법: 게토, 유토피아, 대동사회」, 성균관대학교 비교문화연구소 학술심포지엄 발표문(2010.6.22), pp. 73-82.

김현미(2008), 「다문화 사회의 문화적 쟁점과 정책방향」, 『다문화포럼』, 문화체육관광부 다문화 정책팀.

김혜순(2012), 「결혼이민자정책의 평가와 대안」, 『한국의 다문화 사회통합정책: 종합평가와 전망』, 사회통합위원회 용역보고서(2012.12).

_____(2006), 「한국의 '다문화 사회' 담론과 결혼이민자: 적응과 통합의 정책 마련을 위한 기본 전제들」, 『동북아 다문화 시대 한국 사회의 변화와 통합』, 한국사회학회.

김희정(2007), 「한국의 관주도형 다문화주의: 다문화주의 이론과 한국적 적용」, 오경석 외 지음, 『한국에서의 다문화주의』, 한울아카데미.

김홍진(2008), 「이주노동자들의 공동체」, 『문화과학』, 문화과학사.

문경희(2008), 「호주 다문화주의의 정치적 동학: 민족 정체성 형성과 인종, 문화 갈등」, 『국제정치논총』, 제48권 제1호, 한국국제정치학회, pp. 261-293.

박경태(2005), 「이주노동자를 보는 시각과 이주노동자 운동의 성격」, 『경제와 사회』, 제67호, pp. 88-112.

박혁(2009), 「다문화 사회 안에서의 정체성과 다원성의 문제: 한나 아렌트의 정체성과 다원성 개념에 대한 고찰」, 『사회과학연구』, 제17권 제2호, 서강대학교 사회과학연구소, pp. 68-94.

서동진(2009), 「신자유주의 분석가로서의 푸코」, 『문화과학』, 통권 제57호, 문화과학사, pp. 315-335.

서영표(2009), 「소비주의 비판과 대안적 쾌락주의」, 『공간과 사회』, 제32권, 한국공간환경학회, pp. 25-41.

설동훈(2007), 「국제노동력 이동과 외국인 노동자의 시민권에 대한 연구: 한국, 독일, 일본의 사례를 중심으로」, 『민주주의와 인권』, 제7권 제2호, pp. 39-77.

송종호(2006), 「외국인 노동자 지원단체의 현황과 활동」, 『민족연구』, 제28호, 민족연구원, pp. 29-52.

신진욱(2007), 「공공성과 한국 사회」, 『시민과 세계』, 제17호, 참여연대 연구소, pp. 18-31.

심보선(2006), 「이주노동자의 미디어 문화 활동과 정체성 정치」, 『동북아 다문화 시대 한국 사회의 변화와 통합』, 한국사회학회.

_____(2007), 「온정주의 이주노동자 정책의 형성과 변화」, 『담론 201』, 제10권 제2호, 한국사회역사학회, pp. 41-76.

심승우(2010), "유교적 통치성의 현대화", 『한국학 연구』(제34집), 고려대 한국학연구소.

_____(2012), "이주민의 포용과 다문화 정치통합의 전략", 『디아스포라 연구』(제6권 제2호), 세계한상문화연구단.

_____(2013), "인권의 급진화와 이주노동자의 주체화", 『다문화와 평화』(제7집 1호), 성결대 다문화평화연구소.

안병진(2008), 「민주화 이후 민주주의의 역설에 대한 공화주의자의 시각」, 『아세아연구』, 제51권 제1호, 고려대학교 아세아문제연구소, pp. 164-193.

_____(2006), 「탈정치론의 시대: 참여정부와 뉴라이트의 탈정치론과 공화주의적 대안 모색」, 『동향과 전망』, 통권 제67호, 한국사회과

학연구소, pp. 93-126.

양현아(2013), 「가족 안으로 들어온 한국의 '다문화주의(Multiculturalism)' 실험」, 『저스티스』, 제134호, 한국법학원.

양해림(2008), 「한국 사회에서 공화주의의 이념은 부활할 수 있는가?」, 『시대와 철학』, 한국철학사상연구회.

엄한진(2006), 「전 지구적 맥락에서 본 한국의 다문화주의 이민논의」, 『동북아 다문화 시대 한국 사회의 변화와 통합』, 한국사회학회.

유명기(2004), 「소수자, 그 무적의 논리」, 최협 외 편, 『한국의 소수자 실태와 전망』, 한울아카데미.

윤수종(2005), 「우리 시대 소수자 운동의 특성과 함의」, 『우리 시대의 소수자 운동』, 이학사.

_____(2009), 「인권과 소수자, 그리고 욕망의 정치」, 『진보평론』, 제42호 겨울호, 한국노동이론정책연구소

윤훈표(2009), 「조선시대 경연 실시의 의미」, 『율곡사상연구』, 제18집, 율곡학회, pp. 211-242.

오경석(2010), 「다문화 중심도시의 이상과 현실: 안산시 원곡동」, 『국토연구』, 국토연구원.

_____(2007), 「어떤 다문화주의인가?: 다문화 사회 논의에 대한 비판적 조망」, 오경석 외 지음, 『한국에서의 다문화주의』, 한울아카데미.

오미영(2008), 「배제와 폭력에 대한 대항으로서의 심의민주주의의 가능성」, 『한국여성철학』, 제10권, 한국여성철학회, pp. 27-57.

원숙연(2008), 「다문화주의 시대 소수자 정책의 차별적 포섭과 배제」, 한국정책학회 학술대회 발표문.

이동수(2006), 「민주화 이후 공화주의의 재발견」, 『동양정치사상사』, 제6권 제2호, 한국동양정치사상사학회, pp. 5-25.

_____(2008), 「지구화 시대 시민과 시민권」, 『한국정치학회보』, 제42집 제2호, 한국정치학회, pp. 5-22.

이동수 · 손혁상(2008), 「세계시민사회와 지구적 윤리」, 『한국정치연구』, 제17권 제1호, 서울대학교 한국정치연구소, pp. 271-288.

이란주(2010), 「게토, 그 일방적이고 찌질한 대상화」, 성균관대학교 비교문화연구소 학술심포지엄 기조발표문(2010.6.22).

이상익 · 강정인(2004), 「동서양 사상에 있어서 정치적 정당성의 비교: 유가의 공론론과 루소의 일반의지론을 중심으로」, 『정치사상연구』, 제10집, 한국정치사상학회, pp. 83-110.

이선옥(2007), 「한국에서의 이주노동운동과 다문화주의」, 『한국에서의 다문화주의의 현실과 쟁점』, '국경 없는 마을' 학술토론회 발표 논문(2007.2.2).

_____(2005), 「한국 이주노동자운동의 형성과 성격변화: 고용허가제 도입시기 명동성당 농성단 사례를 중심으로」, 성공회대 대학원 석사학위논문.

이용승(2010), 「한국의 다문화의식: 다문화주의의 이론적 검토와 정당화」, 『민족연구』, 통권 제41권, 민족연구원, pp. 18-52.

이진영(2012), 「이주노동자 정책의 평가와 대안」, 『한국의 다문화 사회 통합정책: 종합평가와 전망』, 사회통합위원회 용역보고서(2012.12).

이현재(2005), 「여성주의적 연대의 가능성」, 『한국여성철학』, 제5권, 한국여성철학회, pp. 33-54.

이현출(2002), 「사림정치기의 공론정치 전통과 현대적 함의」, 『한국정치학회보』, 제36집 제3호, 한국정치학회.

이혜경(2007), 「이민과 다문화주의: 한국의 다문화 정책 평가」, 『한국적 '다문화주의'의 이론화』, 한국사회학회.

임지현(2002), 「다시, 민족주의는 반역이다」, 『창작과 비평』, 제117호 가을호, 창작과 비평사.

장미경(2005), 「한국 사회 소수자와 시민권의 정치」, 『한국사회학』, 제39권 제6호, 한국사회학회, pp. 159-183.

장세룡(2007), 「다문화주의적 한국 사회를 위한 전망」, 『인문연구』, 제53권, 영남대학교 인문과학연구소, pp. 307-348.

장원석(2001), 「유가 사상과 노장 사상의 비교」, 성균관대 유교문화연구소 월례 심포지엄 발표논문(미간행), 동아시아 학술원.

장은주(2009), 「대한민국을 사랑한다는 것」, 『시민과 세계』, 제15호, 참여연대 참여사회연구소, pp. 261-290.

_____(2010), 「민주적 애국주의와 민주적 공화주의: 비판과 문제제기에 대한 응답」, 『시민과 세계』, 제17호, 참여연대 참여사회연구소, pp. 246-280.

장임숙(2011), 「이주민 소수자 정책의 정향과 정체성: 이주노동자와 결혼이주여성에 관한 정책을 중심으로」, 『한국행정논집』, 제23권 제1호, 한국정부학회(구 대구경북행정학회).

장진숙(2010), 「다문화주의와 국민국가 통합정책 비교 고찰」, 『공법연구회』, 제11권 제3호, 한국비교공법학회.

장현근(2009a), 「화이부동과 공존의 정치: 중국고대의 화(和)·동(同)론」, 『타협과 공존의 정치 협의: 민주주의의 한국적 수용』, 한국정치사상학회.

_____(2009b), 「민(民)의 어원과 의미에 대한 고찰」, 『정치사상연구』, 제15집 제1호, 한국정치사상학회, pp. 131-157.

정성신(2012), 「미등록 이주노동자에서 이주민 미디어 활동가로: MWTV 미디어 활동가 사례를 중심으로」, 『비교문화연구』, 제18권 제1호, 서울대 비교문화연구소.

정세용(2010), 「조선 성종대 공론정치의 심의민주주의적 해석: 성종실록 경연기록을 중심으로」, 성균관대 대학원 석사학위논문.

정정훈(2006), 「탈국가적 정치주체로서 이주노동자에 관한 연구: '서울 경기 인천 이주노동자조합' 활동가들의 사례를 중심으로」, 연세대 대학원 석사학위논문.

정혜실(2007), 「파키스탄 이주노동자와 결혼한 한국여성의 주체성에 관한 연구: 파키스탄 커플모임을 중심으로」, 성신여대 대학원 석사학위논문.

조원광(2007), 「이주노동자와 이동」, 『R』, 그린비.

조정남(2007), 「현대국가와 다문화주의」, 『민족연구』, 제30호, 민족연구원, pp. 6-15.

진은영(2008), 「다문화주의와 급진적 인권」, 『철학』, 제95권, 철학연구회, pp. 255-283.

진태원(2009), 「국민이라는 노예? 전체주의적 국민국가론에 대한 비판적 고찰」, 『민족문화연구』, 제51권, 고려대학교 민족문화연구원, pp. 653-695.

최종렬(2009), 「탈영토화된 공간에서의 다문화주의: 문제적 상황과 의미화 실천」, 『사회이론』, 통권 제35호, 한국사회이론학회, pp. 47-78.

최현(2008), 「탈근대적 시민권 제도와 초국민적 정치공동체의 모색」, 『경제와 사회』, 통권 제79호, 한울, pp. 38-61.

한경구·한건수(2007), 「한국적 다문화 사회의 이상과 현실: 순혈주의와 문명론적 차별을 넘어서」, 『한국적 '다문화주의'의 이론화』, 한국사회학회.

함규진(2007), 「정약용 정치사상의 재조명」, 성균관대학교 박사학위논문.

홍윤기(2004) 「공화국의 육신: 시민적 앙가주망과 국민주권의 활성화」, 『시민과 세계』, 제6호, 참여연대 참여사회연구소, pp. 8-34.

2) 단행본

강명관(2007), 『국문학과 민족 그리고 근대』, 소명출판사.
강수돌 외(2010), 『공공부문의 노동권·공공성 침해 및 노동자 주체성에 관한 연구』, 사회공공연구소.
권혁범(2004), 『국민으로부터의 탈퇴』, 삼인.
김비환(2013), 『이것이 민주주의다』, 개마고원.
_____(2005), 『포스트모던 시대의 정치와 문화』, 박영사.
_____(2001), 『축복과 저주의 정치사상: 20세기와 한나 아렌트』, 한길사.
김선욱(2002), 『한나 아렌트 정치판단이론: 우리 시대의 소통과 정치윤리』, 푸른숲.
김은미·양옥경·이해영(2009), 『다문화 사회, 한국』, 나남, 2009.
박승규(2002), 『푸코의 정치윤리』, 철학과 현실사.
사회통합위원회(2012), 『한국의 다문화 사회통합정책: 종합평가와 전망』, 사회통합위원회 용역보고서(2012.12).
세상연구소(2010), 『다문화 사회 정책연구 발표회: 다문화 사회로 가는 한국, 어떻게 대응할 것인가?』, 새세상연구소 세미나 발표집.
시라카와 시즈카(2009), 『한자의 기원』, 윤철규 옮김, 이다미디어.
신진욱(2008), 『시민』, 책세상.
오강남(1999), 『장자』, 현암사.
윤인진·송영호·김상돈·송주영(2010), 『한국인의 이주노동자와 다문화 사회에 대한 인식』, 한국학술정보.
이상익(2004), 『유교전통과 자유민주주의』, 심산문화.
이승환(2004), 『유교 담론의 지형학: 근대 이후 유교 담론에 관한 정치철학적 고찰』, 푸른숲.
이진경(2002), 『노마디즘』, 휴머니스트.
_____(2009), 『외부성의 정치학』, 그린비.
이정우(2009), 『주체란 무엇인가: 무위인에 관하여』, 그린비.
_____(2008), 『천 하나의 고원: 소수자의 윤리학』, 돌베개.
_____(2000), 『담론의 공간』, 산해.
오경석 외 지음(2007), 『한국에서의 다문화주의』, 한울아카데미.
유의정(2010), 『다문화 정책의 추진실태와 개선방향』, 국회입법조사처.
임지현(1999), 『민족주의는 반역이다』, 소나무.

정운영(1993), 『노동가치이론』, 까치.

조정환(2005), 『제국기계 비판』, 갈무리.

최장집(2005), 『민주화 이후의 민주주의: 한국 민주주의의 보수적 기원과 위기』, 서울: 후마니타스.

홍기원 외(2006), 『다문화 정책의 방향과 문화적 지원 방안 연구』, 한국 문화관광정책연구원.

3) 동양 고전

『국어』, 『논어』, 『맹자』, 『면암집』, 『사기』, 『서경』, 『예기』, 『율곡전서』, 『장자』, 『좌전』, 『주희집』, 『설문해자』, 『세설신어』, 『태조실록』, 『후한서』, 『회남자』

2. 서양 문헌(번역본 포함)

1) 논문

Abizade, A.(2002), "Does Liberal Democracy Presupposen a Cultural Nation?," *America*n *Political Science Review*, 96, pp. 495-509.

Agamben, J.(2010), "Note liminaire sur le concept de démocratie," Agamben, J. et al. (eds.), *Democratie, dans quel etat,* Paris: La Fabrique(2009); 양창렬 외 옮김, 「민주주의라는 개념의 권두노트」, 『민주주의는 죽었는가?』, 난장.

Badiou, A.(2010), "L'emblème démocratie," Agamben, J. et al. (eds.), *Democratie, dans quel etat,* Paris: La Fabrique(2009); 양창렬 외 옮김, 「민주주의라는 상징」, 『민주주의는 죽었는가?』, 난장.

Bellamy, R.(2008), "Republicanism, Democracy, and Constitutionism," Laborde and Maynor (eds.), *Republicanism and Political Theory*, Oxford: Blackwell.

Benhabib, S.(2002), "Deliberative Democracy and Multicultural Dilemmas," in *The Claims of Culture: Equality and Diversity in the Global era*, Princeton: Princeton University Press.

Bensaid, D.(2010), "Le scandale permanent," Agamben, J. et al. (eds.), *Democratie, dans quel etat*, Paris: La Fabrique(2009); 양창렬 외 옮김, 「영원한 스캔들」, 『민주주의는 죽었는가?』, 난장.

Bohman, J.(2008), "Nondomination and Transnational Democracy," Laborde and Maynor (eds.), *Republicanism and Political Theory*, Oxford: Blackwell.

Bourdieu, P.(1999), "Rethinking the State: Genesis and Structure of the Bureaucratic Field," George Steinmetz (ed.), *State/Culture: State-Formation after the Cultural Turn*, New York: Cornell University Press.

Brown, Wendy(2004), "Political Idealization and Its Discontents," Austin Sarat (ed.), *Dissent in Dangerous Time*, Ann Arbor: University of Michigan Press.

Brubaker, R.(2004), "In the Name of the Nation: Reflections on Nationalism and Patriotism," *Citizenship Studies*, 8(2).

Cacey, J. P.(2010), "Open Borders: Absurd Chimera or Inevitable Future Policy?," *International Migration*, vol. 48(5).

Dagger, R.(2006), "Neo-republicanism and Civic Economy," *Politics philosophy and Economics*, 5(2).

Jessop, B.(2007), "From micro-powers to governmentality: Foucault's work on statehood, state formation, statecraft and statepower," *Political Geography* 26, pp. 34-40.

Joppke, Christian(2004), "The Retreat of Multiculturalism in the Liberal State: Theory and Policy," *The British Journal of Sociology*, 55(2), pp. 237-257.

Lamore, C.(2004), "Liberal and Republican Conception of freedom," Daniel Weinstock & Christian Nadeau (eds.), *Republicanism: History, Theory and Practice*, London: Frank Cass.

Laborde, C. & Maynor, J.(2008), "The Republicanism to Contemporary Political Today," Laborde, S. & Maynor (eds.), *Republicanism and Political Theory*, Blackwell.

Laborde, C.(2002), "From Constitutional to Civic Patriotis," *British Journal of Political Science*, 32, pp. 591-612.

Marri, R. A.(2003), "Multicultural Democracy: toward a better democracy,"

Intercultural Education, 14(3), pp. 263-278.

Martin Luther King, Jr.(1992), "I Have a Dream," James, M. Washington (eds.), *Writings and Speeches That Changed the World*, New York: Harper Collins.

Michelman, Frank(1996), "Parsing 'A right to Have Right'," *Constellations*, 3(2), pp. 200-209.

McLaren, Peter(1994), "White Terror and Oppositional Agency: Toward a Critical Multiculturalism," David Theo Goldberg (ed.), *Multiculturalism: A critical Reader*, Oxford: Blackwell Press.

Miller, D.(2010), "Interview with Professor Miller," 곽준혁 편,『경계와 편견을 넘어서: 우리 시대 정치철학자들과의 대화』, 한길사.

_____.(2008), "Republicanism, National identity, and Europe," Laborde and Maynor (eds.), *Republicanism and Political Theory*, Oxford: Blackwell.

Mouffe, C.(2009), "Democracy and South Korea: Interview with Professor Chantal Mouffe," Mouffe and Kwak,『아세아연구』, 제52권 제3호(통권 제137호), 고려대학교 아세아연구소, pp. 129-186.

Nussbaum, M.(2010), "Interview with Professor Nussbaum: 마사 너스바움 교수와의 대화," 곽준혁 편,『경계와 편견을 넘어서: 우리 시대 정치철학자들과의 대화』, 한길사.

_____.(2008), "Can There Be a Purified Patriotism? An Argument from Global Justice," 한국학술진흥재단 주최 석학과 함께하는 인문강좌 시리즈, 제1강연.

O'Neill, J.(2002), "Socialist Calculation and Environmental Valuation: Money, Markets and Ecology," *Science and Society*, 66(1), pp. 137-151.

Parekh, B.(2000b), "Defining British National Identity," *Political Quarterly*, 71(1), pp. 4-11.

Pettit, P.(1997), "Freedom with Honor: A Republican Ideal," *Social Research*, 64(1), pp. 52-76.

Phillips, Anne(1999), "The Politicization of Difference: Does This Make for a More Intolerant Society?," John, H. and Susan, M. (eds.), *Toleration, Identity, and Difference,* New York: St. Martin's Press.

Ranciere, J.(2010), "Les démocraties la démocratie," Agamben et al. (eds.), *Democratie, dans quel etat,* Paris: La Fabrique(2009); 양창렬 외 옮김,「민주주의에 맞서는 민주주의들」,『민주주의는 죽었는가?』, 난장.

_____.(2009), 「문학성에서 '문학의 정치'까지」, 양창렬 옮김, 『문학과 사회』, 제22권 제1호, 문학과 지성사, pp. 441-458.

Skinner, Q.(1990), "The republican idea of political liberty," G. Bock, Q. Skinner, and M. Viroli (eds.), *Machiavelli and Republicanism*, Cambridge: Cambridge University Press.

Taylor, C.(1994), "Politics of Recognition," Amy Gutmann (ed.), *Multiculturalism*, Princeton: Princeton Univ. Press, pp. 25-37.

Turner, Bryan S.(1993), "Contemporary Problems in the Theory of Citizenship," B. S. Turner (ed.), *Citizenship and Social Theory*, London: SAGE Publications.

White, S.(2008). "The Emerging Politics of Republican Democracy," White, S. and Leighton, D. (eds.), *Building a Citizen Society: The Emerging Politics of Republican Democracy*, London: Lawrence & Wishart.

Weinstock, D.(2001), "Prospects for Transnational Citizenship and Democracy," *Ethics and International Affairs*, 15, pp. 53-56.

Young, I.(2003), "Activist Challenges to Deliberation Democracy," James, S. Fishkin and Peter Laslett (eds.), *Debating Deliberative Democracy*, Oxford: Blackwell.

Zizek, S.(1997), "Multiculturalism or the Cultural Logic of Multinational Capitalism," *New Left Review*, 225, pp. 28-51.

2) 단행본

Agamben, J.(2008), *Homo Sacer: Sovereign Power and Bare Life*, Stanford: Stanford University Press(1998); 박진우 옮김, 『호모 사케르: 주권 권력과 벌 거벗은 생명』, 새물결.

Arendt, H.(2006),6 *The Origin of Totalitarianis*, New York: Schocken Books(1951); 이진우 외 옮김, 『전체주의의 기원』 1권·2권, 한길사.

_____.(2002), *Lectures on Kant's Political Philosophy*, Chicago: University of Chicago Press(1989); 김선욱 옮김, 『칸트 정치철학 강의』, 푸른숲.

_____.(1996), *The Human Condition*, Chicago: University of Chicago Press(1958); 이진우 외 옮김, 『인간의 조건』, 한길사.

Badiou, A.(2001), *L'éthique, Hatier*, Paris: Seuil(1989); 이종역 옮김, 『윤리학』, 동문선.

Balibar, E.(2007), *La crainte des masses: politique et philosophie avant et apres Marx*, Paris: Galilee(1997); 서관모 외 옮김, 『대중들의 공포』, 출판사b.

Barry, B.(2001), *Culture and Anarchy,* London: Cambridge University Press.

Bauman, Z.(2008), *Wasted lives: modernity and its outcasts,* Cambridge: Polity Press(2004); 정일준 옮김, 『쓰레기가 되는 삶들: 모더니티와 그 추방자들』, 새물결.

Benhabib, Seyla(2008), *The Rights of Others: Aliens, Residents and Citizens*, London: Cambridge Univ Press(2004); 이상훈 옮김, 『타자의 권리』, 철학과 현실사.

Bobbio, Noberto(1996), *The Age of Rights*, Cambridge: Polity press.

Brown, Wendy(2010), *REGULATING AVERSION: Tolerence in the Age of Identity and Empire,* Princeton: Princeton University Press(2006); 이철승 옮김, 『관용: 다문화제국의 새로운 통치전략』, 갈무리.

Butler, J.(1999), *Gender Trouble: Feminism and the Subversion of Identity*, New York: Routledge.

Butler J. and Spivak, G.(2008), *Who Sings the Nation-State?: Language, Politics, Belonging,* New York: Seagull Books(2007); 주해연 옮김, 『누가 민족국가를 노래하는가』, 산책자.

Castles, Stephen and Davidson, Alastair(2000), *Citizenship and Migration: Globalization and the Politics of Belonging,* New York: Routledge.

Carter, April(2006), *Direct action and democracy today,* Cambridge: Polity Press(2005); 조효제 옮김, 『직접행동: 21세기 민주주의, 거인과 싸우다』, 교양인.

Dean, Jodi(1996), *Solidarity of Stranger,* London: Sage.

Deleuze and Guattari(2001), *Mille plateaux: capitalisme et schizophrenie,* Paris: Minuit (1980); 김재인 옮김, 『천개의 고원』, 새물결.

Foucault, M.(2008), *The Birth of Biopolitics,* New York: Palgrave(1997); 문경자·신은영 옮김, 『성의 역사 2: 쾌락의 활용』, 나남.

Fraser, Nancy & Honneth, Axel(2003), *Redistribution or Recognition?: A Political-Phiosophical Exchange*, New York: Verso.

Giddens, A.(1998), *The Constitution of Society,* Cambridge: Polity press(1984); 황명주 외 공역, 『사회구성론』, 자작아카데미.

_____.(1997), *Beyond Left and Right: The Future of Radical Politics,* Cambridge: Polity press(1994); 김현욱 옮김, 『좌파와 우파를 넘어서』, 한울.

Gilroy, Paul(2000), *Against Race,* Cambridge: Harvard University Press.

Gutmann, Amy(2003), *Identity in Democracy,* Princeton: Princeton University Press.

Habermas, J.(2002), *The Inclusion of the Other: Studies in Political Theory,*

Cambridge: Polity Press.

Honohan, Iseult(2002), *Civic Republicanism*, New York: Routledge Publisher.

Kymlicka, Will(2007), *Multicultural Odysseys: Navigating the New International Politics of Diversity*, Oxford: Oxford University Press.

_____(1995), *Multicultural Citizenship: A Liberal Theory of Minority Rights*, New York: Clarendon Press.

Kymlicka & Baogang He(2005), *Multiculturalism in Asia*, Oxford: Oxford University press.

Martiniello, M.(2002), *Multicultural Policies and the State*(1999); 윤진 옮김, 『현대사회와 다문화주의』, 한울.

Mills, Sara(2008), *Michel Foucault*, New York: Routledge(2003); 임경규 옮김, 『현재의 역사가, 미셀 푸코』, 앨피.

Mouffe, C.(2007), *The Return of the Political*, New York: Verso(1993); 『정치적인 것의 귀환』, 이보경 역, 서울: 후마니타스.

Mulhal, S. and Swift, A.(1992), *Liberal and Communitarians*, Oxford: Blackwell Press.

Negri, A. and Hardt, M.(2008), *Multitude*, New York: Penguin Books(2005); 조정환 외 옮김, 『다중』, 세종출판사.

Parkeh, Bhikhu(2000a), *Rethinking Multiculturalism*, Cambridge: Cambridge University.

Ranciere, J.(2008), *Aux bords du politique*, Paris: Osiris(1998); 양창렬 옮김, 『정치적인 것의 가장자리에서』, 길.

Rawls, John(2001). *Justice as Fairness: A Restatement*, Cambridge: Harvard University press.

Richardson, R.(2002), *Democrative Autonomy*. Oxford: Oxford University press.

Rorty, R.(2003), *Achieving Our Country: Leftist Thought in Twentieth-Century America*, Cambridge: Harvard University Press(1998); 이유선 옮김, 『미국 만들기』, 동문선.

Simth, M. and Guarnizo, L.(1998), *Transnationalism from below*, Transaction Publishers.

Sunstein, C.(2001), *Republic.Com*, Princeton, NJ: Princeton University Press.

Soysal, Y. N.(1994), *Limits of Citizenship: Migrants and Postnational Membership in Europe*, Chicago: The University of Chicago Press.

Sandel, M.(1996), *Democracy's Discontent*, Cambridge: Harvard University Press.

Taylor, C.(2004), *Modern Social Imaginaries*, Durham: Duke University Press.

Townshend, Charles(2003), *Terrorism*, Oxford: Oxford University Press.

Viroli, Maurizio(2006), *Republicanism,* New York: Hill & Wang(2002); 김경희 외 옮김, 『공화주의』, 인간사랑.

Wenger, Etienne(1998), *Communities of Practice*, Cambridge University Press.

Zizek, S. and Glyn, D.(2004), *Conversation with Zizek*, Cambridge: Polity press.

심승우

저자 심승우는 「다문화 민주주의의 이론적 기초: 소수자의 주체성과 통치성을 중심으로」라는 논문으로 성균관대학교 정치외교학과에서 정치학 박사학위를 받았다. 다문화주의가 제기하는 시대의 도전에 대한 적극적인 대응 전략을 모색하고 있는 그는 정의로운 공동체 구성에 기여할 수 있는 이론적 실천을 전개하고 있다. 이런 맥락에서 다양한 영역에서 소수자 및 디아스포라의 주체성이 민주주의 발전과 연동되는 원리와 전략을 정치·철학 수준에서 탐색하고 있다. 주요 논문으로는 「유교적 통치성의 현대화」, 「다문화 민주주의와 문화강국의 전략」, 「이주민의 포용과 다문화 정치통합의 전략」 등이 있으며 저역서로는 『북방삼각관계 변화와 지속: 북한의 균형화 전략을 중심으로』(2013, 공저) 등과 『테러리즘: 누군가의 해방투쟁』(2010, 역서), 『민주화운동의 어머니: 아웅산 수치 평전』(2013), 『권력과 인성』(근간) 등이 있다.

현재 성균관대, 경희대 등에서 강의하고 있으며 고려대학교 '평화와 민주주의 연구소'에서 연구교수로 일하고 있다.

다문화 시대의
도전과
정치통합의 전략

초 판 인 쇄 | 2013년 7월 31일
초 판 발 행 | 2013년 7월 31일

지 은 이 | 심승우
펴 낸 이 | 채종준
펴 낸 곳 | 한국학술정보㈜
주 소 | 경기도 파주시 문발동 파주출판문화정보산업단지 513-5
전 화 | 031) 908-3181(대표)
팩 스 | 031) 908-3189
홈 페 이 지 | http://ebook.kstudy.com
E - m a i l | 출판사업부 publish@kstudy.com
등 록 | 제일산-115호(2000. 6. 19)

ISBN   978-89-268-4429-8 93340 (Paper Book)
        978-89-268-4430-4 95340 (e-Book)

이담
Books 는 한국학술정보(주)의 지식실용서 브랜드입니다.